逆战

鲁南制药变革与传承的风云长卷

刘国华 —— 著

机械工业出版社
CHINA MACHINE PRESS

图书在版编目（CIP）数据

逆战：鲁南制药变革与传承的风云长卷 / 刘国华著 . --
北京：机械工业出版社，2025.6. -- ISBN 978-7-111
-78892-8

I. F426.7

中国国家版本馆 CIP 数据核字第 20252HW437 号

机械工业出版社（北京市百万庄大街 22 号　邮政编码 100037）
策划编辑：白　婕　　　　　　　　　责任编辑：白　婕　吕　伟
责任校对：卢文迪　张慧敏　景　飞　责任印制：常天培
北京联兴盛业印刷股份有限公司印刷
2025 年 9 月第 1 版第 1 次印刷
170mm×230mm・19.5 印张・3 插页・235 千字
标准书号：ISBN 978-7-111-78892-8
定价：99.00 元

电话服务	网络服务
客服电话：010-88361066	机　工　官　网：www.cmpbook.com
010-88379833	机　工　官　博：weibo.com/cmp1952
010-68326294	金　书　网：www.golden-book.com
封底无防伪标均为盗版	机工教育服务网：www.cmpedu.com

逆势而战，
五十六年磨砺成剑。

鲁南之道，
生于坚韧，成于创新，稳于传承，久于初心。

传承非在血脉，而在心脉。
守业非为一人，而为百年。

为振兴民族医药事业而努力奋斗。

——赵志全

我希望有一天天下无药,人类真正进入一个没有病患的健康世界。

——张贵民

前　言

一家带薪放暑假的企业

长期观察全球范围内的优秀企业，是我作为一名商业研究者最重要的工作内容之一。伟大的企业是时间的手稿，它们的每一页都镌刻着变革的印记。

我希望通过对优秀企业的观察和研究，找出具有普适性的成功密码，为提升中国企业的整体经营水平，贡献绵薄之力。

我对鲁南制药的最初关注，源自其前任掌门人——赵志全先生。

他是恢复高考后的第一批"天之骄子"，是中国经济改革浪潮中第一批敢为人先的弄潮儿。赵志全的人生，如同一本厚重的历史书，字里行间写满了中国改革开放的风云激荡、岁月峥嵘。

在群星璀璨的中国民营企业家中，赵志全或许并不是声名最显赫的那一个，但他却以独有的魅力脱颖而出，成为首位被中共中央宣传部授予"时代楷模"称号的民营企业家。时代在他身上刻下了印记，他也成为时代的印记。

这是我的第一个没想到。

鲁南制药从一个校办工厂起步，历经数十年风雨，蜕变为一家典型的民营企业。2014年底,赵志全先生因病离世,其遗嘱却出人意料地将企业交予了与他毫无血缘关系的集团副总经理张贵民。

这种"非血缘传承",在民营企业中实属罕见。

这是我的第二个没想到。

从基层研发人员,到主管研发的副总,张贵民接管鲁南制药时并无丰富的组织管理经验。在执掌鲁南制药的十年间,面对组织、行业和商业环境的巨大变动,张贵民却带领这家偏隅一角的地方企业,实现了从50亿元到上百亿元的营收飞跃,并朝着千亿元目标阔步迈进,创造了逆风飞扬的商业奇迹。在张贵民执掌鲁南制药的十年间,企业累计实现产值1022亿元,上缴税金103亿元,固定资产增加83亿元,净资产增长96亿元,资产负债率控制在合理水平,既保持了发展的活力,又有效地防范了风险。同时,人均营收从47.6万元增长到65.8万元,人均薪酬支出从5.2万元增长到10.7万元,人均效率和效益均大幅提高。

这是我的第三个没想到。

怀揣着诸多好奇,2023年7月初,我携几位研究生踏上了前往山东临沂的探索之旅。

时值盛夏,骄阳似火,我们一行人满怀期待踏入鲁南制药的大门。

在近一个月的时间里,我们顶着热浪,马不停蹄地进行采访。从高层管理者到基层员工,我们与不同岗位的人深入交流,试图从不同角度了解这家企业的方方面面。我们走进生产车间,目睹药品的生产过程;我们参观研发中心,了解新药的研发进展;我们还深入员工家属区,感受他们的生活状态。

随着采访的深入，很多疑惑开始明朗。

7月底，我们整理完几十万字的采访记录和超过百万字的企业资料后，准备离开临沂，开启暑假的休整。就在这时，鲁南制药集团宣传部主任杜永武告知我们——他们也准备放暑假了。

企业也放暑假？听到这个消息，我们都感到匪夷所思。我们望着杜主任，试图从他的表情中找到一丝开玩笑的痕迹。然而，杜主任的表情却十分认真，丝毫没有开玩笑的意思。他似乎看出了我们的疑惑，笑着说："鲁南每年放暑假，已经是多年的传统了。"

鲁南制药的暑假，从每年8月初放到8月底，其间不仅工资如常发放，员工还可以获得额外的旅游补贴。

这是我的第四个没想到。

放眼全球，不少企业采用轮休制度，鲁南制药却别具一格，居然放一个月的集体假期，这无疑是一个令人费解的行为。

企业都以盈利为目的，停工停产意味着巨大的经济损失，鲁南制药为何敢这么做？在进一步的采访中，我们终于明白了其中的玄机。

鲁南制药是一家药品生产企业，产品质量是企业的生命线。为保障质量、降低设备故障率、确保生产线稳定运行，鲁南制药相关部门每年都需要安排时间对设备进行全面检修。因此，每年的生产计划均按十个月的周期来制订，特意预留了设备维护的时间。

8月是临沂最炎热的月份，高温容易导致设备故障。选择在8月放假，既能避开高温，减少设备故障，又能让员工在酷暑中得到休息，体现了企业的特殊人文关怀。正如现集团董事长张贵民所言："员工是企业最宝贵的财富。员工只有身心健康，才能为企业创造更大的价值。我们关注员工的工作，更关注他们的生活。"

对鲁南制药的各级管理者而言，暑假也是其思考和调整的时期。他们可以利用这段时间总结上半年的工作，反思不足，同时规划下半年的工作。员工则可以利用这段时间充电学习，提升能力。每年暑假，公司都会组织员工培训，鼓励他们不断增强专业技能和综合素质，实现与企业的共同成长。

鲁南制药不仅带薪放暑假，还会组织集体出游。想象一下，数千名员工一同出游，在旅途中相互交流，增进了解，一路欢声笑语，如此景象，何其温馨！这样的集体旅行，不仅让员工放松身心，还能增强团队凝聚力。

鲁南制药以独特的方式，将劳逸结合升华为一种管理哲学，在看似静止的时光里，积蓄着继续前行的力量。

时代风云变迁，大部分企业的命运如潮水的涨落，偶尔伫立潮头，但很快又黯然退场，难以跨越长周期。很多看似星光熠熠的企业，背后往往掩饰了太多的危机。以《财富》杂志每年发布的"世界500强"榜单为例，一些曾经在榜的企业现在甚至已经处在破产的边缘。

人们往往只看到上榜企业的风光，鲜为人知的一个残酷事实却是：1995年"世界500强"榜单上的企业，到2020年时只有不到200家企业还在榜单上，剩下的300家都被淘汰了，其中有249家已经以破产、被出售或者与其他公司合并的方式，消失在历史的长河中。商业世界中的生命曲线，时常在荣光与衰退之间徘徊。"繁华事散逐香尘，流水无情草自春"，多年以后，又有多少人能记得那些曾经熠熠生辉的企业呢？

在中国，民营企业平均寿命仅为 3.7 年。而鲁南制药已经拥有 56 年的历史，这在中国民营企业界中并不多见。

鲁南制药究竟有何过人之处，能够在这漫长的岁月中根深叶茂，生生不息？让我们一同踏上这段探索之旅，揭开这家传奇企业的神秘面纱，去探寻其背后的风云往事与商道玄机，去体悟其穿越时代风云，逆势而战的磅礴力量。

目 录

前言 一家带薪放暑假的企业

第一章 鲁南前传 / 1

- 校办工厂 / 3
- 厂里来了个大学生 / 8
- 搬迁临沂 / 13
- 热血科长 / 18
- 四面楚歌 / 23
- 三板斧 / 28
- "鲁南"诞生 / 33

第二章 艰难的改革 / 39

- 人才难题 / 41
- 质朴青年 / 45
- 长途单车 / 49
- 东厂与西厂 / 53

○ 鲁南股改 / 58
○ 决战前夜 / 62
○ "九六决战" / 66
○ 鲁南精神 / 73

第三章　从小厂到大厂　/ 79

○ 北京之行 / 81
○ 中试车间的新主任 / 85
○ 成长的烦恼 / 89
○ 风雨交加 / 94
○ 初到费县 / 100
○ 艰巨的任务 / 104
○ 双博士到来 / 107

第四章　为传承而谋　/ 113

○ 意想不到的任命 / 115
○ "黄埔军校" / 118
○ 越级提拔 / 123
○ 平民将军 / 127
○ 压力测试 / 130
○ 不会喝酒的副总 / 134
○ 最后的心思 / 136
○ 英雄落幕 / 139

○ 情理之中的传承 / 144

第五章　初战告捷 / 149

○ 初掌鲁南 / 151

○ 施政纲领 / 154

○ 没有市场，一切都是零 / 158

○ 市场加减法 / 162

○ 回款难题 / 165

○ 工资终于正常发了 / 169

○ 看准互联网 / 173

○ 暖心的鲁南服务 / 177

第六章　风波三年 / 183

○ 时代楷模 / 185

○ 暗流涌动 / 190

○ 生，还是死？ / 194

○ "鲁南风波" / 199

○ 舒尔佳之争 / 204

○ 电商进化 / 207

○ 迎来稳定时代 / 211

第七章　寒冬暖阳 / 217

○ 医药集中采购，跟还是不跟 / 219

○ 全成本控制 / 223
○ 中药的东风 / 227
○ 价值重塑 / 232
○ 研发人员收入不能少 / 237
○ 研发要贴合市场 / 240
○ 苦劳与功劳 / 245
○ 从家长制到平台制 / 249

第八章　鲁南蓝图 / 255

○ 开放式研发体系 / 257
○ "三命"质量哲学 / 263
○ 三个"1∶1" / 268
○ 聚焦重点产品 / 271
○ 自研数字化 / 276
○ 放眼国际 / 280
○ 有温度的鲁南 / 284
○ 构建人类健康世界 / 291

后记　一个时代有一个时代的英雄 / 296

第一章

鲁南前传

全体鲁南人一定要铭记1987年10月25日这个日子，因为赵总在这一天承包经营了濒临倒闭的药厂，带领企业获得了重生。

——张贵民

赵总承包经营是鲁南制药改革的起点，此后"改革"二字贯穿了企业的发展始终。每次在危急关头，鲁南制药总有一批敢于改革、勇于创新的热血青年站出来，逆风而战，力挽狂澜。

——张贵民

1968年，鲁南制药的前身——郯南劳动大学制药厂，在郯城县一间不起眼的牛棚中悄然诞生。14年后，刚刚大学毕业的赵志全，背着行囊来到这里。1987年，在制药厂举步维艰的时刻，赵志全以破釜沉舟的勇气在承包经营竞标中脱颖而出，接过帅印。然而，改革的道路荆棘密布，阻力和压力如影随形。

校办工厂

不怕无处可行，只怕从未启程。
任何未来，都始于勇敢的第一步。

郯城县，地处山东省东南部沂蒙山区与鲁南平原的交汇处，东临沭河，西依沂河，南接江苏，北连齐鲁，沂河、沭河贯穿全境。

郯城之名，可追溯至古老的炎国。春秋前后，国名多加"邑"字，炎国遂演化为郯国。翻开史册，最早关于郯国的记载见《春秋》，书中云："宣公四年春，公及齐侯平莒及郯，莒人不肯，公伐莒，取向"。虽为小国，郯国却活跃于诸侯之间，《春秋》记载："冬，仲孙何忌及邾子盟于拔。三年春二月辛卯，邾子在门台，临廷。"有说法称这里的"拔"就指郯国，可见其在当时的地位与影响力。

郯城更是春秋时期郯国君主郯子的故里。孔子师郯子、鹿乳奉亲、倾盖而语，这些千古流传的故事，为郯城增添了厚重的人文色彩。此外，齐魏马陵之战，也发生在郯城境内。

历史并非流逝的年轮，而是沉淀的记忆与命运的交响。这些历史人物和事件，共同构成了郯城丰富的历史文化底蕴，为这片土地注入了永恒的生命力。

鲁南制药的前身——郯南劳动大学制药厂，便诞生在这里。

1958年6月，江西省委响应"半工半读"的教育思想，创办了"共产主义劳动大学"，简称"共大"。共大以江西各地的国营农林牧副渔综合垦殖场为基础，实行省、专、县分级办学。在最高峰时，共大在江西省共有126所分校，学生人数多达5万人。

1961年7月30日，毛泽东亲自写下《给江西共产主义劳动大学的一封信》，对共大表示肯定和鼓励：

> "我希望不但在江西有这样的学校，各省也应有这样的学校。各省应派有能力有见识的负责同志到江西来考察，吸取经验，回去试办。初时学生宜少，逐渐增多，至江西这样有五万人之多。"

时任国家主席刘少奇也多次肯定共大是"半工半读"的典型，鼓励各省效仿。

在"教育大革命"的号召下，全国各地纷纷效仿江西共产主义劳动大学，建立起了一批以"半工半读"为特色的劳动大学。山东省共产主义劳动大学也在此时成立，并在1963年在郯城建立分校，即后来的郯南劳动大学。

1968年仲夏，沂蒙的夜空静谧如画，牛棚的油灯点燃了梦想的火种。一群被时代推动着追梦者，在低矮的棚屋里勾画蓝图。星光虽稀疏，却成就了一场命运的聚首。

几位被下放至郯南劳动大学的干部，悄然聚集在一间破旧的牛棚里。昏黄的油灯摇曳着微弱的光，在这简陋的环境中，他们秘密召开了一场会议，商讨一个大胆的计划——成立校办药厂。原因很简单，当时很多学生都是学兽医的，而且学校也有一个兽医站，但是很多农户到兽医站给家畜看病时，总是遇到缺药的情况。与其四处求药，不如自己办个药厂。

伟大的事业，总在不起眼的角落里诞生。卑微的起点并不可怕，可怕的是缺乏仰望星空的勇气。那些能在困境中寻找机会、于荒芜中孕育希望的人，才是真正的时代造梦者，因为他们明白，微弱的灯火虽不能照亮全世界，却可以点燃通往未来的炬火。

随后，这几位干部向学校领导请示，并向临沂地区革命委员会生产管理委员会提交了办厂的申请。那段时间，他们白天在田间辛勤劳动，晚上一起钻研制药技术。为汲取办厂经验，他们又远赴上海、武汉等地参观药厂。

经过三个月的不懈努力，一纸上级批复终于在 1968 年 10 月 15 日下达学校。随批复一同到达的，还有用于购买生产设备的 2 万元政府拨款。

就这样，郯南劳动大学制药厂诞生了。

不到半年，郯南劳动大学制药厂的首个兽用制剂产品"百尔定"成功面市。这个简朴而有效的药剂，给家畜带来了生命的希望，也为这家年轻的药厂奏响了梦想的序曲。1972 年，郯南劳动大学制药厂正式更名为郯南制药厂。

随后，郯南制药厂又陆续推出了一些中药针剂，以及山东省第一个诊断用药造影剂。这些产品的成功上市，为郯南制药厂的起步奠定了基础。

彼时，中国的制药行业尚处于起步阶段，全国仅有几十家药厂，药品的种类非常有限。当时上海信谊制药厂主要生产磺胺嘧啶、维生素 C 等西药，北京同仁堂制药厂则以安宫牛黄丸、六神丸等中成药为主，郯南制药厂虽然以中药为主，但也兼产西药，品类更为丰富。

▲ 郯南制药厂仓库

时间继续向前,历史的舞台即将迎来新的变化。

1978年12月,中共十一届三中全会冲破长期"左"的错误束缚,做出把党和国家工作中心转移到经济建设上来、实行改革开放的历史性决策。改革开放的号角唤醒了沉寂已久的热土,也带来了亿万人命运的改变。

在这次全会的影响下,郯南制药厂的发展迎来了新的篇章。

1980年,郯南制药厂正式脱离郯南劳动大学,隶属地区化工局,迈出了自主发展的重要一步。

同年9月,郯南制药厂的中药片剂生产线投产,桑菊感冒片、银翘解毒片、复方丹参片等产品陆续上市。这些产品一经推出,便受到广大消费者的热烈欢迎,同时斩获多项荣誉。1981年,银翘解毒片在全国中成药同品种质量评比会上荣获总分第一名，同年获得山东省优质产品称号，1983年更荣膺国家中医药管理局优质产品称号。1983年，桑菊感冒片也在山东省同品种质量评比中夺魁。郯南制药厂因此受邀参加全国中成药质量评比座谈会，与会者还包括北京同仁堂制药厂、上海中药制药三厂（现上海雷允上药业）、东阿阿胶厂、淄博人民制药厂（现荣昌制药）等国内知名药企，足见郯南制药厂当时的行业地位。

脱胎于校办工厂的郯南制药厂，在后来的发展中传承了两个重要的基因：一是大学重视研发的基因，二是不怕困难的基因。

企业的成长，犹如生命的延续，其命运往往深深植根于诞生之初的基因图谱。真正有价值、有生命力的企业文化，不是后天赶时髦而刻意撰写的标语，而是在企业诞生时就埋下的精神密码。唯有不断地激活和丰富这些基因，企业才能在时代的浪潮中不断进化，永葆生机。郯南制药厂重视研发、不怕困难的企业基因，将科学的理性与奋斗的激情合而为一，如同DNA一样决定了这家企业的性格、行为和命运。

在思想政治工作上，郯南劳动大学坚持理想教育、革命传统教育、学农爱农教育，以及艰苦教育。郯南制药厂所在的沂蒙老区，作为革命根据地长达12年之久，时长仅次于延安地区，沂蒙精神与延安精神、井冈山精神、西柏坡精神同为党和国家的宝贵精神财富。这种艰苦奋斗、不怕困难的红色基因代代传承，也深深融入了郯南制药厂的血脉。

从牛棚到药企，郯南制药厂不仅见证了时代的变迁，更见证了一群人为了理想和追求不懈奋斗的历程。

厂里来了个大学生

企业的命运，是一部由无数个体共同书写的史诗。

而有些人，注定会成为一群人等待的"关键先生"。

1956年深秋，沂蒙山层林尽染，仿佛在为一个新生命的到来铺就红毯。11月24日，在这片浸润着红色文化的土地上，一个名叫赵志全的男孩呱呱坠地。他的降生，宛如山林深处的一声啼鸣，为这片静谧的乡野带来未来的希冀。

赵志全的出生地——费县西葛峪村，是一个被沂蒙山脉环绕的宁静村庄。沂蒙这片土地孕育出的勤劳、厚道、踏实、能干的品格，以及家国情怀、民族责任感，或许在出生的那一刻，就已经融入他的血脉之中。

费县，古称鄪，历史悠久，文化底蕴深厚。商代的方国，春秋的费邑，战国的鄪国，西汉的费县，历史的长河在这里留下了丰厚的文化积淀。这里不仅是唐代书法家颜真卿的故里，也是脍炙人口的沂蒙山小调的诞生地。然而，20世纪50年代末的费县，与全国大部分地区一样，正经受着经济困难的考验，生活窘迫，物资匮乏。

赵家世代务农，住着低矮的土坯房，屋顶是茅草铺就，墙壁斑驳脱落。屋内陈设简陋，几件破旧的家具和几床薄被便是全部家当。

三年困难时期，费县的情况非常严重。为了让小小的赵志全能吃饱饭，远在东北闯荡的三叔，咬牙将不到3岁的他也带了过去。这段远离父母的经历，让赵志全深刻体会到了人情冷暖，也让他更加珍惜亲情和友情。被誉为"现代法国小说之父"的巴尔扎克（Honoré·de Balzac）在《于絮尔·弥罗埃》中说："童年原是一生最美妙的阶段，那时的孩子是一朵花，也是一颗果子，是一片朦朦胧胧的聪明，一种永远不息的活动，一股强烈的欲望。"可对赵志全来说，这些描述都难以在他身上找到，他儿时最大的愿望无非是吃饱饭罢了。

作为家中长子，赵志全下面还有四个妹妹。父母由于身体原因，无法从事繁重的农活，生活的重担过早地落到了他稚嫩的肩膀上。

每天清晨，村庄还沉浸在梦乡中时，小小的赵志全已经起身，踏着清晨的露水走向田野。他需要帮助父母挣足工分，才能安心走上十几里山路去学校。放学后，他又得急匆匆地赶回家割草喂家畜，尽力减轻父母的负担。这样的生活让他过早地感受到了生活的沉重，但也磨炼了他坚韧不拔的意志和顽强的毅力。那条蜿蜒在山路上的小径，见证了一个山里娃追逐光明的执着与坚韧。

贫困的生活，并未磨灭赵志全对未来的希望。他的父亲虽然是个农民，但早早就通过做小生意来补贴家用，常年往返于费县和青岛之间。在那个交通不便的年代，这段路途是如此遥远而艰辛。美国心理学家班杜拉（Albert Bandura）的社会学习理论指出，个体通过观察、模仿和内化榜样的行为来学习新的知识和技能。在商业领域，早期的榜样往往是个人商业生涯的引路人，这些榜样通过自身的实践，展示了商业世界运作的片段性规律。父亲的行商经历，给了赵志全最初的商业启蒙，也让他懂得什么是坚持不懈的努力。望着父亲的背影，赵志全常在心里暗暗发誓："总有一天，我要走出大山，改变自己的命运，让家人过上好日子。"

作为家中长子，也是唯一的儿子，赵志全从小就被寄予厚望，全家拼尽全力供他上学，他是父母的希望，是妹妹们的骄傲。秋收时节，十几岁的赵志全一边帮父母收拾地瓜，一边看护年幼的妹妹们。他的童年虽然非常艰辛，但也充满了爱与温暖。

年少的风霜，让赵志全逐渐拥有了成事所必需的坚忍品质。作为家中长子，他早早扛起了家庭的重担，奉献成了他生命中最熟悉的主题。求学之路，崎岖坎坷，农村孩子的艰辛，他深有体会。东北的生活经历，父亲的行商活动，都让他比同龄人更早地窥见了世界的广阔。

在那个动荡的年代，赵志全没能把高中读完就进了生产队，他先后当过生产队团支书、民兵连长。但赵志全并没有放弃学习，仍一直坚持自学。

希望从不缺席，只是它常常在风雨过后才会露出微光。

1977年，恢复高考的消息传来，赵志全看到了改变命运的曙光，他立刻对读过初中的五叔说自己要参加高考，五叔将自己的收音机送给他，让他跟着广播讲座学习。就这样，赵志全一边下地干活，一边如饥似渴地在知识的海洋里遨游，每天学到深夜。昏暗的煤油灯下，他埋头苦读，书页上的字仿佛变成了跳动的音符，在他的脑海中奏响了希望的乐章。

功夫不负有心人，赵志全最终于1978年以优异的成绩考入山东化工学院（现青岛科技大学），成为沂蒙山区恢复高考后的第一届大学生。这个消息在山村里引起了不小的轰动，人们奔走相告，为这个山里出来的大学生感到骄傲。

大学期间，赵志全的生活十分简朴。他没有向家里要过一分钱，仅靠着每月几元的国家补助维持生活。他总是吃最便宜的饭菜，穿最朴素的衣服。赵志全珍惜这来之不易的学习机会，每天早早起床，第一个来到教室，最后一个离开。图书馆里总能看到他埋头苦读的身影，他的笔记记得密密麻麻。

在大学期间，赵志全不仅在学业上刻苦钻研，还积极参加各种文体活动，他尤其热爱长跑，还多次参加跑步比赛。有一次，他代表学校参加青岛市的长跑比赛，赛前，他惊喜地发现比赛主办方为参赛运动员提供的伙食标准居然是无限量供应肉馅大包子。这个看似普通的伙食安排，对从小生活在贫困中的赵志全来说，无疑是一种"奢侈"的待遇，他从未见过这么丰盛的伙食。

于是，他理所当然地认为，多吃包子就能有力气比赛，帮助自己取得更好的成绩。然而，现实并没有如他所愿。大量的包子并没有转化为赛场上的动力，反而让他的肠胃承受了前所未有的负担。赵志全因为吃得太多，生平第一次感受到了"吃撑"的滋味，导致比赛时根本无法发挥出应有的水平。尽管他竭尽全力，但最终只获得了第八名。这个"无限量肉包子"的故事，成为他大学生活中经常被人拿来调侃的一段趣事。

在青岛的4年大学生活，无疑让成长于内陆小乡村的赵志全大开眼界。相较封闭的山东内陆，青岛作为一个国际化港口城市，充满了现代化气息和多元化文化。在这片开放而包容的土地上，赵志全逐渐拥有了广阔的视野和开放的思维方式，而这些正是他未来事业的重要基石。

作为恢复高考后的第一届大学毕业生，赵志全本有很多机会进入条件更好的单位工作，但为了照顾家庭，他最终选择了离家最近的地区化工局。就在他即将报到的时候，恰逢郯南制药厂向化工局申请引进新人，原本计划分配到化工局的"农村娃"赵志全便被调配到了郯南制药厂。

对于组织的决定，赵志全没有丝毫抱怨。1982年1月，他背起行囊，毅然踏进了郯南制药厂的大门，成为机修车间的一员，他也是制药厂里为数不多的大学生之一。

命运总在不经意间将人引向未知的岔路，但真正的强者，往往能够在每一条路上都坚定前行，无论那条路看着多么平凡。没人知道，赵志全入职郯南制药厂这个看似普通的时刻,却是一段传奇的开端。

制药厂的老员工们一开始都觉得,赵志全会像之前的大学生一样,进厂没多久就会离开。然而,赵志全的选择和行动出乎所有人的意料。在郯南制药厂,他表现出极高的敬业精神,不仅高质量地完成本职工作,还主动承担起厂里文化课补习的任务,帮助工友们提高文化水平。

每到晚上,厂里的会议室便摇身一变,成为一间简陋但温馨的教室。赵志全站在黑板前,手握粉笔,将知识点一个个写下,耐心地为工友们讲解。工友们围坐在他身边,认真听讲、做笔记。

昏黄的灯光下,赵志全的声音在寂静的夜晚显得格外清晰。他的讲解深入浅出,生动有趣,吸引着每一位工友。有些工友文化基础薄弱,赵志全便一遍遍耐心地给他们补习基础知识;对于那些难以理解知识点的工友,他则用通俗易懂的方式反复解释,直到他们完全掌握。

▲ 1984 年,赵志全(后排左一)外出参加会议留影

在沂蒙山的清风里，一个山里娃从贫瘠的田垄中一路跋涉，先后跨过了知识的门槛和命运的考验，最终在郯南制药厂的厂房中找到了自己的立足之地。人生的风尘、时代的变革、家国的期望，在赵志全的身上交织，给了他一股向上生长的力量。此刻平凡的郯南制药厂，正在以它朴实无华的底色，孕育着注定无法被忽视的力量与传奇。

搬迁临沂

搬迁不仅是地理的跨越，更是命运的时空转换。

命运的脚本，往往在一次搬迁中重启。

1985 年的中国，改革开放的春风穿越山河，经济的脉搏跳动得越发有力。土地在裂变，城市在觉醒，市场的微光正在点亮每一个暗淡的角落。经济体制改革如火如荼，企业自主权逐渐扩大，市场经济的萌芽也在这片沃土上破土而出。

郯南制药厂也感受到了这股改革的暖流，然而与蓬勃发展的外部环境相比，制药厂自身的发展却面临着诸多困境。郯城县作为一个资源有限的小县城，发展空间狭小，人才匮乏，市场容量也十分有限，这些因素都对制药厂的进一步发展壮大造成了严重制约。

此时，中国的城市化进程正加速推进。

1984 年 10 月，党的十二届三中全会通过了《中共中央关于经济体制改革的决定》，突破了把计划经济同商品经济对立起来的传统观念，提出我国社会主义经济"是在公有制基础上的有计划的商品经济"；突破了把全民所有同国家机构直接经营企业混为一谈的传统观念，提出"所有权同经营权是可以适当分开的"，这是党在计划与市场关系问题上取得的新认识。这次会议还明确提出"加快以城市为重点的整个经济体制改革的步伐"，为城市化进程注入了新的动力：

> "中央希望并且相信，如同十一届三中全会在实行拨乱反正，提出改革任务，推动农村改革方面起了伟大的历史作用那样，十二届三中全会在制订全面改革蓝图，加快改革步伐，推动以城市为重点的整个经济体制的改革方面，也必将起到伟大的历史作用。"

1984年之后，中国的经济体制改革逐渐从农村延伸至城市。城市作为经济和文化中心的地位日益凸显，吸引了无数企业的目光。城市化进程的加速，带来了更多的资源、更多的人才和更广阔的发展空间。

"察势者明，趋势者智。"每一次变革，都是历史为未来撕开的裂缝，而此时的郯南制药厂，正站在这道历史的裂缝前。

郯南制药厂的决策者们敏锐地捕捉到了这个机遇，意识到搬迁到更大的城市，是企业实现跨越式发展的必由之路。他们知道，留在郯城县，企业终将被稀缺的资源所束缚，而选择搬迁到更大的城市，则如鹰隼展翅，有望搏击长空。区位优势理论也指出，企业选址对其竞争力和长期发展具有重要影响。选择合适的区位，可以降低生产成本、获取优质资源、拓展市场空间，从而提升企业的整体竞争力。

郯城县本就隶属于临沂市，因此临沂市成为制药厂搬迁的首选之地。更为重要的是，临沂市政府出台了一系列优惠政策，为郯南制药厂的搬迁提供了良好的外部环境，也让这一重大决策更加坚定而明确。

1985年2月，经上级批准，郯南制药厂正式搬迁至临沂市兰山区临西一路107号。

由于企业规模尚小，临沂地区经济委员会只是从临沂化工机械厂划出了一块28.54亩的土地给郯南制药厂，同时还附加了一个条件——将临沂化工机械厂的150名职工一并"划转"至制药厂。

对郯南制药厂而言，搬迁至临沂市既是一个难得的机遇，也是一次全新的挑战。搬迁意味着更大的发展空间、更广阔的市场、更丰富的资源和更多的机遇，但同时也意味着离开熟悉的环境，面对全新的、不确定的挑战。

▲关于郯城药厂搬迁工作几项具体规定的通知

带着希望与志忐，郯南制药厂的员工们踏上了前往临沂市的征程。

在搬迁工作中，年轻的赵志全被任命为搬迁队队长，肩负着设备的引进和安装工作。

重任在肩，赵志全义无反顾。他竭尽全力与拥有话语权的设备厂商进行协商谈判，最终竟在一周内就成功完成了所有设备的采购任务。按照常规程序，设备采购完成后，须先进行车间安装设计，再逐步实施安装，而化工机械专业出身的赵志全，早已将这些程序烂熟于心，直接省略了安装设计这一步，节省了大量的时间。

此时正值盛夏，烈日炙烤着大地，炽热的阳光使安装工人们的衣衫浸满了汗水。赵志全深知高温天气会影响工人们的工作效率，于是创造性地提出了"黑白颠倒"的倒班制度：最炎热的时段休息，待傍晚凉爽之际再全力以赴安装车间设备。在他的带领下，工人们配合默契，短短一周便完成了所有设备的安装工作。

在整个搬迁和安装过程中，赵志全卓越的表现，让所有人佩服，他因此成为众人瞩目的焦点。三个月后，赵志全被任命为设备动力科科长，次年又转任技术科科长。

然而，搬迁后的现实情况却远比想象中要复杂得多。由于设备简陋，加上新厂的职工来自不同背景，各自为营，人心不齐，郯南制药厂很快陷入了经营困境。许多从郯城搬来的老员工开始对搬迁决定产生了怀疑，厂内逐渐出现了一些不和谐的声音。

1985年至1986年间，郯南制药厂频繁更换了多任领导，尝试了各种方式试图扭转局面，但均未见成效。此时，郯南制药厂急需一位能够扭转乾坤的人物来重整旗鼓，带领企业走出困境。

就在企业陷入困境之时，时代的浪潮再次奔涌而来。1986年，中共中央、国务院颁发了《全民所有制工业企业厂长工作条例》《中国共产党全民所有制工业企业基层组织工作条例》和《全民所有制工业企业职工代表大会条例》，以进一步规范企业中的权责问题和党政关系。1986年12月5日，国务院出台了《关于深化企业改革增强企业活力的若干规定》，提出全民所有制小型企业可积极试行租赁、承包经营试点，加快企业领导体制改革，全面推行厂长（经理）负责制，并指出可以选择一部分亏损或微利的全民所有制中型企业进行租赁、承包经营试点。1987年3月，第六届全国人民代表大会第五次会议通过的《政府工作报告》提出：

"要把改革的重点放到完善企业的经营机制上，根据所有权与经营权分开的原则，认真实行多种形式的承包经营责任制。"

由此，中央第一次明确肯定了承包制。1987年，国家经济委员会和国家经济体制改革委员会印发了《关于深化企业改革、完善承包经营责任制的意见》，进一步推进企业经营责任制改革。同年下半年，厂长、经理承包责任制在全国范围内逐步推行，各地纷纷响应。

在这股改革的浪潮中，临沂地区也积极进行承包经营责任制和厂长负责制的改革。1987年，濒临倒闭的郯南制药厂被选中，成为临沂地区首家承包经营的试点企业。这个所谓的"试点"，其实是上级的一次"死马当作活马医"的实验：如果试点成功，或许可以将企业从困境中解救出来；如果不成功，鉴于郯南制药厂只有200多名职工，也不会造成太严重的影响。

然而，当这个决定传达至厂里时，就如同投下了一颗震撼弹，立刻引发了轩然大波。大部分职工因"国家铁饭碗"即将被打破而感到忧心忡忡，他们惴惴不安，不知道未来是否会面临失业的风险，或是否能够继续依靠工厂为生。只有少数人，看到了这次承包经营竞标的机会，将其视为天赐良机，其中就包括当时年仅30岁的赵志全。

美国科学哲学家托马斯·库恩（Thomas Samuel Kuhn）的"范式转移"理论指出，科学的发展并非线性的累积，而是通过"范式革命"来实现的。社会和经济的发展也遵循类似的规律。变革时期，原有的社会范式和经济模式面临挑战，新的范式和模式正在形成。只有那些能够敏锐地察觉到这种变化，并积极适应新范式的人，才能在变革中获得成功。

命运的波涛总是将坚韧者推向新的高度，历史从不吝惜给予机遇，也不吝惜筛选意志坚强的攀登者。当困境与机遇的天平再次倾斜，谁能在风暴中把握准绳，谁又能将时代的呼唤化为前行的号角？

热血科长

> 热血，是点燃生命火焰的火种。
>
> 若无勇敢追梦的热血者，世界将无澎湃的浪潮、跃动的脉搏。

时代的洪流滚滚向前，裹挟着机遇与挑战，将勇敢者推向浪潮之巅，也让怯懦者迷失在历史的尘埃中。这不仅是一个关于选择的故事，更是一个关于信念与担当的传奇。在那个充满不确定性的年代，有人选择观望，有人选择退缩，而有人却选择挺身而出，以青春的热血，谱写改革的华章。

当许多员工还在为未来的生存担忧时，作为技术科科长的赵志全却敏锐地察觉到了改变现状的契机。

在赵志全看来，企业的产品和市场潜力远未得到充分挖掘，制药厂不应该陷入如此严重的亏损。他相信，通过合理的管理和创新，完全可以扭转局面，让制药厂重新焕发活力。这种在窘境中看到破局的视野的能力，正是企业家成功的关键。

正是出于这样的信念，赵志全决定参加招标承包答辩。这不仅是竞得承包经营的机会，更是一次展示自己能力的机会。历史的画卷，总在关键时刻，留下浓墨重彩的一笔，而那些敢于直面挑战，把握机遇的弄潮儿，终将成为时代的书写者。

在竞标准备过程中，赵志全对每一个经营指标都进行了反复推敲与精确计算，对如何改造现有设备、如何科学调配生产力、如何有效扩大产能等问题，均形成了一套切实可行的方案。

▲ 1987年，郯南制药厂招标承包答辩会现场

赵志全在竞标报告中如此写道：

"我的心情和大家一样，为厂里的这种局面着急，心里就像火一样燃烧。我们是企业的主人，改革的成败关系到药厂的存亡，也关系到每个人的切身利益，我们都有义不容辞的责任。制药厂需要改革，改革需要献身。"

行动是希望的开始。为了把握主动权，赵志全在得知承包竞标的通知后，立即给上级领导写了一封信，目的有二：一方面向领导们详细报告企业现状，另一方面也是大胆地毛遂自荐。

这封自荐信很快辗转到了时任临沂地委书记刘明祖的手中，随后又被转交给了主持改革试点工作的临沂地区经济体制改革委员会主任刘宗元。在这封信中，赵志全以专业技术人员的视角，对郯南制药厂存在的问题、企业潜力、产品前景、设备的潜能、新产品开发方向等进行了详细且专业的剖析，并提出了一系列具体可行的改进方案。这封信不仅展示了赵志全对企业现状的深入理解，还彰显了他的远见卓识和对未来发展的超前思考。尤其是他在信中提到的"以销定产"的未来规划，展现出他对市场的敏锐把握，这让刘宗元深感佩服。

据刘宗元回忆，读完赵志全的这封信后，他立即被这位年轻人的清晰思路、精辟见解，以及对企业了如指掌的分析所震撼。赵志全展现出的远见与专业，让刘宗元看到了郯南制药厂的希望。这份充满远见的"诊断书"，也让刘宗元看到了一个与众不同的灵魂——一个敢于在黎明前举起火把的年轻人。

为了慎重起见，刘宗元决定亲自走进郯南制药厂，暗地里考察这位年轻的技术科科长。他走访了厂内的工友们，详细了解同事对赵志全的综合评价。

在改革初期充满不确定性的时代背景下，试点企业的成功与否事关重大，因此领导们的意见成为重要的决策依据。事实证明，这封信确实为赵志全赢得"竞选"起到了重要作用。

关键的时刻终于到来，命运的天平将倾向何方？1987年10月23日，在临沂地区运输公司礼堂，精心筹备多日的赵志全郑重而沉稳地站在竞标答辩会场，等待着竞标的开始。当天的氛围庄重而热烈，临沂地区行署、经济委员会、财政局、税务局等地区招标委员会的成员，工会、经济体制改革委员会、劳动局、纺织局、机械局等部门的人员，以及200余名郯南制药厂的员工齐聚一堂，共同见证这一历史性时刻。

"郯南制药厂招标承包答辩会"的红色条幅高悬，庄严醒目。在众人的注视下，赵志全走上演讲台，他身姿挺拔，面容沉稳，眼中闪烁着坚定的光芒。面对台下的领导、同事，赵志全深吸一口气，开始了这场激情澎湃的竞标演讲：

"我年富力强,一个强烈的信念一直在激励和鞭策着我,药厂要振兴、要发展、要为全社会做出贡献,也要造福于本厂和为它的建设付出辛勤劳动和汗水的全厂职工。"

参与竞标的其他3个人都将重点放在如何止损上,只有赵志全在竞标报告中一举提出"当年扭亏为盈,实现利润20万元"的承包目标,并承诺用4年的时间实现产值1000万元、利润120万元。

在招标书上,他更是给出了1988年到1991年的具体承包额:

1988年,产值440万元,利润40万元;
1989年,产值548万元,利润65万元;
1990年,产值718万元,利润90万元;
1991年,产值1000万元,利润120万元。

这不是一个个简单的数字,而是一个年轻人向时代发出的挑战。这个目标对当时的郯南制药厂而言,简直是难以想象的天文数字。制药厂不仅厂房破旧,设备简陋,市场需求下滑,而且员工们人心涣散,士气低迷。账面上的净资产只有19万元,流动资金几乎为零,库存的生产原料也仅够维持3天的生产。

在场的人们对赵志全提出的目标能否实现持有怀疑态度,一时间非议不断。然而,面对四起的质疑声,赵志全表现得沉着

▲赵志全在1987年的竞标报告

冷静，他有条不紊地解释道，这些经营指标是经过与会计反复讨论、科学论证后得出的结论，绝非一时冲动。他早已对制药厂的现状进行了详尽的调查研究，包括设备、产品生产和资金状况，以及历年来的经济效益数据等，所有的计划都建立在充分调研与科学测算的基础上。

人们眼中看到的，是郯南制药厂的破旧与窘迫，是一艘摇摇欲坠的旧船，锈迹斑斑、行将沉没；而赵志全看到的，则是通过经营管理改革来改造设备、合理调配生产能力、扩大生产规模的潜力，以及通过分配制度的创新来激发员工积极性的希望。

面对怀疑的目光，赵志全掷地有声地说："我承包企业，不是为了个人发财，而是要把企业搞活做强，为员工创造更美好的生活。"

最终，这个毫无背景和资源的技术科科长，凭着一腔热血和扎实的专业知识，更依靠着令评委们颇为心动的"宏伟蓝图"，竞标成功。虽然现在大家对当年赵志全成功夺标一事已习以为常，但在当时来看是非常考验决策者的魄力的。一家拥有200多名员工的国营企业，最终选择一个年仅31岁的技术科科长来做掌舵人，挑战是非常大的。

1987年10月25日，是赵志全人生中最重要的日子之一。那一天，他在承包合同上郑重地签下了自己的名字，成为中国经济体制改革中第一批承包经营厂长中的一员。当时在场的绝大多数人或许并

▲ 1987年，赵志全承包郯南制药厂的合同

未意识到，这份看似平凡的承包合同，将为这家位于沂蒙山区的国有企业带来怎样翻天覆地的变化。

承包合同上那一笔签名，是沉甸甸的使命，是旧格局被扭转的讯号，更是企业跃向新生的起跑线。在这关键的时刻，赵志全的勇气唤醒了沉睡的制药厂，自此，一家企业的命运，与这片土地的脉动共振，开始了与时代同行的激荡篇章。

多年后，张贵民评价这次承包时，动情地说道："赵总在承包时曾说，'药厂需要改革，改革需要献身'，他确实用27年的奋斗历程，实实在在地履行了这句话。"

一个人的力量，或许微不足道，但一颗为理想而跳动的心，却足以改变一家企业的命运。赵志全身上那种强烈的责任感，正是中国改革开放大潮中最为动人的注脚。责任是人生的价值所在，也是推动社会进步的重要力量。当个人命运与集体命运交织在一起时，责任便升华为一种使命，成为企业基业长青的精神内核。

四面楚歌

英雄从不在坦途中诞生，而是在荆棘中崛起。

道路虽狭，亦有奔腾之气。

赵志全深知这份承包合同的分量，它不仅关乎郯南制药厂的未来命运，还承载着无数员工的希望与梦想。签字的那一刻，他仿佛听到了命运齿轮开始转动的声音，那一声声清脆的"咔嗒"，似乎预示着前方的未知与挑战，宣告着属于他和鲁南制药厂的新征程即将开始。

在历史深处，每一次变革的脉动，都要穿越黑夜的风暴，而每一个选择站在风暴中心的人，注定要面对无数冰冷的诘问。

签下承包合同后，赵志全便马不停蹄地着手工作。然而，摆在他面前的第一个难题，便是短缺的资金，这个难题如同一座大山横亘在他的面前。他一次次走进银行大门，怀揣满腔希望地递上申请，但又一次次带着失望而归。银行行长们对这个年轻的承包者充满疑虑，他们不愿意将宝贵的资金投入到一个风险重重的项目中。赵志全四处奔走，八方求助，却始终无法筹集到足够的启动资金。那些银行的大门，如同一道道冰冷的壁垒，将他的热血与梦想阻隔在外。

然而，在命运最黑暗的角落，总会有一盏明灯为追梦者指引方向。

就在赵志全几乎陷入绝望之际，临沂市工行的一位行长对他动了恻隐之心。这位行长曾在竞标答辩会上，见识过赵志全对企业改革的激情，对他的改革方案印象深刻。最终，这位行长决定给赵志全放贷2万元，但条件却异常严苛：贷款的还款期限只有短短一个月。

为了筹集更多的资金，赵志全的妻子龙广霞不得不向自己的父亲求助，龙广霞的父亲深知女儿和女婿的为人，倾囊相助。东拼西凑，赵志全最终又筹到1.8万元。

费尽千辛万苦筹集到启动资金的赵志全，并没有预料到，在打破旧制度的欢呼雀跃背后，隐藏着更深层次的观念与制度的变革，这将引发一系列的冲突和动荡。任何变革都是对既有秩序的挑战，而既有秩序的守护者必然会本能地进行抵抗。这种矛盾不是偶然的，而是变革过程中必然的辩证法则。当赵志全撸起袖子，准备大干一场的时候，随之而来的却是承包经营制度配套改革的一石激起千层浪，既得利益者、竞争者与眼红者的反对声让他一时四面楚歌。

在 1987 年承包经营之前，郯南制药厂的员工端的是"铁饭碗"。但这一切，都随着"厂长经营承包责任制"这一新名词的到来而改变。

赵志全以雷霆之势展开了大刀阔斧的改革，打破了原有的人事、劳动和分配制度，彻底砸碎了"铁工资、铁饭碗、铁交椅"，这触动了既得利益者的核心利益，让他们心生不满、愤愤不平。

"木秀于林，风必摧之。"风暴总是裹挟着不满与质疑，击打在那些敢于改变的人身上。既得利益者怒火中烧，变革者赵志全首当其冲地成为他们攻击的靶子。那些被打破的"铁饭碗"碎片，化作利箭，纷纷射向这个胆敢挑战旧制度的年轻人。

一开始，他们只是私下议论。

"赵志全算什么东西？一个毛头小子，凭什么对我们指手画脚？"

"就是，他懂什么？还不是靠着关系上来的。我看他就是想把我们赶走，好自己发财。"

接着，他们中的一些人为了阻挠赵志全的改革，开始散布谣言，诋毁他的名誉，他们暗中纠集，编写匿名信，妄图夸大其词甚至颠倒黑白，不断以"制造假药""贪污公款"等由头诬告赵志全。这些匿名信铺天盖地地涌向上级政府，同时也分发给制药厂的每个员工，甚至扩散到其他经营单位。一时间，社会上非议四起，谣言纷纷，人心惶惶。制药厂被承包不到一个月，各类调查组便频繁进驻厂区，令整个制药厂陷入了不安与动荡。

1988 年 5 月 30 日，由国家监察部、省监察厅、省卫生厅、省药检所、地区监察局、地区卫生局等部门组成的联合调查组来到制药厂，调查药品质量问题；6 月 23 日，地区经委、化工公司、监察局、卫生局、医药局等部门组成的联合工作组，驻厂进行整顿工作。最夸张的时候，十几个部门声势浩大地进驻这家只有200余名员工的小企业，仅调查人员就多达上百人，形成了各路调查组你方唱罢我登场的场面，"热闹"得让人心惊。无奈之下，赵志全只能宣布企业7月28日至8月3日暂时停产，以配合上级部门的调查和整顿工作。

接连不断的调查让赵志全倍感压力，但他始终坚信"身正不怕影子斜"，从不畏惧这些风雨。他积极配合调查组的工作，同时一遍遍地向员工们解释自己的改革方案，以期得到大家的理解与支持。

然而，反对者的手段远不止这些。他们开始将目标对准了赵志全的家人，打破了一个家庭的平静。有些人甚至威胁赵志全的家人，伺机恐吓，妄图让他屈服。有一次，竟有人冒充熟人，试图在放学时接走赵志全年幼的女儿。幸亏同学和学校老师机警，进行了及时的保护，才未让歹徒得逞。

屋漏偏逢连夜雨，赵志全的父亲此时又突发重病住进了临沂市中医医院。妻子龙广霞一边忙着照顾生病的老人，一边还得应对家中接踵而至的突发事件，无暇顾及年幼的女儿，孩子只能在这段时间里跟着姥姥、姥爷一起生活。

此时赵志全的母亲并不知道儿子正在经历着怎样的困境。半年没有回家的儿子，在当上厂长后似乎对家庭关心渐少，这让母亲心中颇有些不理解，总觉得儿子当上厂长就把老娘给忘了。母亲亲自上门，恰逢赵志全刚交完第二次罚款。母亲对儿子的满心委屈和压力一无所知，却劈头盖脸地责骂了他一顿。本就心情郁闷的赵志全，心情更加低落，甚至跌入了情绪的谷底。

外面是无止境的诬告、抹黑和调查，厂子半年不到已交了两次罚款，辛苦筹来的启动资金也即将耗尽；家里的妻子和孩子因为他而受苦、受威胁，母亲对他的不理解更是雪上加霜……这一切如同巨大的石头，压得赵志全几乎喘不过气来，他从未感到如此无力。

所有的苦难，都在那个几近崩溃的夜晚，化作一句赵志全对妻子龙广霞说出的低语："我干脆不干了。"这一刻，他内心的无助达到了极点。龙广霞看着眼前疲惫不堪的丈夫，心疼得无以复加，她轻轻点了点头，算是默认了丈夫的决定。后来，龙广霞回忆说："赵志全一辈子经历过很多坎坷，但那次是他第一次说出'不干了'。"

然而，仅仅几个小时后，冷静下来的赵志全重新坚定了自己的信念，他对自己说："还得继续干下去。""哀莫大于心死，而人死亦次之"，他心中默念着，自己不能辜负员工们的期望，不能对不起那些信任与支持他的人。

第二天，赵志全照常来到厂里，组织员工开会，安排工作，仿佛前一天那些内心的波澜从未发生过。他依然沉稳镇定，用自己的行动告诉所有人，就算"楚歌"再响，他仍会勇往直前。

赵志全顶住层层压力，一边配合调查，一边紧抓产品与市场。最终，事实站在了他这边。真相就像一株顽强的幼苗，即便被谎言的砂石掩埋，也终究会在时光的冲刷中显露出生命的本色。一次次的调查结果表明，赵志全是清白的，所有心怀不轨者的恶意在事实面前不堪一击。

风雨如晦，心光不灭。愤怒的人群、动摇的人心、闭合的银行大门，乃至潜伏在暗处的威胁，都无法掩盖赵志全内心闪烁的信念之光。改革的列车虽然在风雨中摇晃，却从未偏离前进的轨道。

三板斧

> 剑法万千，不及一式入魂。
> 胜利从不在繁，而在准。

当危机退去，黎明的曙光初现，命运的舞台已为变革者准备就绪。

重新振作起来的赵志全决定从三个层面大刀阔斧地进行改革：产品创新、设备升级、市场拓展。郯南制药厂的命运，也在这三板斧中焕发出新的生机。

1987年承包经营之前，尽管郯南制药厂的定位是中西药兼产，但客观来说还是以中药产品为主，顺带生产极少量的西药。

郯南制药厂承包经营前生产的中药产品包括中药针剂和中药片剂，中药片剂有桑菊感冒片、银翘解毒片、复方丹参片、复方大青叶片等。而西药部分只有西药针剂，如1969年试验成功的百尔定、葡萄糖、氯化钠、维丙胺注射液等。

尽管中药产品种类丰富，但因市场认可度有限，郯南制药厂的产品长期处于不温不火的状态。接手制药厂后，赵志全意识到，必须以创新驱动产品升级。他提出了"借梯上楼，联合开发"的策略，主动寻求与山东中医学院（现山东中医药大学）的合作，以借力谋势、抢占先机。企业家的智慧，在于认识到自身的局限，并在谦逊中寻找合作的契机，这是一种辩证的发展观，也是突破自我的必由之路。赵志全相当于由此构建了一个创新网络，这种网络通过跨组织的知识联结，让企业得以突破组织边界的限制，在更大的社会网络中获取创新资源，实现知识的有效流动与整合。

通过联合开发，制药厂成功研发出新药"银黄口服液"，并于 1988 年正式投产。制药厂早前开发的复方大青叶相关产品此时已经在江浙沪一带销售，赵志全利用这些已有的销售渠道，顺势推广银黄口服液。

▲银黄口服液中试鉴定会

事实证明，联合开发新药银黄口服液是一项非常正确的决策。该药一经上市，便迅速成为畅销产品，直接为郯南制药厂提前完成承包经营指标奠定了基础，为企业赢得了宝贵的发展先机。

为了扩大产能，赵志全也在设备升级方面加大了投入。

1985 年郯南制药厂搬迁至临沂时，提取车间的设备除两台不锈钢浓缩锅外，全部是简陋的搪玻璃设备，片剂车间则由两排破旧的平房改造而成。如此简陋的生产设施，极大地限制了药厂的生产能力和生产效率。

1988 年，赵志全成立了口服液二车间，随后片剂车间和生产口服液的新大楼也正式启用，生产设施得到了显著改善。同年，赵志全以每亩 1.2 万元的高价从宏伟村征得了 15 亩土地，这一决策为郯南制药厂未来的发展提供了更多空间。

1990年9月13日，赵志全在全区经济体制改革工作会议上做了工作汇报，在汇报中，他自豪地披露了一组令人瞩目的建设成就数据：

"自1987年承包经营以来，制药厂在设备更新上的投资累计达到120万元，在生产性基建上的投资累计达到150万元。此外，药厂还建设了一幢建筑面积1365平方米的综合制剂生产楼，以及一幢建筑面积2840平方米的大型综合仓库，并计划继续投资300万元用于银黄口服液的技术改造。"

赵志全在设备和厂房扩建上的提前布局，有力支撑了新药的产能保障。这些投资不仅保证了药厂的新药生产需求，也为企业的持续快速发展奠定了坚实基础。

机遇总是垂青有准备的人。1987年底至1988年3月，上海暴发甲肝疫情，感染人数高达31万人，情况紧急。郯南制药厂的复方大青叶合剂恰好是治疗甲肝的重要药物之一，复方大青叶合剂以及新推出的银黄口服液一夜之间供不应求，销售额因此大幅增加。这一突如其来的需求，使得郯南制药厂迎来了发展的"第一桶金"，为企业日后的成长和扩大生产奠定了经济基础。

由于产品在上海暴发甲肝疫情期间发挥了重要作用，郯南制药厂得以在此期间与上海的药材站建立紧密的合作关系。对郯南制药厂来说，这是一次前所未有的突破。要知道在以前，制药厂的业务员若想拜访上海这样的大城市的医药机构，是不容易的。此次产品在甲肝疫情中的成功应用，让郯南制药厂逐渐获得了发达地区医药机构的认可，也为药厂进入更广阔的市场打下了基础。

1989年，郯南制药厂的工业产值达到1115.11万元，相比1988年增长了63%，这个产值几乎相当于1982年至1986年5年的总和。同时，企业实现利润101.9万元，固定资产从承包前的287.3万元增加到553.8万元，增长了93%。

也是在这一年，集团现任董事长张贵民通过高考，从郯城县前往福州大学，开始了他大学阶段的学习。在那个时候，没有人能想到，这个从郯城县走出的年轻人，未来将与这家起步于家乡的制药厂紧密相连，并在其发展历程中扮演至关重要的角色。

花开两枝，回到赵志全这头，他知道要想尽早实现承包业绩目标，还需要打造一支能力过硬的销售团队，进行市场拓展。

赵志全从小见过父亲做买卖，深知市场的重要性，这使得他的市场意识强于常人。从承包的第一天起，他就提出了"不找市长找市场"的理念，认为企业的发展不能仅仅停留在省内市场，还应该不断开拓省外甚至国际市场。

为此，赵志全成立了一支专门的销售业务团队，并提出了"公正清廉、勤奋敬业、品德至上、人格至上，解放思想、开拓进取、市场无限、追求无限"的业务原则，要求全体业务员把这些原则贯彻到每一个工作细节中。

赵志全不仅制定了销售业务原则，还以身作则，亲自带领业务团队奔赴各地的销售一线。1990年元旦，他通知仅有的4名业务员在安徽省蚌埠市会师，时值寒冬，赵志全凌晨5点到达蚌埠，与业务员们在狭小的房间稍事休息后，便精神抖擞地参加了银黄口服液的推广会。会后，这支小小的团队立刻兵分两路，一路向合肥，一路向西安、天津、石家庄、太原等城市进发，未有丝毫停歇。

值得一提的是，赵志全还拥有那个年代极为稀缺的敢为人先的品牌传播意识。

1990年，一部电视剧《渴望》横空出世，牵动了亿万中国观众的心，创造了万人空巷的场面。这部由鲁晓威、赵宝刚执导的电视剧，讲述了刘慧芳、王沪生、宋大成等人之间的爱恨情仇，贴近生活的故事与跌宕起伏的情节深深吸引着观众。每当夜幕降临，人们吃完晚饭，便搬着小板凳围坐在电视机前，生怕错过任何一个动人情节。

品牌传播本质上是一种社会文化现象，其成功与否取决于能否准确把握社会情绪。《渴望》的热播，不仅让剧中的演员们一夜成名，也让郯南制药厂声名鹊起。原来，赵志全敏锐地抓住了这一市场契机，趁着《渴望》的热播，将银黄口服液的广告投放到电视剧中。在那个广告资源极为稀缺的年代，电视广告的影响力尤为巨大。伴随着《渴望》在全国范围的热播，银黄口服液的名字也随着剧情的跌宕起伏，悄然印入人们的心中，成为家喻户晓的药品。赵志全的这一营销手段，极大地提升了银黄口服液的市场知名度，加上得力的业务员队伍，以及企业对生产和市场的全力保障，银黄口服液的知名度越来越高。

1990年，郯南制药厂的产值达到1700万元，增长了十几倍，利润

▲ 1990年，临沂地区体改委简报对郯南制药厂情况的通报

达到 160 万元，提前一年完成了承包目标。这一不俗的业绩不仅标志着赵志全带领企业摆脱了困境，也让他逐渐赢得了员工的信任与支持。员工们起初感到疑虑和抵触，现在已逐渐被赵志全的实干精神所折服。

在漫长的黑夜里，困境如影随形，但当曙光划破天际后，一切重新归位。赵志全没有被风暴吞噬，反而于乱局中找到了破局之道：他以产品创新为刀锋，斩断旧有束缚；以设备升级为基石，夯实发展的根基；以市场拓展为双翼，振翅高飞。郯南制药厂在这三板斧的挥舞中，迅速完成从泥泞中奋起的蜕变。那些曾经的质疑和恶意在事实面前黯然失色，而赵志全的远见与担当，则随着产值与利润的攀升而愈加清晰。

"鲁南"诞生

企业名称的变化，实质上是一次战略的腾挪转向。

一字之动，藏着掌舵者的天地乾坤。

20 世纪 80 年代末至 20 世纪 90 年代初，中国经济进入了市场化改革的重要阶段。在这一时期，企业开始意识到品牌的重要性，纷纷通过改名和重新定位来提升自身的品牌影响力和市场竞争力。经过深思熟虑，赵志全决定于 1990 年 8 月将郯南制药厂更名为山东鲁南制药厂（简称"鲁南制药"）。

这个看似简单的改动，不仅是品牌表达的重塑，更是企业格局的扩张。

首先，更名后制药厂的企业地域影响力得到扩大。

"郯南"仅代表郯城县南部,地域局限性较大,难以在更大范围内建立品牌认知,而"鲁南"作为山东省南部地区的统称,涵盖临沂、枣庄、济宁等多个城市,具有更强的区域代表性。更名后,企业的影响力不再局限于一隅之地,而是辐射整个鲁南地区,为品牌拓展奠定了坚实的基础。从"郯南"到"鲁南",不仅是一个字的变化,更是企业从地方走向区域,从战术调整到战略升级的重要一步。

其次,品牌价值得到提升。

名称变更不仅是从"郯南"到"鲁南",更是将"山东"二字放在名称之前,既有"山东"的厚重,又有"鲁南"的广度。作为中国经济强省,"山东"品牌形象良好,享有较高的市场认可度和美誉度。更名后,"山东鲁南制药厂"得以共享"山东"的品牌效应,有效提升了企业形象和产品附加值。消费者更容易将"山东鲁南"与高品质、可靠的医药产品联系在一起,从而增强对品牌的信任感。

最后,企业实力感知得以增强,从"小作坊感"变为"大企业感"。

"郯南制药厂"容易给人留下小作坊、地域性企业的印象,难以在竞争激烈的市场中树立权威形象,而"山东鲁南制药厂"则塑造了一个规模化、专业化的企业形象,更容易赢得消费者和合作伙伴的信任。这种实力感知的提升,对企业拓展市场、吸引人才和资本具有重要意义。

更名为"山东鲁南制药厂"不只是简单的名称变更,而是以赵志全为首的企业管理团队对企业发展战略的一次重大升级。更名是企业市场化转型的重要一步,也是顺应社会与经济发展趋势的战略选择,这一决策体现了企业管理层高瞻远瞩的战略眼光。通过更名,企业成功实现了品牌升级和影响力拓展,这看似微小的改变,将为企业带来意想不到的蜕变。

更名后的山东鲁南制药厂,犹如插上了腾飞的翅膀,迅速崛起。更名后的第二年，鲁南制药产值突破 2500 万元，利润超过 200 万元。凭借着优质的产品和良好的口碑，企业迅速在市场上站稳脚跟。更名带来的品牌效应，也让企业在消费者心目中树立了更加专业、可靠的形象。这次更名不仅象征着企业的自我革新和发展壮大，更是中国企业在市场经济大潮中寻找自我定位、提升竞争力的缩影。从此，鲁南制药便扎根临沂，伴随着中国医药行业的发展而走向全国乃至全球。

临沂并非一线繁华之地，却孕育了鲁南制药这家医药巨头。究竟是什么让这家企业在这片土地上崛起，成为行业的佼佼者？答案或许就藏在临沂的地理、历史与文化之中，也深深镌刻在那段烽火岁月铸就的沂蒙精神里。

临沂位于山东省东南部，是山东省面积最大、人口最多的城市，其下辖兰山、罗庄、河东三个区和郯城、兰陵、沂水、沂南、平邑、费县、蒙阴、莒南、临沭九个县。作为全国规模最大的市场集群之一，临沂被誉为"中国物流之都"，每天都有数以万计的商品在这里流通，创造出巨大的经济效益。

临沂地处鲁苏交界，自古以来便是兵家必争之地，历史的洪流在这片土地上留下了深深的印记。早在新石器时代，勤劳智慧的先民便在这片土地上繁衍生息，留下了大汶口文化遗址。夏商周三代，临沂一直是东夷文明的重要中心。秦汉以降，临沂是郡治所在，商贾云集，文化昌盛，成为连接南北的交通枢纽和商贸中心。悠久的历史积淀为临沂注入了深厚的文化底蕴，也塑造了临沂人坚韧不拔、敢于拼搏的精神气质。

古今往事如尘沙掠过，但那些故事从未真正消散。临沂承载着齐鲁大地厚重的历史记忆，不仅孕育出众多名门望族和忠臣烈士，还孕育了勤劳勇敢、忠孝仁义、诚信厚道的人民，这些品质深深镌刻在鲁南员工的骨子中。

临沂是中国书法名城，声名远播于世。晋代书法家王羲之、王献之父子皆为临沂人，他们的《兰亭序》和《洛神赋十三行》被公认为中国书法美学的代表作。临沂自古多慷慨悲歌之士，英雄的故事在这片土地上代代相传。安史之乱爆发之际，大书法家颜真卿挺身而出，毅然起兵勤王，与叛军浴血奋战，谱写了一曲忠义壮歌。颜真卿虽兵败被俘，却宁死不屈，最终英勇就义。他的忠肝义胆成为临沂人心中的丰碑，激励了一代又一代的临沂人奋勇前行。颜真卿为了纪念在安史之乱中为国捐躯的侄子颜季明，而悲愤书下的《祭侄文稿》被后人誉为"天下第二行书"，它传递的不仅是书法的力量，更是忠义之魂的感召。

在中国近代史中，中国共产党在临沂地区创建了沂蒙革命根据地，成立了中共山东省委、山东省政府、山东军区以及中共中央华东局、华东军区。抗日战争时期，沂蒙人民舍生忘死，支援前线，谱写了一曲可歌可泣的英雄赞歌。"最后一口粮做军粮，最后一块布做军装，最后一个儿子送战场"，这句沂蒙人民的口号，生动诠释了什么是爱国主义，什么是英雄主义。不屈不挠、勇于奉献，成为沂蒙精神的核心。

沂蒙精神如同一股无形的力量，深深地影响着鲁南制药。在鲁南制药创业初期，资金短缺、技术匮乏、人才不足，这些艰难险阻没有让鲁南人退缩，他们以沂蒙精神为指引，不畏艰难，勇往直前，硬是在逆境中闯出了一条属于自己的道路。无论是面对市场的风云变幻，还是技术创新的重重挑战，鲁南制药的员工都能从沂蒙精神和先辈的英雄事迹中汲取力量，迎难而上，顽强拼搏。

现任集团董事长张贵民经常在员工大会上宣讲沂蒙精神。他提到"满缸运动"的故事，共产党和八路军在抗战时期，每天清晨为老百姓挑满水缸，打扫街道和院落，农忙时帮忙抢收抢种，收完庄稼后将其整齐地捆好送到老百姓家里。正是这种时时想着群众，切实为群众排忧解难的精神，为共产党和八路军赢得了民心。所以张贵民要求集团的党员在为员工、客户和社会提供服务时，也必须务实行动，认真倾听他们的诉求，真正做到不流于表面，而是将诚心落实到每一个细节中。不仅如此，鲁南制药还在2021年成立了专门的沂蒙精神宣讲团，宣讲团先后奔赴30多个省、自治区、市，深入学校、医院、社区，开展了1400多场宣讲，宣传沂蒙精神，讲述时代楷模赵志全的故事和鲁南制药的故事。

　　沂蒙精神深深影响了鲁南制药的两代企业家——赵志全和张贵民。他们敢于创新、勇于拼搏、勇于担当，用实际行动诠释了新时代的英雄主义。从赵志全带领制药厂走出困境，到张贵民继续推动企业迈向更高的目标，他们始终以沂蒙精神为引导，无论在企业经营还是员工管理中，都彰显着沂蒙人特有的坚韧和担当。这种精神的弘扬和传承，帮助企业凝聚起强大的内部向心力，照亮了鲁南制药的前行之路，也成为激励无数后继者不断奋进的灯塔。

第二章

艰难的改革

赵总给我们留下了什么？

从物质财富来说，鲁南制药的产品在市场上受欢迎，品牌的影响力大，根植于患者的心中。从精神财富来说，核心就是"不怕困难，挑战困难，战胜困难"的鲁南精神。

——张贵民

不断用我们攻坚克难的生动事例，丰富鲁南精神的内涵。

用一个又一个的胜利，让鲁南精神熠熠生辉，照亮我们前行的道路。

——张贵民

......

  从1992年起,鲁南制药不再面向社会招聘,而是将目光投向朝气蓬勃的应届毕业生。彼时大学刚毕业的张贵民,满怀憧憬地踏进鲁南制药。那时的他,或许不会想到,自己的人生轨迹将与赵志全、鲁南制药紧紧交织,更不会想到,自己未来会成为这家企业的掌舵人。

  在接下来的几年里,张贵民从一名普通操作工,一步一个脚印成长为中试车间主任。他的成长之路,见证了鲁南制药在人才培养、研发创新、市场开拓等方面的种种探索与实践,见证了鲁南制药历史上波澜壮阔的"九六决战",也见证了赵志全在管理上的智慧与魄力。

人才难题

距离现实越远，指挥的声音越苍白。
唯有深入一线，才能触摸到企业发展的脉搏。

赵志全在承包郯南制药厂时，所有职工加起来刚过200人。沂蒙山下的这家小药厂，如同一个渴望绽放的花园，却缺少园丁来耕种。当时郯南制药厂的员工主要从社会招聘，要求也很低，初中毕业即可。尽管这些人都踏实肯干，但其文化水平却难以满足药厂日益增长的发展需求。

客观来讲，位于沂蒙山区腹地的临沂，缺乏吸引人才的区位优势，光是交通便利程度，就会让不少人打退堂鼓。即便到了2023年，我去鲁南制药调研时，居然还没有开通从上海直达临沂的高铁，只能在曲阜、枣庄或日照等地转车，仿佛时光在这里放慢了脚步。

随着"山东鲁南制药厂"的挂牌，赵志全也不安于只在临沂做一家当地知名企业。然而，人员素质的瓶颈却日益凸显，要想让药厂在更广阔的天地里立足，就必须打造一支高素质、专业化的团队。

赵志全始终坚信，相比社会招聘，校园招聘更能为鲁南制药带来可塑性强、学习能力强、创新能力强的人才。在他眼中，每一个应届毕业生都是一颗待雕琢的璞玉，虽然稚嫩，却蕴含着无限的可能。这些年轻人不仅能快速适应岗位需求，更能为企业高质量发展提供动力。

赵志全还有另一层考虑，校园招聘能够为鲁南制药培养忠诚度高、稳定性强的人才梯队。因为这些年轻人一出校园就进了鲁南制药，对企业的感情与社招员工相比会非常不一样，他们会更愿意与企业共同成长，经历风雨时会更坚定地选择与企业站在一起。

于是，鲁南制药从1992年起决定不再进行社会招聘，而是只招应届毕业生，学历要求是高中或者中专以上，重点放在招聘大专生和本科生上，但对专业不限制。

消息一出，厂里炸开了锅。有人质疑："鲁南制药位置这么偏僻，企业又小，能招来大学生吗？"还有人担忧："年轻人来了，能留得住吗？"

面对质疑，赵志全坚定地说："我们必须招聘具有更高文化水平的年轻人，给他们提供沃土，相信他们会留下来！"

起初，校园招聘的确进行得不顺利。一些学生对鲁南制药偏远的地理位置心存顾虑，也有人担心专业不对口。赵志全带领团队一次次走进校园，与学生们面对面交流，真诚解答他们的疑惑，并承诺会积极争取政府支持，改善厂区环境，提高员工待遇，为年轻人创造发展平台。

渐渐地，校园招聘工作有了起色，许多应届毕业生被鲁南制药的真诚和发展潜力所打动，选择加入。

对这些应届生员工，赵志全要求他们进厂后必须深入车间工作一段时间。在他的管理哲学中，在一线车间锻炼是每位新员工成长的第一步。在一线，他们与机器为伴，深入了解生产流程。这不仅是技能的训练，更是对责任感与团队精神的深度熏陶。在赵志全看来，不了解基层，管理不过是空中楼阁；不亲近车间，创新不过是纸上谈兵。

在车间锻炼的这段时间，赵志全并不会跟他们有过多接触，三个月后，赵志全会专门召集这些年轻人开会。开会前，他会仔细阅读每位员工的信息表，了解他们的背景。会议开始，他坐在中间，员工们围坐成一圈，气氛轻松。每位员工依次介绍自己，内容通常涵盖姓名、毕业院校、所学专业、在车间的工作经历、个人诉求和对公司的建议等。

"我叫张理星，毕业于青岛科技大学……"

赵志全认真倾听每一位员工的自我介绍，偶尔插上几句幽默的点评，引得众人会心一笑。这些看似平凡的对话，像一场静谧的春雨，润物无声，却悄然浇灌了这些新员工的心。

随着应届生队伍的壮大，一次性和所有新员工会面变得不现实。赵志全便开始分批与他们交流，每次几十人。这种与员工见面交流的做法，赵志全一直坚持到 2008 年前后，后来由于应届生员工实在太多，不得不改变交流模式。

在听取应届生员工意见的同时，赵志全还会尽力帮助他们解决生活上的困难和工作中遇到的各种问题。据赵志全的秘书李宝杰回忆，在 2002 年之前，赵志全常常加班到半夜，应届生员工有什么困难可以随时去他办公室反映，也可以给他打电话甚至写信。初期，赵志全甚至还要求这些应届生员工每周至少跟他交流一次。

赵志全的这种要求新员工深入车间生产一线的培养模式，不禁让人联想到许多世界知名企业的做法。以日本丰田公司为例，其创始人丰田喜一郎也强调新员工必须从车间做起，了解一线生产的每一个环节。此外，德国的西门子公司也坚持类似的培训模式，通过一线工作让新员工更好地理解生产流程和质量文化。

让应届生先去车间锻炼，除了能为这批人将来走上管理岗位打下基础，赵志全认为，让这些刚走出象牙塔的年轻人与一线基层建立同理心也非常重要。车间是企业的基石，深入其中能帮助员工了解生产流程、掌握基本技能，更能让他们体会并理解基层员工的辛劳，培养团队合作精神。同时，这些年轻人有知识，有创新热情，让他们深入车间，可以发现问题，激发创新，提出改进建议。

事实证明，后来很多对鲁南制药的发展做出重大贡献的人，都是从车间成长起来的。

比如，1991年进入鲁南制药的王义忠（现集团副总经理），一开始就是在车间工作，到第二年3月份才到业务部门工作。4年后，王义忠担任河南办事处主任，成为当时全国8个办事处之一的负责人。

现集团公司总经理助理、办公室主任徐炳南，1992年进入公司。据他回忆，中专毕业后，他选择进入鲁南制药，是因为其姐早一年进入公司。寒暑假期间，他得以通过姐姐的关系到厂里参观。十七八岁的年纪，看到鲁南制药的业务员整天全国各地跑，徐炳南很羡慕。后来徐炳南在车间锻炼几个月后，如愿加入业务员队伍。

此时比徐炳南早一年进入鲁南制药的王义忠已在安徽市场耕耘了一段时间，计划转向当时还是市场空白的河南。于是，徐炳南就跟王义忠一同开拓新市场。徐炳南负责的是洛阳、南阳等豫南市场。当年，如果从郑州坐汽车到洛阳，至少得四五个小时，再从洛阳到南阳，又得8个小时，从南阳到信阳也得七八个小时。徐炳南说："虽然路途遥远，但是风景很美，也不觉得苦。"

通过校招，鲁南制药的队伍规模逐渐扩大。现集团总会计师刘长城回忆，在他1993年进鲁南制药前后一年的时间里，鲁南制药的员工人数从400多人一下增加到了1000多人，成为临沂地区赫赫有名的大企业。

刘长城大学学的是财务，毕业前就想到鲁南制药工作。毕业前夕，他直接找到赵志全说想毕业后来鲁南制药工作。在毕业前的一个月，刘长城以实习生的身份入职了鲁南制药，算是极少数的没有进过车间的高管。

多年以后，那些曾在车间挥汗的青涩身影，已成为企业的中流砥柱。他们以切身的体验理解管理，以实地的历练沉淀思考；他们继承了沂蒙精神的坚韧，在现代教育的浸润中迸发出创造的火花。正是这股从一线车间里培育出的力量，推动鲁南制药向产业前沿稳步迈进。

质朴青年

在无声岁月里播种的人，注定会以光芒万丈的姿态，
成为他人眼中的奇迹。

随着校园招聘的推进，一批年轻人从校园走入鲁南制药。现在回头来看，那个时期可以说是群星璀璨，其中就有现集团董事长张贵民。

命运总是喜欢写下巧合的诗句。张贵民的出生时间，正是在郯南制药厂成立一年后（1969年10月），而他的出生地，又恰在郯城县，这或许是冥冥之中的一种安排。

每一个脚踏实地的人，背后都有着一段深沉的过往。张贵民的父亲在2020年过世，他随即写了一篇纪念父亲的文章《我的像风一样的父亲》。从这篇文章中，我们可以了解张贵民早年艰苦的生活境况。

张父小时候要过饭，年轻时也像赵志全的三叔一样闯过东北。20世纪80年代，张父还在村里做过棉籽油、打过铁。在张贵民心中，父亲会做铁皮，会修农具，会磨剪子，好像无所不能，像一阵风般在生活的困境

中穿梭。

张贵民兄妹五人。每天母亲很早就要起床，准备好子女们的餐食后，再去生产队挣工分。天亮前，母亲要把煎饼烙完，等孩子们醒来，一大摞煎饼已经整齐地摆在桌子上了。

家里本就拮据，自己的孩子都不够吃，父亲还会时不时让一些有困难的亲戚住在家里。母亲对此多有怨言，但也不好失了父亲的面子，只能默默忍受。张贵民后来感叹道："不知母亲一辈子受了多少罪，忍了多少委屈。"

兄妹五人的成绩都很好，但家里实在供不起所有的人上大学，权衡之下，只有张贵民最终进入了大学。对此，张贵民一直心有愧疚："其实几个孩子中，我的成绩最差。在只能有一个人读大学的情况下，其他人都选择了放弃，为我走出农村做出了牺牲。"

张贵民的大学之路并不顺利，1988年他首次参加高考落榜了。

当时家中翻修老房也需要用钱，这让父亲不得不慎重考虑是否继续支持张贵民复读。父亲的话语既温和又决绝："再试一次吧。如果再考不上，就成家立业，待在老家过日子。"

张贵民很争气，复读一年后，他如愿考上了福州大学，成为村里的第一个大学生。

儿子考上大学，全家人都很高兴。但因为是在南方上大学，生活费比在北方高了不少。老两口想尽一切办法给张贵民提供好的物质生活，给足生活费。直到张贵民工作后，第一次拿到98元的工资，他才意识到父母之前给的生活费远超这个数目，于是心疼不已。张贵民后来写文章说：

"我直到现在都很后悔，如果我在北方上学或者报考师范类院校，就可以省下很多费用，也许可以让父母亲少操劳一些。"

1993年夏天，张贵民以优异的成绩从福州大学精细化工专业毕业，回到家乡临沂，开启了他在鲁南制药的职业生涯。

那时的鲁南制药条件十分艰苦，尤其在生产环境方面面临着诸多挑战。

鲁南制药的厂区附近有一家印染厂，排放的废水污染了周边的水源，而制药厂对水质的要求极高，为了确保生产用水的安全和质量，鲁南制药不得不采取特殊措施。他们专门建造了一个蓄水池，从未受污染的自来水厂引流纯净水进厂，然后将其储存在蓄水池中，再经过一系列净化流程，确保水质达到药剂研发和生产的标准。

由于厂房设施设备落后，出现问题是常有的事，当时车间生产环节的精细度远远不如现在，产品成品率低，有时候产品不合格还会整体报废。员工们也特别辛苦，大家经常从早上八点一直忙到后半夜，累了就随便找个纸箱子拆开铺在地上睡，醒了再接着干，一天工作下来，工作服上都是药剂与汗水混合的味道。大家的想法很纯粹，就是好好干，把产品生产出来。

直到1999年，鲁南制药建了新的车间，这种情况才得到了改善。

张贵民刚到鲁南制药时，公司连宿舍都没有，大批的新员工就临时住在军队转业干部培训中心，中间还住过红瓦平房。张贵民很习惯这样的条件，对他而言，无非是换了个地方继续学习。

张贵民和李宝杰是同一批进入公司的，而且两人还住在同一个宿舍，但当时两人的交集并不多。张贵民爱待在宿舍里看书，李宝杰则对去外面跑业务更有兴趣。三个月车间锻炼、学习培训结束后，李宝杰就转去做销售业务，常年出差在外了。

在李宝杰眼里，张贵民质朴，话不多，是个典型的技术型人才，这也是很多人最初对张贵民的印象。

现集团总经理助理柏学东也与张贵民同一年进入鲁南制药，被分配到同一个车间，张贵民在 3 班，柏学东在 4 班。谈起当年对张贵民的印象，柏学东说道："张总给我的印象就是特别能吃苦，不怕脏，不怕累。"

现集团副总经理张理星曾与张贵民一起在合成车间（即现在鲁南贝特制药有限公司的十一车间）工作，在车间担任技术员。

合成车间彼时刚刚投产，环境恶劣，三废（废水、废气和固体废弃物）处理条件有限。三废处理车间由于长期使用硝酸、硫酸、盐酸，几年时间就把车间楼层的基础设施都腐蚀了，车间里充满了大量有机溶剂。工作人员干完活后，浑身都是溶剂味。

那时厂里的反应釜[⊖]生产完药品后，处理办法远不如现在方便。比如有些药品最后的工序是结晶，结晶之后析出的晶体需要放到离心机里去过滤，但有时反应釜的釜底会被堵塞，只有液体能顺利通过，固体无法下去，这就需要有人钻进去通管道。

那时合成车间有两个最脏的活，一个是安装活性炭过滤器，另一个就是到反应釜里疏通管道。张贵民与带教老师李勇，是钻进管道做疏通最多的人。

1993 年 8 月，为了实现干部队伍年轻化、知识化，鲁南制药先后提拔了一批年轻有为的具有大中专学历的人才担任车间负责人，刚进厂的张贵民被提升为组长。

从张贵民踏入车间的那一刻起，他便注定与这家企业共命运。岁月流转，企业的壮大与他个人的成长交织在一起，成为时代中的一个缩影。鲁南制药至今还保留着当年张贵民工作过的车间，他常跟当年一起"打江山"的老员工说："这个地方要一直留着，大家以后可以经常来这里寻根，一起回忆当年的峥嵘岁月。"

⊖ 反应釜是物理或化学反应的容器，通过对容器进行结构设计与参数配置，实现工艺要求的加热、蒸发、冷却及低高速的混配功能。反应釜由锅身、锅盖、搅拌器，以及传动轴、轴封装置、传动装置等辅体组成。

当新一代员工回望这段历史时，他们清晰地领悟到：伟大的企业不仅在于新的厂房与设备，更在于那些从基层爬起来的身影，他们将知识、汗水与信仰一同锻造成永恒的企业精神。

长途单车

岁月不语，却在一笔一划间悄悄积蓄春雷。

平凡日子里，埋下了璀璨的伏笔。

初入鲁南制药的张贵民，与其他新进入企业的员工一样，都住在公司临时租借的宿舍楼中。

宿舍楼是一栋建于20世纪80年代的老平房。斑驳的红瓦仿佛在诉说着岁月的沧桑，墙皮脱落处露出灰色的水泥，像一道道伤疤。宿舍楼内，狭窄的走廊昏暗潮湿，散发着霉味。白墙早已泛黄，甚至有些地方已经剥落，露出了里面的红砖，仿佛在提醒着人们这里的老旧。

宿舍房间不大，6张上下铺铁床几乎占据了整个空间，床与床之间只留下一条窄窄的过道。铁床的漆早已脱落，露出了锈迹斑斑的铁架。床垫薄得可怜，躺在上面能清晰地感受到铁床的硬度。

厕所和洗漱间设在走廊尽头，是公用的。厕所的门已经破旧不堪，关不严实。洗漱池的水龙头锈迹斑斑，水流细小，洗脸刷牙都要排队等候。

直到1997年，现集团办公楼西侧公寓建好后，员工从平房搬到公寓，条件才好了起来。

对从小在农村长大的张贵民来说，当年的条件已经算是不错了。能从农村走到城市，有一份稳定的工作，有一个栖身之所，他觉得已经很幸运了。

对那些怀抱梦想的人来说，简陋的环境从来不是障碍。张贵民把宿舍收拾得干净整洁，床铺上的被子叠得方方正正，床头摆放几本心爱的图书。每天下班后回到宿舍，他都习惯泡上一杯清茶，捧起一本书开始阅读。

张贵民不爱说话，为人温和，待人友善。他总是默默地帮助室友做一些力所能及的事情，比如打扫卫生、倒垃圾等。如果下班晚，张贵民也会跟同事们一起去吃卷煎饼、喝豆腐脑，然后再回宿舍睡觉。室友们都觉得他温文尔雅，他们压根儿没想过，有一天这个"书生"会执掌一家营收超百亿元的企业。

1994年春天，张贵民经人介绍，认识了在临沂市化工总厂工作的女青年庄洁。

临沂市化工总厂当时是一家效益良好的企业，其前身是成立于1965年的临沂化肥厂，也是沂蒙地区最早的化工企业。张贵民开始上班的那一年，临沂市化工总厂在磷铵装置上利用氯化钾低温转化法生产硫酸钾三元素复合肥获得成功，化工界对此高度评价，称其为中国小磷铵企业的生存和发展找到了一条新路。同年，低温转化法生产三元素复合肥获国家发明专利。

庄洁温柔善良、知书达理，家境殷实，从小就受到良好的教育。她与张贵民一见钟情，两人很快坠入爱河，当年就走入婚姻的殿堂。

张贵民在临沂市区工作，而妻子庄洁在市区南部的罗庄区工作，两地之间往返一次超过20公里。张贵民不忍心让妻子每天长途奔波，于是将家安在妻子那边，这也意味着，他每天都要往返20公里。

公司没班车，甚至两地之间也没公交车，他只能自己骑自行车。

鲁南制药当时有个政策，公司可以先借给员工300元购置自行车，然后每个月从工资里扣50元，直到扣够。

张贵民找公司借钱购置自行车后，就开始了他"长途单车"的生涯。在访谈中，几乎每个访谈对象都会跟我们说起张贵民长途单车的故事。

每天清晨，他迎着朝阳出发，踏上那条往返 20 多公里的上班路。

从罗庄到鲁南那时还是土泥巴路。一到下雨天，整个路面就变成一片泥泞，自行车轮子陷进去，根本没法走。张贵民只能下来推着车，深一脚浅一脚地往前挪。胶靴不能穿，穿雨靴也得要穿高筒的。有时候，泥坑太深，陷进去连同自行车一起摔倒是常有的事，爬起来时浑身沾满泥巴，狼狈不堪。即使穿着雨衣，到了公司也免不了浑身湿透。

到了夏天，一早出发时已经是骄阳炙烤。张贵民骑着自行车在热浪中穿梭，汗水顺着脖子往下淌，在后背汇成一片。到了公司穿上工作服，就得开始工作。

夏天虽然辛苦，但冬天更为艰难。那时临沂的冬天，气温动辄降到零下十几摄氏度。寒风呼啸，河水时常会结冰，整个城市仿佛被封冻。张贵民骑行在路上，感觉脸颊像被刀割一般疼痛，手脚冻得麻木，几乎失去了知觉。最可怕的是路面结冰，自行车轮子打滑，稍不留神人就会摔倒。

尽管骑车单程时间超过一个小时，但无论风霜雨雪，张贵民从未缺勤过一天。那条漫长而泥泞的路，见证了张贵民的毅力与决心。

不仅如此，他还能做到早上 7 点之前就到公司，晚上 7 点之后才离开公司。后来有人总结，张贵民上班时间有三个"7"——7 点之前上班，7 点之后下班，一周上 7 天班。

这条往返 20 多公里的路，见证了张贵民的坚韧和毅力，让人动容。在朝阳和夕阳的映衬下，他骑车的身影显得格外孤独而又坚定。他知道，每一次深陷泥泞的挣扎，每一次冬日寒风中的骑行，都是对自己的磨砺，也是一份无声的承诺——对妻子的爱，对家庭的责任，以及对鲁南制药的梦想。

看丈夫每天如此辛苦，妻子也曾劝他干脆去临沂市化工总厂工作。张贵民是重点大学毕业的本科生，是各个公司争抢的人才，但他没有接受妻子的建议，认为鲁南制药更适合他。

遥想当年，大诗人李白在喊出"长风破浪会有时，直挂云帆济沧海"时，前一句还在述说"行路难！行路难！"或许那时的张贵民心里也明白，自己在泥泞路上的每一步都不会白走。而且，正因为泥泞，留下的脚印才会更深。简陋的宿舍、狭窄的过道与漫长的自行车旅途，终将成为他日后乘风破浪的底色。

当我们回顾一家企业从简陋宿舍、泥泞道路中崛起的历程时，真正值得思考的不仅是"它经历了什么"，而是"为什么这样朴素而艰苦的条件，依然能铸就市场中的长胜者"。在全球商业史的宏大进程中，无论身处何种环境，那些坚韧不拔的创业者与管理者，往往都能以"不被环境塑造，而是主动塑造环境"的姿态，持续赋予资源以新价值。他们相信挑战必然存在，甚至将其视为激发创新和提高组织韧性的营养源泉。

正如许多高成长性企业的实践所表明的：人才不是靠地域优势或高薪酬单方面吸引来的，而是靠共同奋斗的信念与对长期价值的共鸣所凝聚来的。当决策者将目光投向未来潜能而非当前条件，以组织信仰与企业文化去激励、支持、培育新生力量时，企业的进阶就不仅限于规模扩张，而成为一种基于精神共识与价值塑造的可持续成长。

这种现象在市场经济逻辑下具有普遍意义：短期的资源匮乏并非必然导致失败，相反，它们常常成为提高团队韧性、培养组织创新意识以及拓宽商业边界的催化剂。一旦泥泞的路途与简陋的宿舍不再被视为障碍，而是被看作核心团队共创未来的磨刀石，那么企业与员工的关系便在此重塑——不只是利益的交换，更是信念、文化和核心价值观的试炼。

东厂与西厂

三十年河东,三十年河西。

成长中,总有人推你向前,也总有人等你支撑。

在扩大高素质人才招募规模的同时,赵志全也深知产品结构改革势在必行。

1991年,赵志全凭借敏锐的行业嗅觉,果断决定进军西药市场。这一年年初,鲁南制药和山东省医药工业研究所签订了以8万元的价格转让氯唑沙宗生产工艺的协议。3月27日,国家重点开发项目氯唑沙宗论证会在临沂友谊宾馆召开。10月4日,鲁南制药西药生产厂区破土动工,由此揭开了鲁南制药中西药兼产的序幕。

▲氯唑沙宗论证会

原来生产中药的厂区（鲁南厚普制药有限公司的前身）在东边，被称为"东厂"；而新扩展的生产西药的厂区（鲁南贝特制药有限公司的前身）在西边，所以被称为"西厂"。

▲鲁南制药"西厂"奠基

西厂的建设，是企业在资源贫瘠中的自我突围。

西厂建设时，各大银行并不买账，明确表示不放贷款，整个建设过程全靠鲁南制药自己筹资。在大约一年的时间里，鲁南制药只能通过发行债券来筹款，最终筹得1600多万元投入建设。1992年8月6日，西厂车间终于建设完毕，氯唑沙宗片和雷公藤多甙片正式投入生产。

张贵民大学毕业时，进入的就是西厂。

西厂初建时的景象，仿佛一幅未完成的素描：四周是广袤的农田，连一条像样的水泥路都没有。因为厂区是新建的，西厂也没有食堂。与张贵民一同进厂的庄华清回忆，每天到了饭点，食堂的工作人员会骑着三轮车，拉着保温桶，将一筐筐饭菜送到西厂。员工们拿着饭盒打好饭菜，随意找一个地方，或站着或蹲着吃饭，吃完饭后继续工作。伙食很朴素，张贵民记得当年吃得最多的就是煮白菜。

西厂建设投产后，很多产品一上市就给鲁南制药带来了可观的收益。

1993年4月，国家级新药心通口服液面市。同年8月，鲁南制药在北京召开心通口服液、氯唑沙宗的推广应用座谈会。直到今天，心通口服液和复方氯唑沙宗分散片仍是鲁南制药的明星产品。

1994年，鲁南制药又推出了至今仍然十分畅销的冠心病特效药——鲁南欣康。尽管该产品的定价只有进口药的1/4，但考虑到成本，一盒欣康的售价仍达到40多元，这在当时属昂贵药。

为了激励业务员推广产品，赵志全给每位业务员定下了具体的指标，并提出只要完成指标的2/3，便可以得到3万元的现金奖励。据当时还是业务员的徐炳南回忆："那时还没有100元的现金，这3万元都是由10元纸币构成。在宾馆里发钱时，每人拿上整整一袋，土豪味十足。"到2023年底，欣康累计销售额已经接近200亿元。用鲁南人自己的话说："8毫米直径的欣康片剂总共卖了150亿片，加起来可绕地球3圈！"

1994年12月，西厂正式设立中试车间[一]。张贵民因为工作业绩突出，又符合学历和专业的选用标准，于是就从合成车间调到中试车间担任班长。

[一] 在医药行业，药品从实验室到工厂投产需要经过小试、中试、大试，将反应规模一点一点扩大，并收集反应物在逐步扩大时的数据。假如直接投产，无法保证产品品质，尤其是不能保证反应安全。其中，中试车间是产品从实验室到工厂投产的关键一步。

据张理星回忆，那时的中试车间总共不过七八个人，互相之间关系融洽，就像兄弟姐妹一般。大家没有谁是班长、谁是组长的概念，想的都是怎么提高产品收益、怎么降低副作用、怎么提高产品质量、怎么降低成本等。有时在中试车间做实验太晚了，他们就干脆不回宿舍住了，直接找个连椅，铺上大衣就睡，第二天起床后再接着做实验。通宵达旦虽然很累，但大家期望着早点出实验结果，心理上也不觉得苦。

在中试车间，张贵民的技术能力逐渐被释放出来。

尽管氯唑沙宗已是鲁南制药的明星产品，但生产一公斤氯唑沙宗的成本高达1000多元，成本成了压在公司肩上的沉重负担。在张贵民的带领下，团队夜以继日地钻研，反复推演每一个环节的改进方案。经过无数次试验，氯唑沙宗的生产成本从每公斤千余元锐减至百元以下。

除高质量完成上级安排的项目任务外，张贵民还喜欢"没事找事干"。后来他做总经理后，在跟研发人员开会时还强调：

"一个好的研发管理人员，要会没事找事干。没事找事干，其实就是发现问题和解决问题。如果一名研发管理人员发现没事干，说明你发现不了问题。我们都清楚，没有哪个项目是完美的，这就留给了我们找到问题的可能。"

此外，为了进一步丰富公司的西药品种，赵志全开始辗转全国各地，考察各种潜在的项目。在一次考察中，他发现某科研单位正在研发一款治疗心衰的专利新药——米力农。经过详细了解后，对方提出的转让价格高达500万元，这是一笔异常高昂的费用。

真正的领袖，往往能在关键时刻做出出人意料的决策。高管们几乎异口同声地表示反对，但赵志全毅然决然地决定购入这项专利。他甚至不惜冒着欠薪半年的风险筹措资金，迅速推动新药的生产和市场投放。好在该产品一上市，就迅速占领了市场。到2023年底，米力农的累计销售额达到40多亿元。

经过转型，鲁南制药的西药产值提升显著，打破了原来以中药产品为主的格局。根据公司内部的统计数据，1992年鲁南制药的中药产值为7593万元，占总产值的90.45%，西药产值为802万元，占总产值的9.55%，中西药的比例大约为9∶1。到了2002年，中药产值达29亿元，占总产值的30.20%，西药产值达66.6亿元，占总产值的69.80%，中西药的比例大约为3∶7。

2003年12月16日，东厂有了正式的名字——山东鲁南厚普制药有限公司，主要生产中药制剂，剂型涵盖中药片剂、胶囊剂、颗粒剂、口服液、丸剂等。在东厂变更名称的同一天，西厂也正式被"山东鲁南贝特制药有限公司"所取代，其主要生产化学原料药和制剂，剂型涵盖片剂、针剂、大容量注射液、喷雾剂、胶囊剂、颗粒剂等。

西厂与东厂的关系，最初是东厂支撑着西厂，西药产业崛起后，西厂开始反过来"养活"东厂。近年来，随着医药集中采购政策的实施，中药销售额显著上升，东厂再次支撑西厂。这点正如张贵民自己总结的："这是河东与河西的转换，是历史轨迹的重现。"这种循环交替，正如历史的车轮一样，不断向前。

在商业世界中，市场从不按一条笔直的路径发展，资源和产品结构的更新迭代也从不是一劳永逸的定式，而更像一条不断寻找平衡和突破的曲线。面对中药与西药的差异化市场，鲁南制药的战略升级并不是单点突破，而是一个组织在内外双向张力下的持续演进。当管理者不再固守单一赛道，而采取深耕人才、加速创新、优化产品结构三位一体的策略时，企业不仅可以获得跨品类、跨周期的存续能力，更能将资源禀赋的欠缺转化为发展韧性的淬炼。在此过程中，决策者对产品结构的大胆调整与重金投入，本质上反映出一种卓越的领导力：能够在不确定性中放眼长期，通过"双厂"协调、产品迭代、成本控制与技术深耕，在复杂的商业生态中不断重塑企业价值链。更重要的是，这种调整不止于战术层面的产品优化，而是以周期性的相互支撑与动态平衡，从根本上赋予组织应对市场波动的自适应能力。

鲁南股改

> 改革如潮，势如破竹。
> 一旦掀起，万物皆为其澎湃之音。

对任何组织而言，制度创新并非在一帆风顺的环境中自然发生，而往往是在资源紧张、利益固化以及外部政策变化的压力下获得突破。

企业家精神在这里体现为：既要敏锐捕捉政策信号，将宏大叙事转化为企业制度与组织关系的再造，又要以实效证明改革举措的价值，从而化解内部阻力。企业内部利益格局的变动、员工与领导层关系的再定义，本质上是对企业核心价值与信任体系的再锻造。让所有利益相关者看到改革带来的现实成效，不仅是一场对市场机遇的博弈，更是对内部文化认同的深度考验。企业在制度改革中最宝贵的战略资源不是资本，而是让组织成员理解并相信变革的方向，将个人利益与企业命运紧密相连。正是在这种由上而下与由下而上相互作用的过程中，企业才有机会形成独特的竞争力，获得持续向上的生长动力。

20 世纪 90 年代初的中国，正处在经济体制改革的关键时期，急需一股新的力量。

1992 年，邓小平南方谈话为中国经济体制改革指明了方向。中共十四大更是明确提出了建立社会主义市场经济体制的改革目标。在这样的时代背景下，股份制改革作为一项崭新的探索，在争议与期待中拉开了序幕。

股份制改革无疑是一场思想观念的碰撞和利益格局的博弈。有人担心，股份制会让国有资产流失，让改革开放的成果付诸东流；也有人质疑，股份制究竟能否适应中国国情，能否真正激发企业的活力。

潮起之时，天地皆让路。历史的车轮一旦开始转动，便再也无法阻挡。

改革的浪潮奔涌向前，激荡着时代的风云，也冲击着每一个企业。一些先行者的成功，给越来越多的企业尝试股份制改革带来了信心，全国轰轰烈烈的股份制改革由此开始。

在山东，青岛电冰箱总厂在 1993 年向社会公众公开发行 5000 万元社会公众股，募集资金 3.69 亿元，使公司由定向募集公司转为社会募集公司，7 月 1 日更名为青岛海尔电冰箱股份有限公司。同年 11 月 19 日，海尔公司在上海证券交易所上市。

本来就对市场敏感的赵志全，自然也听到了这股浪潮的声音。

1994 年 3 月，作为全省 100 家股份制试点企业之一，"山东鲁南制药厂"正式改组为"山东鲁南制药股份有限公司"，挂牌仪式在厂区举行，简单却庄重。公司开始发行股票，一元一股，其中，国有股份占比约 25.7%，其余股份面向职工等特定对象募集，并配有股权证。

鲁南制药的员工持股计划虽然规则和模式都不太成熟，但通过改制在员工与企业之间建立了共享利益、共担风险的机制，激发了发展动力，也极大提高了公司的凝聚力。

▲山东鲁南制药股份有限公司挂牌仪式

进一步地,赵志全又开始在鲁南制药推行分配制度改革,实行按劳分配,采用岗位工资制度。他斩钉截铁地说:

"改革也许会失败,但不改革一定是死路一条。"

当时企业普遍使用的是档案工资制度,工资的高低与岗位职责以及贡献程度关联度较低。赵志全实行了工资改革,根据岗位来定工资:不管你学历高低、是老员工还是新员工,如果生产得多、干得好、成本节约得多,就能拿得多。

1994年11月4日,鲁南制药的分配制度改革方案正式落地。通过岗位制度工资改革,赵志全清晰地打通了员工创造的经济效益和员工收入来源之间的关系。实行岗位工资制度改革极大地调动了员工的积极性。

鲁南制药在这次分配制度改革中,还实行工资独立分配方案,对完成销售指标的业务员采用额外奖励制度,并设立业务"标兵"。

徐炳南清楚地记得，他的团队那时每月的销售指标是 8 万元，全年需完成 96 万元，结果最终他们实际完成 200 多万元，由此获得当年的"标兵"称号。而原以为一定可以完成任务的王义忠，因为有 20 万元的尾款无法按时收回，与"标兵"失之交臂。

为进一步激发业务员的积极性，赵志全在 1995 年初开始采用承包制，相当于每个业务团队都是一个独立战斗的小公司。

当年 7 月，鲁南制药决定给予业绩优秀的承包人和业务员红包奖励，由赵志全亲自发放。为鼓舞常年在外的业务员们，鲁南制药还细心地设立了家庭备用金，以帮助有困难的家庭。

对获得奖励的业务员，公司还在腊月底安排专车送他们回乡过年。要知道，在那个一年到头也见不到一辆小轿车的年代，员工有公司派车送回家，是何等荣耀。看到乡亲们羡慕的眼神，业务员们顿时觉得什么都值了。

然而，在这看似喜气洋洋的背后，赵志全却感到工作越来越难以开展。

从 1987 年承包制药厂、担任厂长开始，赵志全就一直感到有一股无形的压力。20 世纪 90 年代初期，鲁南制药已经有了 20 多年的历史，内部势力盘根错节。虽说是厂长，赵志全既没亲信，也无绝对的威信，很多元老都比他说话更有分量。

曾经有一次，赵志全为抓住时机，准备用公司的一笔资金，带着几名业务员去某城市快速开拓市场。结果有的元老不但不同意此事，还向上级告发，说赵志全拉帮结派、侵占公司资产。赵志全被叫去谈话，被迫做检讨，并保证把鲁南制药发展起来。

1995 年下半年开始，受国家紧缩性货币政策的影响，药品卖不出去，员工们都感受到了日子的艰难。生产线上的机器沉寂下来，员工们无所事事，只能眼睁睁地看着时间流逝，后来甚至还出现了连续好几个月领不到工资的情况。一些刚进来的大学毕业生,没待几天就走了。

生产线的沉寂,拖欠的工资,离去的员工,都在诉说着改革路上的艰难。外部国家政策收紧,内部存在着各方势力的争斗,鲁南制药甚至被逼到了濒临破产的境地。

决战前夜

> 决战的前夜,风声似乎也在低语着艰难。
> 那些看似毅然决然的战斗,当时不过是内外因交织出的无奈之选。

在邓小平同志南方谈话的影响下,经济飞速发展,人们的消费欲望被点燃。1992—1994年国内生产总值增长速度分别达到14.2%、13.5%和12.6%。然而,繁荣的背后却是通货膨胀的阴影,物价飞涨,货币贬值,商品零售价格指数上升到13.2%(1993年)、21.7%(1994年)。

为了遏制经济过热的势头,在1994年中央经济工作会议上,中央政府决定出手控制物价,抑制通货膨胀。紧缩银根,提高利率,控制信贷规模等一系列措施迅速给过热的经济降温。

历史的长河从不平静,这剂猛药也带来了阵痛。在这场宏观调控中,许多企业面临资金短缺、订单减少、产品积压等多重压力,一度濒临破产。

到了1996年,形势更加严峻,中国企业破产数量达到6232家,比1995年增加了1.6倍[一],是自1986年《中华人民共和国企业破产法(试行)》颁布以来的最高数值,超过1989—1995年7年的总和。

[一] 梁福喜.企业破产量化标准和预警制度亟待建立[J].中国集体经济,1997(09):47-48.

在鲁南制药的困局中，资金短缺无疑是最致命的。伴随着医疗单位和医药公司承包潮的兴起，应收账款长期拖欠，直接掐住了公司资金链的咽喉。为不断扩大产能和推广产品，1996年时公司可以说是负债累累，通过借新还旧才能勉强维持周转。然而，紧缩的银根让银行贷款逐渐成为镜花水月。

1994年，鲁南制药的应收货款就多达8000多万元，其中一些借款是高息，年息在25%左右。1995年底，持续投资扩产的鲁南制药总资产为24 883万元，其中借款11 258万元，负债12 568万元。

因为公司已大半年发不出工资，为了省钱，生产人员每天自己从家里带煎饼到公司当午餐。那一年，张贵民的女儿出生，面对公司的境况，他一度也只能靠着妻子的工资，维持家庭开支。

更要命的是，银行不仅停止放贷，还加紧催还欠款。临沂某银行本已口头承诺，只要鲁南制药先偿还4000万元的贷款，就可续贷。然而，当赵志全东拼西凑地还上这笔钱后，对方居然拒绝了鲁南制药再次借贷的申请。

资金链完全断裂的鲁南制药，走到了山穷水尽的地步。

按公司惯例，销售部门的业务员在外开拓市场时，需要的业务费用是先向公司预支，等客户回款后再扣除。这些预支款相当于业务员的"弹药"，是他们在前线冲锋陷阵的资本。按规定，每个业务员每次出差可预支2万元业务费用。

随着资金吃紧，业务员发现可以从公司预支的费用越来越少，从2万元到1.8万元，再到1万元、5000元，后来连一分钱也无法预支了。

万般无奈之下，一些业务员开始通过银行信用卡套现。当时各银行网点之间没联网，给大家提供了一定的空间。业务员多跑几个网点，就可以多套些钱出来。根据额度，一张信用卡可以套现500元，4个网点就能套出 2000 元。业务员拿着这笔钱，勉强支撑在外出差的日常生活和工作支出，等客户汇款后再到银行还上。

为解决资金问题，鲁南制药还发动员工集资，并承诺每个月会有 2% 的利息，但也杯水车薪。

集团原董事、副总经理高希章回忆："破产报告都已经打了，银行把账号都封了。那个时候，我手里正好拿了 4 个新药证书，4 个产品都是全国独家生产。我跑北京，去科技部，部里答应给 500 万元贴息贷款。我回去把这个消息告诉赵总，他一拍桌子站起来说，把破产报告要回来，我们还要继续试一试。"

这笔贷款虽难平资金之渴，却宛如暗夜星光，点亮了希望。

赵志全想起当年承包药厂时曾得到过临沂地委书记刘明祖的帮助，如今刘书记已升任内蒙古自治区党委书记，或许能为自己指点迷津。

想到这里，当日傍晚赵志全便带上司机，驱车直奔内蒙古。从临沂到呼和浩特的公路泥泞不堪，运煤车络绎不绝。雨水倾盆而下，路面更加难走，司机小心翼翼，生怕陷入泥坑。

"我来开吧！"赵志全接过方向盘，目光坚定。

雨夜中，赵志全驾驶着车子在泥泞的道路上颠簸前行。困意袭来，他用力拍打自己的脸颊，强迫自己保持清醒。两夜一天的奔波，他们只在中途吃了一顿饭，终于在凌晨时分抵达呼和浩特。

赵志全在早饭的时间见到了刘明祖书记，他简明扼要地说明来意。刘书记听后深表同情，当即表示愿意帮忙，并推荐他向鄂尔多斯的一家公司借款。

然而，这家公司的销售负责人张海当时正在北京参加展览。赵志全顾不上休息，又马不停蹄地驱车前往北京。在熙熙攘攘的展馆里，他找到了张海，诚恳地说明了自己的困境。张海被赵志全的执着所打动，当即决定借给他 600 万元缓解困难。

为了筹集更多资金，赵志全还跑到山东德州发行高息债券，以月息 3 分的代价吸引投资者。

赵志全心中明白，临时筹集来的资金只能暂时缓解困难，要想真正走出困境，必须打通市场业务这条命脉。

1995 年 9 月 6 日，赵志全宣布企业进入非常时期。他在全体员工面前斩钉截铁地立下了"军令状"：

> "我以后每月只领 200 元生活费。如果 1996 年底前，我扭转不了局面，就主动辞职。"

说到做到，自 1996 年 1 月至 1997 年 3 月，原本月工资 3000 多元的赵志全，每月仅领取 200 元生活费。他的这份决心感染了全体员工，点燃了整个企业的斗志。

▲ 1996 年 4 月，赵志全的工资数额

"军令状"正式吹响了决战的号角,鲁南制药发展历史上最波澜壮阔的英雄时刻——"九六决战",就此拉开了序幕。

宏观调控如同商业世界的滤网,筛去那些倚赖泡沫生存的机会主义者,却为真正敢于直面困难、重塑价值链条的企业家创造了生长的土壤。无论是资金枯竭、市场凋敝,还是内部利益格局的重组,都不应被视为失败的征兆,而更应被看作检验组织动能的试金石。当资源被挤压到极限,企业能否以创新思维找到周转资金的新路径?当债务压顶、关系网络失灵,管理者能否以信任、人性与愿景激发团队的整体向心力?这些问题往往决定了企业是否能够在供应链、资金链断裂的困境中杀出一条血路。

尤为重要的是,那些在至暗时刻主动背上"军令状"的决策者,不仅为企业注入资源调配的灵活性,更以人格化的担当,重新定义了企业内部的协同关系。在这种关键时刻,对员工而言,"领导者的勇气"往往比"市场的公平"更能唤起集体的奔跑意愿。这是商业生态的通识法则:当规则趋紧、机会变少时,企业的出路往往蕴藏在坚决的改革手腕、非凡的勇气与迅捷的行动力中。

"九六决战"

在企业的生命历程中,往往有一些时刻如同刀尖上舞蹈。

被逼至绝境,只剩下背水一战的决然。

1996年的春节刚过,鞭炮的硝烟还未散尽,而决战的战火已经点燃。赵志全怀揣着破釜沉舟的决心,带领业务团队踏上了征战全国市场的漫漫长路。这是一场关乎企业生死存亡的战役,容不得丝毫懈怠。

▲ 1996年2月23日，业务团队宣誓出发

这是一场与时间赛跑的战役。每到一个城市，赵志全便马不停蹄地邀请当地专家座谈，如饥似渴地汲取市场信息。座谈结束，他与业务员们围坐一起，仔细结合产品特点分析市场情况，集思广益，探讨解决方案。会议室里，每个人都绞尽脑汁，热烈的讨论声此起彼伏。

赵志全随身携带着两张表，一张详细记录了每种产品的销售情况和渠道，另一张则记录了企业与各地的客户关系。这两张表，犹如两张作战地图，指引着进攻的路线。

这场战役每一分每一秒都被压榨到极致。为节省吃饭和休息的时间，赵志全总是随身带着煎饼和大葱，饿了就在车上啃几口，困了就在车上打个盹。两名司机轮流驾驶，累了就换人。最紧张的时候，他竟然在9天内跑了东北三省的18个城市。路经哈尔滨市时，赵志全本想去顺道看望儿时照顾自己、如今已经年迈的三叔，但每天要跑2个城市的赵志全实在抽不出时间。

那时候还没有手机,各地的业务员只能通过邮局的长途电话与"指挥部"取得联系,汇报战况。各地的业务员向赵志全汇报的内容很简单,只有三件事:今天做了什么,今天收回了多少钱,明天能收回多少钱。因为公司资金紧张,每一笔钱都要确保尽快到账,每一分钱都承载着他们走出困境的希望。赵志全总是等到凌晨3点,确保听完每个业务员的汇报后才肯休息。昏暗的灯光下,他的身影显得格外孤独,眼神却始终坚定而有力。这份孤独,是一位领导者必须承担的重负。

这是一场超高强度的战役,每个人都在高压下迎难而上。李宝杰当时是湖南市场的负责人,回忆起那段时光,他感慨万千:"讨论会和汇报会永远没有固定的时间,午餐常常在下午4点,晚餐则在晚上10点。酒店服务员都很好奇,这群人每天没日没夜地开会,到底在忙些什么?"或许,他们自己也无法回答这个问题,他们只知道如果不全力以赴打赢这场战役,企业就会烟消云散。那些错过的饭点,那些熬过的长夜,见证着一群人用生命在为企业"续命"。

有一次,李宝杰带着2个业务员刚到湖南省郴州市,赵志全就打来电话询问资金情况。得知情况不理想,赵志全在电话里劈头盖脸地将他们骂了一顿。其中一个新来的业务员被赵志全骂哭了,但哭完之后,还得继续开展工作。李宝杰回忆道:

"这是高强度的、无理由的、不能拒绝的、必须完成的使命。这就是'九六决战'全体业务员的状态。直到现在,同事们每每聊到这段往事,还是会热泪盈眶。"

1996年4月7日,春寒料峭,第一季度业务总结分析会议在河南省郑州市召开,会后赵志全利用周末时间又马不停蹄地巡查了河南其他各地的市场。

▲ 1996年4月7日,"九六决战"郑州会议与会人员合影

7月7日,骄阳似火。第二季度业务工作会议在江苏省南京市召开,会后赵志全开始了对全国市场的巡查。

▲ 1996年7月7日,"九六决战"南京会议现场

在随后的三个多月里，赵志全像一台不知疲倦的机器，对8个地区办事处的60个城市进行了巡查，召开了21场会议，行程数万公里。

11月下旬，寒风凛冽，赵志全再次来到市场一线，在南京开会到凌晨3点后，冒雨连夜赶到合肥。

数月积累的劳累，这一次终于击垮了他。

赵志全在酒店楼梯上摔倒，昏迷了一段时间。醒来后，他脸色苍白，豆大的汗珠从额头上滚落，但他仍然坚持开完了"作战会议"。事后，他轻描淡写地对身边的工作人员说："没事，一点儿小伤！"

然而第二天早上，赵志全已经无法下床。

医生诊断他为腿部严重骨折，必须立即住院治疗，但赵志全只做了简单的处理，打上石膏后就挂着双拐回到了工作岗位。员工们看到他被人用担架抬下车，心疼不已，赵志全却微笑着安慰大家："没事，没事，不小心摔了一下。"此后，他坚持拄着双拐上班，挂着吊瓶批改文件，照常召开和主持会议。

他的坚韧和毅力，感染着身边的每一个人，也为"九六决战"注入了强大的精神力量。

12月，寒冬已至，"九六决战"进入了关键时刻。

赵志全拖着伤腿上了飞机，到广州召开动员会。为不影响大家的士气，他提前到达会场，用桌布盖住伤腿。打了石膏的腿不能弯曲，他就在面前放一把椅子，把腿搭在上面。这个会一开就是四五个小时，尽管额头时常布满汗珠，但他始终保持着坚定的眼神和沉稳的语气。

广州会议后，为了能尽快赶往下一个城市，赵志全决定拆掉石膏。医生检查后摇摇头说："现在拆掉，你的腿就废了！"赵志全沉默了片刻，然后坚定地说："拆！"拆开石膏的瞬间，腐肉粘连产生的剧痛让他的额头瞬间布满汗珠。拆完石膏，他马上又撑着椅背重新站起来，坚持让下属订了当晚北上的车票。列车摇晃的过道里，他如往日一样坚定的身影，与漫天风雪融为一体。窗外的寒风裹挟着细雪拍打玻璃，像无数战友在催促他重返战场。

寒冬终将过去，春天即将到来。1996年底，历时数月的"九六决战"终于落下帷幕，捷报频传，销售目标超额完成。

为了表彰业务员在这次战役中所展现的非凡勇气和卓越贡献，公司特别设立了金、银、铜牌和纪念章等一系列荣誉奖励。所有参与"九六决战"的员工，无论职位高低，都能获得不同程度的嘉奖，连司机也不例外。值得一提的是，奖励的金牌都是纯金打造，最大的有100克。这份荣耀，成了员工职业生涯中最为珍贵的回忆。

诚然，在"九六决战"的冲锋号角下，赵志全给大家施加了巨大的压力，但同时也给予了员工们足够的激励和支持。正是这种"高压＋高激励"，激发了大家无限的潜能，最终完成了看似不可能的目标。

"九六决战"不仅挽救了一家企业，更锻造出一支敢打硬仗的铁军。在这场没有硝烟的战役中脱颖而出的业务精英们，如同一颗颗星星，照亮了鲁南制药未来的天空。他们以"传帮带"的方式，继续带领新业务员在市场上攻城略地。这些"九六决战"的人和故事，是鲁南制药发展史上浓墨重彩的一笔，将永远铭刻在公司的史册上，激励一代又一代的鲁南人。

鲁南制药的"九六决战"，不仅是一场生死攸关的业务战役，也是一场深刻的内部变革，它如同一把利刃，斩断了长期困扰企业决策效率的痼疾之根。

在此之前，鲁南制药的党委书记虽然不直接负责生产销售和日常运营，却在重大决策上拥有否决权。一旦党委书记和厂长意见相左，企业内部就会出现"站队"现象，造成内耗，严重影响企业发展。

"九六决战"期间,赵志全接任了党委书记一职,集党政大权于一身。这一转变,确立了赵志全在企业中的绝对领导地位,更重要的是,它释放了企业家的创新活力。赵志全兼任党委书记后,对鲁南制药开展了一系列大胆的改革。这些举措当时被许多人质疑,犹如在平静的湖面上投下了一颗石子,激起了层层涟漪,但今天看来,它们无疑是正确的。例如,赵志全决定投资新时代药业,这一决策当时被认为是冒险之举,但最终被证明是鲁南制药发展史上的一个重要转折点。

"九六决战"之后,鲁南制药的工资开始正常发放,生产也恢复了正常节奏,业务员又能向公司预支业务费了。虽然市场推进的速度仍然达不到赵志全的要求,但总体上

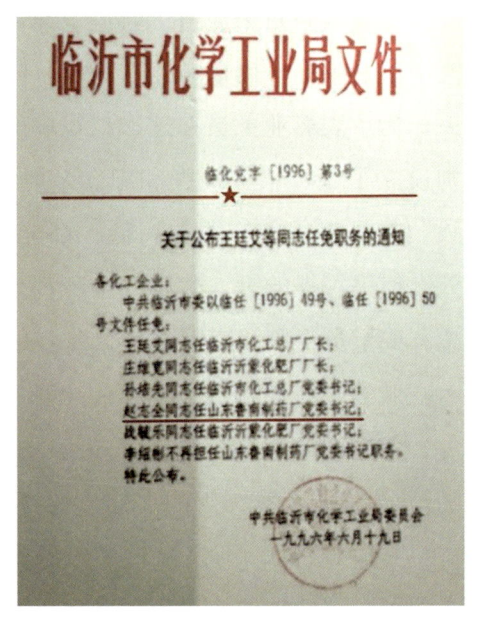

▲ 1996年,赵志全被任命为党委书记

各方面都在有条不紊地进行。"九六决战"是鲁南制药发展史上的一个重要转折点,挽救了鲁南制药,让它重新回到了正常发展的轨道。

正如德国哲学家尼采所说:"那些杀不死我的,终将让我更强大。"这场转折,为鲁南制药的历史写下了波澜壮阔的一页,也让中国企业在改革开放的浪潮中留下了一段不屈不挠的传奇。从1996年开始,鲁南制药犹如凤凰涅槃,浴火重生,开启了新的篇章。

"九六决战"的经验昭示,商业竞争中最宝贵的资源并非资金或技术,而是坚韧不拔的精神、向死而生的决心,以及在极限压力下调动全员潜能

的能力。这场"决战"并不是依靠条条框框式的指令完成的,而是在极大的压力与极强的激励并行下,让员工从既往的被动执行者转变为自我驱动的创业伙伴。对市场的急速响应,对资源的弹性配置,对信息的快速迭代,都仰赖团队中每个成员的高度参与和能动创造。在这样的语境中,企业内部的权力格局和治理模式也随之进化,从冗余决策走向快速迭代,从隐性内耗走向统一共识,从对平稳安逸的习惯依赖走向对成果与价值的直接兑现。在此过程中,组织形成了一股强劲而稳定的内生动力,使其在随后漫长的商业旅途中更有韧性,更使其在时代变迁中保持向上生长的力量。

鲁南精神

硝烟散尽,英雄的故事便在岁月的长河中闪耀着永恒的光芒。
鲁南精神是一种拼搏到底的执着,
是历经磨难后依旧向阳而生的蓬勃力量。

1997年2月14日,春节上班后的第二天,鲁南制药的礼堂里张灯结彩,"九六决战"总结表彰大会在这里举行。这既是一场战役的结束,又是一个新时期的开始。

在表彰大会的发言中,赵志全充分肯定了全公司上下"破釜沉舟,背水一战"的精神风貌。后来,该精神被进一步总结为以"不怕困难、挑战困难、战胜困难"为核心的"鲁南精神"。

企业精神是一个企业在长期发展过程中形成的共同信念、价值观和行为准则,是企业文化的核心,对企业的发展具有重要意义。

▲ 1997年2月14日，庆祝"九六决战"胜利业务总结表彰大会

"不怕困难、挑战困难、战胜困难"的企业精神早在赵志全承包经营之时便已萌芽。而且，鲁南制药所在的沂蒙革命老区，其革命文化本身就蕴含着"不怕困难、挑战困难、战胜困难"的内涵。经过"九六决战"的磨炼，鲁南精神的内核愈加成熟，愈加深入人心。"九六决战"过程中产生的典型事迹和人物，让鲁南精神又有了更加生动具体的形象载体。

赵志全的秘书李宝杰在谈到鲁南精神时对我们说："鲁南制药是一个很务实的企业，身上没有贴很多亮闪闪的标签。相较那些知名度特别高的企业，鲁南制药更适合用'原生态'来描述，就连鲁南精神都显得很务实。"

"不怕困难、挑战困难、战胜困难"，听起来特别简单，但很多人不得其意，也无法体会这种精神对鲁南制药的意义。在这 12 个字中，"困难"占了一半。关于困难，张贵民在解读鲁南精神时，精彩地解释道：

> ""困'字，看上去中间就是一棵树，但是被四周的墙围住了，它该如何生长？很显然，只有把墙拆了，树才能活。困的出路在哪里？要进一步解放思想。"
>
> ""难'字，看起来像'又住'两个字的组合，意思是'又停下了'。停下，就是不改变、不创新。当一个企业维持现状，一成不变的时候，就是走向腐朽和没落的时候。"

张贵民认为，纵观古今中外，没有一个企业不是在与困难的斗争中度过的，每一个企业都时刻面临着生与死的考验。企业所面临的困难，如同九头蛇怪，千变万化：有的困难是短期的，如资金周转不灵、订单突然取消；有的困难是长期的，如人才流失、技术落后；有的困难是突发的，如自然灾害、政策调整；有的困难是顽固的，如市场饱和、竞争对手的恶意攻击；有的困难是潜在的，如行业发展趋势的变化、消费者需求的转变；有的困难是明显的，如产品质量问题、服务问题。

从逻辑上来说，鲁南精神中的"不怕困难"是心态，"挑战困难"是执行，"战胜困难"是结果。

"不怕困难"是认识论。不怕困难需要知道困难是什么，如果对困难没有认识，不知道问题出在哪里，就没法去解决。

"挑战困难"是方法论。要挑战困难，就要知道方法。挑战困难的过程，也是培养能力的过程。而且不同时期困难的内容会非常不一样，因此方法论也需要不断迭代升级，从而推动能力螺旋式上升。张贵民经常在干部大会上说:"一些人为什么会在面对困难时一次次感到困惑?原因就是他们还在用旧方法解决新问题!"

"战胜困难"是目标论。没有目标的完成,认识和方法都是一句空话。对此,张贵民说:"不怕困难、挑战困难,最终是以战胜困难为目标的。"

对那些总为困难找理由的员工,2018年2月,张贵民在干部队伍大会上曾这样说:

"当我们工作遇到困难,走投无路时,就要想想鲁南精神,唱唱我们的厂歌,之后义无反顾地做事情,并且把事情做成,而不是找理由。找再多的理由还是无法解决问题。每个干部都应该有当年赵总一样的决心,如果完不成任务,就递辞职书走人。"

作为鲁南的精神领袖,赵志全是鲁南精神的化身。

赵志全以其一生的事迹,深刻诠释了鲁南精神的精髓:不怕困难、挑战困难、战胜困难。1987年,郯南制药厂面临困境,赵志全毅然扛起承包经营的大旗。股份制改革、分配制度改革,每一次改革都触及既得利益,充满了挑战。正是这种勇于挑战困难的精神,让鲁南制药在市场经济的浪潮中站稳脚跟,不断发展壮大。2002年,赵志全被确诊为癌症晚期,但他没有向命运屈服,而是选择了隐瞒病情,默默承受病痛的折磨,继续为企业的发展殚精竭虑。他以超乎常人的毅力,战胜了病魔带来的困难,直至生命的最后一刻。赵志全的一生,是与困难斗争的一生,他用实际行动证明,只要有坚定的信念、顽强的意志和不懈的努力,就没有什么困难是无法克服的。由赵志全作词的厂歌,字里行间传递着鲁南精神的昂扬斗志,激励着一代代员工迎难而上。

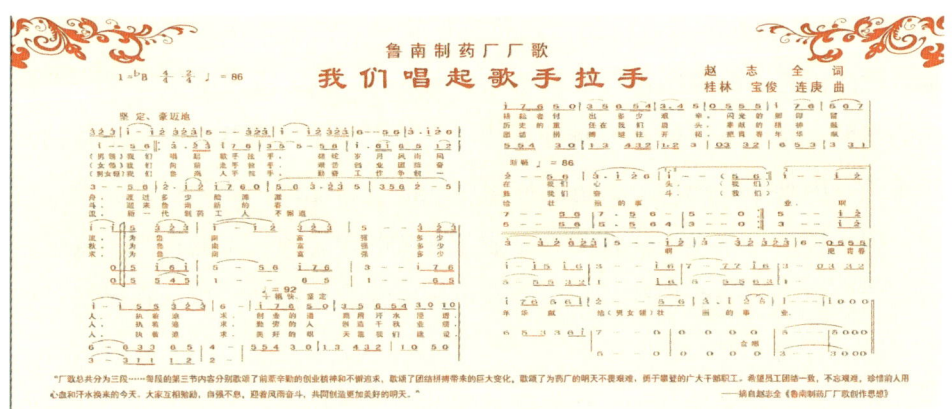

▲由赵志全作词的鲁南制药厂厂歌

关于鲁南精神对企业的意义,张贵民在一次与下属讨论中医"阴阳"问题时问:"鲁南的阴和阳是什么",对方不知如何回答。张贵民回答说:

"鲁南精神就是阴,产品就是阳,缺一不可。

产品需要更新迭代,而鲁南精神永世长存。"

不是所有员工都陪伴了鲁南制药56年,但他们都或多或少地见证了企业生死存亡的关键时刻和重大事件。如《易经》所言:"天行健,君子以自强不息。"鲁南精神现在已内化在每个鲁南人的思想和行动中。在那些艰难的时刻,大家都会深刻感受到鲁南精神带给员工的坚韧不拔的勇气。"九六决战",留给鲁南制药的不仅仅是胜利的果实,更是一颗永不言败的信念种子,深埋在每一位员工的心中。

在商海的不断变迁中,企业精神绝非虚无缥缈的标语,而是企业应对持续变化和重重难题的内在驱动力。面对资源短缺、市场波动或政策调整,许多组织往往寄望于外部条件回暖,但真正稳健成长的企业恰恰将

"解决困难"视为常态，将挑战转化为进化的契机。鲁南制药以"不怕困难、挑战困难、战胜困难"的核心精神为底色，为商业世界提供了一个经典的案例：企业不可能永远身处舒适区，更不可能凭借既有的策略横扫一切难关。困难是一把尺子，持续衡量组织的创新能力、团队韧性和价值信仰；困难也是一面镜子，映照着企业领导者的定力和员工的担当。真正具有持续竞争力的企业精神，不仅能在风雨时撑起保护伞，更能在漫漫长夜里点燃前行的火把。

在全球化竞争加剧和迭代速度加快的商业格局中，不同的企业面临着不同的困境，但面对困难的勇气、找到破局之道的智慧和实现自我超越的决心，是放之四海而皆准的生存法则。

第三章

从小厂到大厂

赵总给鲁南制药制定的很多基础理念,如"以改革为动力、以市场为中心、以科技为先导"的发展战略,我们要长期坚持。但在实践中要丰富它,完善它,赋予其更多的时代内涵,使之更富生命力。

——张贵民

奋斗是每天很难,可一年比一年容易;不奋斗是每天都很容易,可一年比一年难。

奋斗中的人,不在情绪上计较,只在做事上认真。

——张贵民

……

  1999年，张贵民成为鲁南制药的中试车间主任。上任伊始，他便以扎实的技术，迅速赢得了大家的认可，成为鲁南制药最早获得高级工程师职称的员工。与此同时，赵志全为应对厂区面积局限的困境，克服重重困难，开始带领鲁南上下在费县扩建新时代药业。鲁南制药在这段时期经历了集团化运营、多厂区管理的变革，企业发展迈上了新台阶。

  在此期间，赵志全被确诊为胸腺癌，不得不开始考虑企业接班人的问题。

北京之行

每一次出行，都是在未知中播种。
善借他人之梯，登顶以览无限风光。

"九六决战"为鲁南制药带来了一丝喘息之机，暂时缓解了资金压力。然而好景不长，突如其来的亚洲金融危机迅速席卷全球，鲁南制药再次陷入严寒。

1998年，现厚普公司办公室宣传负责人杨建业大学毕业，满怀憧憬地准备在7月入职鲁南制药。然而，由于工厂生产能力不足，他的报到时间被推迟到9月，直到11月才正式开始工作。

因为生产任务的骤减，员工们捉襟见肘。为了温饱，有些人不得不在工余时间四处奔波，打零工来维持家中的开支。有人奔赴大陆啤酒厂挥汗如雨，有人在物流城的繁忙货道间拉货，还有人转战电话卡销售的前线。据杨建业回忆，1998年下半年他仅领到一个月的工资，而且还是去其他车间帮忙返工挣来的。

现厚普公司质量管理部部长窦希波与杨建业同期进入公司，当年同样面临着工资无法足额发放的困境。由于家住得远，交通不便，他也难以向家里求助。好在有位家住临沂市区的同事，每次回家都会带回来一两百块钱，借给窦希波和其他几位同事每人三五十块钱，作为生活费。窦希波至今仍清楚地记得，那时的他每次去附近小饭店点一份炒土豆丝，都要分成两顿吃，中午吃一部分，晚上再吃剩下的。

员工的生计堪忧，企业效益的不佳甚至蔓延到婚恋市场。隔壁效益良好的真情纺织厂的女工们，一听说相亲对象来自鲁南制药，纷纷避之不及。

这些画面，仿佛一幅幅泛黄的旧照片，记录着那个艰难的年代。

面对这种情况，赵志全再次陷入了深深的焦虑之中。

1998年，赵志全要求加快速度研制胃动力药枸橼酸莫沙必利片，要求必须提前完成临床测试。当时，欧洲已发布了对同类药多潘立酮片用药风险的警示，鲁南必须迅速占据多潘立酮片的市场，在国内外同时上市。

初春时节，临沂还处处透着寒意，鲁南制药的红砖办公楼显得格外肃穆。赵志全独自坐在办公室，眉头紧锁。桌上摆放着一份刚刚签署的合作协议，内容是鲁南制药与北京天衡药物研究院共同研发新药。

鲁南制药虽然已小有名气，但要想在激烈的市场竞争中立于不败之地，必须进一步加大研发力度，不断开发新药。与北京天衡药物研究院的合作，无疑为鲁南制药提供了一个难得的机遇。新药研发并非易事，经过深思熟虑，赵志全决定从厂里选拔一批优秀的员工，派往北京学习。这些人将是鲁南制药未来研发团队的骨干力量。选派精英赴京深造的决定，就像是在寒冬里播下的一颗希望的种子。

选拔工作很快展开。赵志全亲自主持面试，经过层层筛选，最终确定了8人前往北京学习，当时已从车间调往技术科的张贵民就是其中的佼佼者。张贵民是厂里的技术骨干，工作认真负责，思维活跃，敢于创新，对技术问题有股钻研劲。

据张理星回忆："张贵民一门心思都用在研发上。在所有同事里，他可能是看化学研发类书籍最多的，在有机合成和化学合成方面的知识储备最丰富，做化学合成的能力最强。"

除了北京团队，鲁南制药还派张理星带着4个人到济南学习另一种产品的工艺。

不久，张贵民、徐勇等人踏上了开往北京的列车。经过一天一夜，他们终于到达北京天衡药物研究院。

研究院坐落在北京房山区。说是北京，实际上已经靠近了河北省涿州市。房山区最有名的就是西部山麓的周口店镇，上古时代的"北京人""山顶洞人""田园洞人"曾在此居住。

尽管天衡药物研究院才刚刚组建，但组成人员在业内均是经验丰富的专家。他们深入浅出地讲解了新药研发的各个环节，从药物设计、合成到药理实验、临床试验，无所不包。张贵民听得格外认真，不仅仔细记录老师们讲解的内容，还经常提出问题、表达自己的见解。他总是追根究底，不弄明白决不罢休。有时候，他甚至会对老师们讲述的工艺提出改进意见。除了上课，张贵民等人还经常到实验室观摩实验操作，并动手实践。

在紧张的工作之余，张贵民也会组织大家一起爬长城。张贵民喜欢爬山，这是他难得出去游玩的时间。在公司时，由于张贵民每天往返家和公司的路程太长，他基本下班就回家，很少有时间跟同事进行额外的交流，更别说一起出去游玩。

北京之行，让很多人看到了张贵民低调、温文尔雅之外的另一面。

徐勇记得有次自己感冒很严重，躺在床上动弹不得。张贵民知道后，赶紧跟另一位同事一起，二话不说背着他去诊所。回来后，张贵民连续几天帮他打水、带饭，无微不至照顾他，直到他康复。多年后，徐勇讲起这段往事，眼神中还透露着感动。

时间过得飞快，转眼间，将近一年的学习结束了。

临走前，还出了一个插曲：北京天衡药物研究院的负责人觉得张贵民对研发工作极为认真，有自己的见解。他很少看到这么敬业的人，于是专门把张贵民叫到办公室，明确表达了想高薪挽留张贵民的意愿，研究院不仅会帮张贵民解决好北京工作的一切事宜，还承诺把家属随迁的手续也一并办好。然而，张贵民的态度非常坚决，说自己是公司派来学习的，决不能对不起公司的栽培。对方沟通再三无果，只好作罢。

回到鲁南制药后，张贵民等人立即将学到的知识和技术应用到实践中，陆陆续续取得了一系列成果。正如张贵民在多年后所言："科技创新就像黎明前的光，它或许微弱，却是希望的开始。"

此次合作，让赵志全意识到研发合作的重要性，此后鲁南制药开始了一系列与科研院校的合作。1999年，鲁南制药与华东理工大学联合成立了鲁华生物技术研究所。2001年5月，鲁南制药再次投资1000多万元，在华东理工大学校园建成了鲁华生物技术研究所大楼并投入使用。2002年4月，鲁南制药与山东大学联合组建了山大鲁南天然药物研究院、山大鲁南超临界流体研究所。

▲ 2001年5月，华东理工大学鲁华生物技术研究所大楼落成典礼

中试车间的新主任

命运的转折，往往藏在不经意的瞬间。

一念之间，人生已是另一番风景。

从北京回到临沂，张贵民便一头扎进了枸橼酸莫沙必利的研发工作中。

尽管在北京学习了将近一年，但"纸上得来终觉浅"，实际工作中还是千头万绪。为了解决研发和生产中层出不穷的难题，张贵民和团队常常是夙兴夜寐，不舍昼夜。加班没有额外报酬，张贵民有时不忍心让大家陪着熬夜，便让他们回去休息，自己独自一人在实验室里继续奋战，有时甚至一直工作到东方既白。

一天晚上，赵志全在厂区散步，经过中试车间时，看到里面还亮着灯，他以为是员工忘记关灯，便走过去准备关掉。当他推开门时，看到张贵民独自一人在调试工艺。专注的张贵民，全然不知身旁多了一个人。赵志全静静地站在一旁，看着一丝不苟工作的张贵民，不忍心打扰。等张贵民反应过来，已经过去了差不多20分钟。

赵志全拉着张贵民坐下来，开始跟他促膝长谈。殊不知，这

鲁南制药股份有限公司文件

鲁南药政字 2001 第[8]号文

嘉奖令

中试车间张贵民、姜自营、李伟、王余、张清德、揭文利、姜合田等人在新产品试制过程中精心组织、刻苦钻研，积极组织攻关，不断优化工艺过程，圆满完成新产品试验任务，为公司新产品的开发做出了突出贡献，特予以嘉奖人民币壹拾伍万元整，其中张贵民同志奖励叁万元整，以资鼓励。

此令

总经理：赵志全

二〇〇一年一月二十日

▲ 2001年，张贵民获得赵志全的特别嘉奖

一刻，也悄然改变了张贵民职业生涯的轨迹，此后，赵志全开始特别关注这个勤奋钻研、脚踏实地的年轻人。

在张贵民和其他同事的共同努力下，"枸橼酸莫沙必利的研究与开发"项目很快就获得历史性的突破，并且在 2003 年获得国家科技进步二等奖。这是鲁南制药历史上第一个国家科技进步奖，具有里程碑意义。消息传来，公司沸腾，大家欢呼雀跃。国家科技进步奖的荣光照亮实验室，那些不眠的日日夜夜终于有了最好的回报。此后，枸橼酸莫沙必利还获得"国家重点新产品"的荣誉，该产品所在项目也被列入"国家火炬计划项目"。

天道酬勤，莫过于此。

紧接着，张贵民又开始攻克另一款新药。

心血管疾病是人类健康的杀手之一，而血脂异常是其主要诱因。瑞舒伐他汀钙是国际公认的强效调脂药物，但 1998 年时，国内市场仍被国外原研药垄断，药品价格居高不下。为了让国人用得起好药，鲁南制药决定自主研发。这一重任再次落到张贵民及其团队的肩上。

瑞舒伐他汀钙因结构复杂、合成困难，被视为制药界的一座高山。面对重重挑战，张贵民带领团队一次次实验、一次次失败，又一次次重来。他们不分昼夜地查阅文献、分析数据、调整方案，实验室里的灯常常彻夜不熄。经过无数次的尝试和改进，他们另辟蹊径，创新性地采用环戊酸酐手性拆分的侧链合成技术，成功攻克了高纯度瑞舒伐他汀钙的合成难题，不仅将收率大幅提高，还解决了工艺路线冗长、副产物多等关键技术难题，为实现规模化生产铺平了道路。此外，他们还系统研究了该药物在中国人群中的临床药代动力学特征，提出了更适合中国人的给药方案。

凭借在瑞舒伐他汀钙项目上的突出贡献，张贵民及其团队于 2016 年再次荣获国家科技进步二等奖。

在此期间，张贵民成为鲁南制药历史上第一位高级工程师，工资仅次于赵志全。赵志全曾对张贵民开玩笑说："张贵民，再过两年，你的工资就要超过我了！"言语间充满了对这位年轻人的欣赏和期待，张贵民卓越的研发能力给赵志全留下了深刻印象。

1999年12月，张贵民被正式任命为中试车间主任，进入中层正职序列。

那时的中试车间，条件简陋，墙皮斑驳脱落，设备老旧不堪。但就是在这样的环境下，张贵民和同事们创造了一个又一个奇迹。

据2001年进入鲁南制药的冯晓亮回忆，中试车间那时没有制冰机。如果做实验要用冰进行降温，还需要专门去外面买大冰块放在冰柜里，工作人员需要时就自己去敲。

对于这位中试车间的新主任，大家都不陌生，张贵民的技术能力已在公司早有口碑。尤其是对和张贵民一起去北京学习的徐勇来说，就更加熟悉。

2000年，徐勇在张贵民上任不久也被调入中试车间。他至今仍津津乐道的一件事，是他们曾在一项实验中遇到杂质无法提取的难题。大家绞尽脑汁，尝试了各种方法都无济于事，甚至有人开始打退堂鼓。然而，张贵民却不肯认输，他坚信一定有解决办法。他废寝忘食地查阅文献、请教专家，与检测部门同事反复探讨，经过半年的不懈努力，终于找到了解决问题的关键。

在徐勇看来，张贵民在中试车间时，已经表现出了很强的管理能力。比如他会协调各种资源，如设备、场地等，来快速推动项目的进度，高效且有条理。

与徐勇有同样感觉的，还有在2001年进入中试车间的刘方亮。

1999年，刘方亮从食品工程专业毕业后来到鲁南制药，在单硝酸异山梨酯原料药生产车间工作。次年，刘方亮被提拔为班长，公司又给他交学费让他在职攻读了制药工程研究生。在此期间，刘方亮被调到张贵民负责的中试车间。

刘方亮做事认真，但常常是"一根筋"。有的药品溶液需要高温搅拌，要求工作人员每10分钟记录一次。但在实际操作时，有些常规的药，很多人都是一个小时检查一次，顺便把中间的5次记录补上。只有刘方亮认死理，每10分钟就准时到场查看。张贵民喜欢这种认真负责的人，所以刘方亮到中试车间不久，张贵民就让他带队做项目研发，负责一款治疗脚气和汗脚的洁宁®盐酸布替萘芬乳膏的开发工作。

刘方亮刚开始负责研发项目时，需要带着年纪比自己大很多年的老员工一起，常常觉得心理压力很大，一方面怕老员工不服气，另一方面怕自己的经验不够，不能很好完成项目。张贵民知道后就安慰他："怕什么，凡事都有第一次。你大胆做就是了，干不了再跟我说。出了问题我兜着，你不需要担心。"

话虽这么说，张贵民还是有些担心老员工的情绪。为此，他专门在项目现场蹲点，与项目团队一起吃饭、聊天，帮刘方亮协调好团队关系。张贵民对一名资深老员工说："老哥，工作中你一定要听刘方亮的安排。他让你怎么做，你就怎么做就行了。"那位老员工回答："放心好了，这个小孩说什么，我就跟他做。"

在工作之余，张贵民还经常组织大家一起爬山。

那时候公司允许中试车间卖一些废弃的溶剂或者纸箱，以赚取部门活动经费。张贵民常常会在仔细核对这些废品后，让下属拿去卖掉。换到的零钱，用来组织团建，其中最常见的活动形式就是爬山。

爬山是张贵民的一个爱好，尤其是有水流的山。张贵民喜欢披荆斩棘、溯溪而上的感觉，而不是游山玩水。在张贵民看来，爬山本身就是一项挑战，有水流的山往往地形更复杂，更具挑战性。一次高强度的爬山，就是一次实践"不怕困难、挑战困难、战胜困难"的鲁南精神的过程："山路曲折而险峻，但每攀登一步，你都会发现新的风景。科学研究亦是如此。"同时，爬山也是一次暂时远离工作压力的机会，在爬山的时候，他可以完全沉浸在大自然中，放松身心，平静心情，感受生命的活力和变化。

这个习惯一直陪伴张贵民很多年，直到在2014年接任公司董事长后，他才因为太忙，减少了爬山次数。但每当他站在高处，俯瞰群山，心中总会涌起一股豪情，那是对奋斗岁月的怀念，也是对未来的憧憬。

"会当凌绝顶，一览众山小"，或许便是张贵民登顶时的心境。

成长的烦恼

心怀故土，回馈桑梓。

企业家的心中，总有一片无法割舍的故土，那是他拼搏的源泉。

世纪之交，鲁南制药已脱胎换骨，然而原有厂区却如燕雀之巢，难容鸿鹄展翅。

26亩的东厂，加上30余亩的西厂，一共不过区区60亩地，如何承载一个制药帝国的未来？办公楼被改造成了拥挤的单身职工宿舍，平房区住满了职工和家属，狭小的空间内，生活与工作交织。老旧的设备勉力支撑着生产，宛如年迈的老人，步履蹒跚。

此情此景，令赵志全忧心如焚。

与此同时，随着中国药品监管政策逐渐接轨国际，国家开始对药厂进行强制性的 GMP 改造㊀。1998 年，国家药品监督管理局发布了《药品生产质量管理规范》，1999 年进行了修订，1999 年 8 月 1 日起正式施行。尽管该规范还没大规模铺开，但赵志全凭借自己敏锐的商业洞察力和对医药行业发展的研判，认为在这场行业洗牌中，谁先行动，谁就能抢占先机，成为市场的佼佼者。

赵志全将重任交给基建科科长张琦，然而现实却给他泼了一盆冷水：现有厂区根本无法满足 GMP 的要求，改造计划如同空中楼阁，难以实现。

眼光敏锐的赵志全此时还注意到另外一个行业动向：自 20 世纪 90 年代初第一个基因工程药品上市后，中国的生物医药行业开始进入发展期。但由于生物制药投资周期长、投入大，很多中国药企还未对此进行深度的布局。

多年的行业浸润，以及与专家学者的交流，让赵志全对生物制药的潜力了然于胸，他认为，未来医药企业的核心竞争力一定是生物制药。鲁南制药的产品战略，也因此调整为"保持化学制药优势，大力发展中药，做大做强生物制药"，可谓三箭齐发。

不管是出于对企业产能的考虑，还是行业监管要求，或者发展生物制药的布局，都需要新的场地，扩大厂区面积。于是，给鲁南制药选一个新厂区，成为赵志全的一项重要工作。

赵志全首先将目光投向了兰山区。然而，工业用地配额的限制让他不得不另寻他处。开发区的一块地引起了他的注意，但对方提出的外部资金入股条件让他犹豫不决。赵志全深知，引入外部资金可能会失去话语权，影响公司的长远发展，于是放弃了这个看似诱人的机会。

㊀ GMP，即药品生产质量管理规范（Good Manufacturing Practice of Medical Products），是药品生产和质量管理的基本准则，适用于药品制剂生产的全过程和原料药生产中影响成品质量的关键工序。大力推行药品 GMP，是为了最大限度地避免药品生产过程中的污染和交叉污染，减少各种差错的发生，是提高药品质量的重要措施。

选址的范围不断扩大。赵志全和团队踏遍了市区周边的县镇，却一次次失望而归。沂河对岸的土地的村庄拆迁问题无法解决，其他地方也因地形、农作物等原因不尽如人意。选址工作陷入了僵局。

正当一筹莫展之际，赵志全的老家费县向他伸出了橄榄枝。

通过赵志全大学师兄的引荐，鲁南制药与费县县政府迅速达成了意向协议。费县经济相对落后，人民渴望发展，这与鲁南制药的扩张需求不谋而合。更重要的是，费县土地价格便宜，政策优惠。

当然，选址费县，赵志全的家乡情怀也是非常重要的原因。

费县，承载着赵志全的童年记忆，也埋藏着他对家乡深深的眷恋。他曾在这片土地上嬉戏玩耍，也曾在这片土地上求学和成长。虽然鲁南制药已小有成绩，但他从未忘记家乡的养育之恩。家乡的贫困制约着发展，鲁南制药的新厂极有可能为家乡带来新的希望。

赵志全的这种家乡情怀，不仅是赵志全个人的情感，更是中国企业家群体共同的精神财富。家乡总会呼唤远方的游子，中国企业家历来都有着浓厚的家乡情怀，他们将个人命运与家乡的命运紧密相连。

近代实业家张謇，一生创办了20多家企业、370多所学校，为家乡南通的经济、教育事业做出了巨大贡献。当代企业家曹德旺，在家乡福清兴建医院、学校，改善家乡的医疗、教育条件，回报桑梓。

这种情怀，源自中国传统文化中"修身、齐家、治国、平天下"的理念。企业家们在事业有成后，不忘回报家乡，这既是对家乡养育之恩的报答，也是对社会责任的担当。

各种原因加在一起，让赵志全最终选中费县作为承载鲁南制药未来宏图伟业的沃土。

然而，事情远不如想象得那般顺利，现实总爱给理想的道路增添几分曲折。

谈判伊始，费县政府的领导层就出现了分歧。政府官员一方面有强烈的招商引资的愿望，另一方面又担心企业会打着投资的旗号圈地牟利。两种情绪交织在一起，左右互搏，让谈判举步维艰。

更让赵志全感到无奈的是，自己朴实的作风竟成了谈判的绊脚石。

彼时，豪车、名牌是企业实力的象征，赵志全的桑塔纳和几套不合身的西装，在一些人眼中成了企业实力不足的"证据"。"一个成功的企业家，怎么会如此朴素？"这样的质疑声，在费县领导层中不断出现。

2000 年，费县政府在北京举办招商引资活动。赵志全得知后，直言不讳地告诉费县领导："自己家门口的商都不招，跑到北京去，不是舍近求远吗？鲁南制药，未来一定会成为费县最大的企业！"

好在鲁南制药连续几年的业绩和利润数据，让县政府领导看到了企业实力。从 1999 年到 2001 年，鲁南制药的利润从 155 万元迅速增长到 6501 万元，2 年时间增长 40 倍；总资产从 4.6 亿元增长至 9.5 亿元，也几乎翻了一番。

这些亮眼的数据，逐渐打消了费县领导层的疑虑，最终打动了时任费县县委书记仇景阳。费县政府重新开始与鲁南制药的谈判，双方就具体选址、投资规模、税收政策等问题进行了深入的探讨。

2002 年 3 月 9 日，历时三年多的反复磋商，鲁南制药与费县政府终于正式签约。半个月后，新厂区奠基仪式隆重举行。

赵志全将新厂区命名为"新时代药业"，寓意鲁南制药从此进入一个崭新的时代。这片曾经见证他童年的土地，将要承载一个企业腾飞的梦想。

新时代药业的开工，是赵志全对鲁南制药未来发展的一个里程碑式的战略部署。这个规划占地 8600 亩、预计总投资 60 亿元的庞大工程，承载着赵志全让鲁南制药从众多药企中脱颖而出的雄心壮志。

▲ 鲁南制药与费县人民政府的签约仪式

▲ 新时代药业奠基仪式

按照规划，新时代药业分四期建设：一期工程主要从事中药、西药制剂的开发和生产；二期工程主要产品为克拉维酸钾及其系列混粉，原料药

▲ 2002年新时代药业厂区航拍

及其复方制剂；三期工程主要从事化学原料药及医药中间体的生产；四期工程为大型的生物工程原料生产区。

那些在荆棘中前行的脚步，终将在岁月的回响中踏出一片繁花似锦的天地。事实证明，赵志全的预言成真了，新时代药业不仅成了费县最大的企业，也为费县的经济发展做出了巨大贡献。

鲁南制药的新厂选址之旅告诉我们：当市场与政策双重压力逼近时，愿景与资源再平衡的能力、企业与地方政府的互动博弈，以及管理者将个人情感融入战略决策的格局，构成了企业持续向前的关键动力。正是在这种复合逻辑下，资源受限的"燕雀之巢"走向了广袤的"鸿鹄天地"。

风雨交加

苦难常常结伴而行,如冰霜叠加,一次次考验着生命的坚韧与不屈。

有人被击溃,有人却在打磨中越发坚硬,越发闪耀。

2002年,鲁南制药的新时代药业宏伟蓝图在赵志全心中徐徐展开。

然而,资金的巨大缺口,如同一块巨石压在每一个鲁南人的心头。

为筹措建设资金,鲁南制药的工厂昼夜不停地满负荷运转,业务员们仿佛回到了当年"九六决战"的紧张状态。

李宝杰回忆,那时他已从业务一线转回集团做销售内勤,分管湖南、湖北、江西三省,同时兼职做赵志全的秘书。他每天的主要工作,就是给各地的业务员打电话,调查任务完成的情况,传达公司的要求,每天都是在无数的电话当中度过。不仅如此,他还要定期去查询货款是否到账。

"我们几乎把能想到的办法都想了一遍,"李宝杰回忆道,"包括找员工筹钱、国有股减持、新时代药业增资扩股等。也就是从那时起,员工们开始两个月拿一次工资。"

在这段艰难的岁月里,贝特公司成为新时代药业的"输血站"。由于贝特公司用现金流养着新时代药业,没有多余的资金更换设施设备,产品均采用人工来包装、装箱。一直到2014年后,新建的车间配备了自动化设备,条件才得到改善。

这段时间,张贵民一边拼命工作,一边又开始攻读华东理工大学研究生学位,花费大量时间学习和撰写论文。他中午不休息,晚上也常常不回家,成为名副其实的"拼命三郎"。

同时,制药行业还出现了"泄密"现象:各大药品生产厂家向国家药品监督管理局报送的药品配方资料,其他厂家很快就会知晓,之后会跟着上报。现在想来,可能是多方面原因造成的。为了避免配方被泄露后产生产品同质化的情况,鲁南制药每次向国家药品监督管理局报批产品资料后,张贵民还要带团队继续优化处方和工艺,工作强度大了许多。

直到被医院查出腰椎间盘突出,张贵民才不得不在家休息。张贵民在家担心中试车间的进度,便让车间负责的班长定期去他家里汇报情况。员工们都很体谅张贵民,觉得他不在,更应该把工作干好。张贵民对他们说:"你们干活我是放心的,但该我承担的责任,我也要承担。"

资金的压力如影随形,赵志全的工作也越来越多,时刻感受到风雨交加的艰难处境。2002年5月,他让李宝杰不再兼职做销售内勤,而是全职当他的秘书。直到2014年赵志全过世,12年的时间里,李宝杰作为秘书与他几乎朝夕相处。

风雨交加的事,远不止资金。

2002年11月的一天,平日里精力充沛、热爱运动的赵志全,突然感到胸闷气短,呼吸困难。起初,他只当是工作太累,没太在意,毕竟,他平时连感冒都很少得,更别说是什么大病。然而,随着时间的推移,症状不仅没有缓解,反而越发严重。

赵志全的异常被李宝杰看在眼里,他苦口婆心地劝说赵志全去医院检查,甚至搬出了"工作需要"的理由。赵志全拗不过,只好答应。

检查结果如晴天霹雳:胸腺癌晚期!

胸腺癌是一种少见的纵隔恶性肿瘤,源自胸腺上皮细胞,最常见的组织类型是鳞状细胞癌和未分化癌,多见于成年男性,平均年龄大约在50岁。根据数据,胸腺癌晚期患者因个体差异存活期有所不同,但86%的患者在诊断后5年内死亡。

这个消息对一向身体健壮的赵志全来说，无疑是晴天霹雳。在得知病情的那一刻，他独自一人坐在医院的长椅上，望着窗外萧瑟的秋景，陷入了沉思。他想起在农村的艰苦岁月，想起创业初期的种种困难，想起自己带领鲁南制药一步步走向辉煌的历程。难道，这一切都要就此结束了吗？

那段时间，赵志全要求几位知情者对其病情严格保密。实际上，整整12年的治疗时间，大部分员工对此全然不知。整个鲁南制药，知道病情的人不超过10个。公司一些人在此期间也许发现了赵志全身体不好，但并不知晓具体情况，更不知他患的疾病是致命的。

根据临沂市人民医院专家的建议，第一方案是去北京做手术。赵志全在北京咨询了很多专家，其说辞和方案都不能让他满意。之后，赵志全又去了上海，交流下来，他觉得上海医生更为谨慎地告知实情，与患者沟通治疗方案。权衡之下，赵志全最后决定于2002年12月在上海做胸腺癌手术。

手术是全麻开胸。在全麻之前，赵志全打了两个电话，第一个电话，他打给了集团副总，交代工作上的安排；第二个电话，他打给了临沂市委书记，如实汇报了自己的病情。他的意思很明显——万一手术情况不好，政府领导需要提前准备，防止企业出现不稳定的情况。

命运最终留了余地，最坏的结局未曾到来。手术很顺利，但术后的赵志全却感到无比压抑。圣诞节的前一天，他不想再在医院住着了，那里环境太压抑，不适合节日的气氛。

李宝杰和公司上海办事处的同事商量，干脆出院找一个好酒店，辛苦了半辈子，也让他享受一下，看看上海的全景。就这样，赵志全在圣诞节那天住进了金茂大厦的君悦酒店。

赵志全站在82层高楼，俯瞰着整个上海。他站在巨大的落地窗前，看着灯火辉煌的城市夜景，那一刻，心情似乎也跟着开阔了起来，同时心中涌起一股莫名的感动。

那天晚餐，赵志全和妻子、李宝杰，再加上公司上海办事处的两位同事，点了很多菜。但大家一想到赵志全的病情，都没有胃口。就在此时，突然有一群小朋友穿着小红裙，戴着小圣诞帽，由一个圣诞老人领着进了他们的包厢，唱了一首《铃儿响叮当》。李宝杰永远都不会忘记那个场景，孩子们清脆的声音，让人瞬间感受到了生命的美好。赵志全边听边鼓掌，氛围一下热烈起来，晚餐才算真正启动。

圣诞节的喜庆气氛渐渐消散。

之后，赵志全搬到了离医院更近的衡山宾馆，准备接受后续的化疗。这位医药行业的专家深知，癌症没有特效药，任何方案都是杀敌一千自损八百。手术和化疗不是选择，而是没有选择。但赵志全坚信，只要精神不垮，身体就不会垮。

化疗的每一个疗程、每一次用药，赵志全都要亲自与医生商讨，详细了解药物配方和副作用。他担心过度治疗会让自己输给治疗本身，而不是癌症。最终，他们共同制定了一个减少化疗次数的方案。半年后，赵志全更是与医生商定将化疗频率降低到两年一次。

2003年1月，赵志全在病房里接到了一个令人振奋的消息：他被选为全国人大代表。面对山东省相关部门的询问，他的态度非常坚决，即使刚经历过开胸手术，也要如期参加人大会。这份荣誉来之不易，绝不能错过。

农历大年初六，赵志全执意从上海的病房赶回临沂，出席业务总结大会，这关系到公司的销售业务发展。在会上，他神采飞扬，员工们完全看不出他刚刚经历过的病痛。会议结束后，他又连夜赶到上海，接受第二日上午的化疗。到了下午，他居然又飞到临沂，出现在公司办公室。

只是赵志全此时实在太过疲惫，不能见任何人，也怕大家看出他的病情。赵志全告诉秘书李宝杰："我今天就坐在办公室，你不要安排任何人来见我。如果有人来，也要想办法阻止他们见我。"虽然赵志全没有见任何人，但大家知道他在，心里就踏实。

在病痛的折磨和繁忙的工作之间，赵志全就这样来回奔波。

2003年春天，全国人民代表大会召开。赵志全准时出现在北京，只是申请不住在会务组统一安排的会议中心，而是选择住在鲁南制药北京办事处，以便应对身体随时可能出现的不适。

身体的病痛、新厂区建设资金的压力，一起扑向了赵志全，将他拖入了残酷的多方战场。很快，大家发现他的一头黑发变成了白发。

赵志全发现癌症时已是晚期，却奇迹般地存活了12年，这或许与鲁南精神密不可分。在赵志全的眼里，没有克服不了的困难，疾病也一样。每次化疗醒来，他从不抱怨疼痛、呕吐、掉发等副作用，照片上的他总是笑容满面，让人看不出病痛的折磨。

资金困境、技术保密问题，乃至掌舵人病痛缠身，这些都不足以单独左右一家企业的命运，真正决定走向的是企业面对不确定性时的态度和行动。在经济起伏中，每一个稳健前行的企业都需要赵志全这样的"定海神针"——以坚韧的信念和务实的韧性使组织在迷雾中保持方向；以专业的判断和灵活的策略在资源紧张时找到调配空间；以坦然面对逆境的领导气度为全员树立不屈的榜样。

从中我们可以看到一个普遍的商业逻辑：当外部环境与内部压力双面夹击，唯有坚持长远价值、强化内在信念，才能让企业度过严冬，拥抱春光。

初到费县

> 适应新环境，是一种蜕变的能力。
> 在未知中寻找熟悉，在陌生中找到归属。

2004年4月，鲁南制药变更为鲁南制药集团，包含费县的新时代药业和临沂市区的贝特、厚普3个下属制药企业。次年4月，"山东鲁南制药股份有限公司"也更名为"鲁南制药集团股份有限公司"。

更名三个月后，为加强科研能力，鲁南制药决定组建科研部。

赵志全的目光落在了张贵民身上。张贵民技术过硬，经验丰富，更重要的是，他身上那股子钻劲儿，正是科研工作所需要的。张贵民旋即被任命为科研部副部长，负责科研部的筹建工作，同时继续兼任中试车间主任。

而科研部部长马瑞涛此时正忙于费县新时代药业的项目建设，无暇顾及科研部的筹建，实际上，科研部组建工作就全靠张贵民来完成。张贵民的工作内容一下子变得多起来，科研设备、硬件设施、人员配置等工作都需要他考虑。同时，赵志全还要求中试车间从临沂市区搬往费县的新时代药业，搬迁工作自然也由张贵民负责。

说实话，工作地点搬至费县对张贵民而言，又让他的上班往返距离进一步加大，通勤时间拉长了很多。但他知道，必须去，而且还要尽快适应新的环境。

2004年夏天，一辆辆满载实验设备的卡车驶到新时代药业崭新的科研楼下。烈日下，张贵民望着眼前这栋现代化的科研楼，心中充满了期待。他心中的蓝图已经绘制，这里将是他实现梦想的舞台。

作为项目负责人，张贵民带领团队开始了从0到1的艰辛建设。实验室的装修、仪器设备的安装和调试、试剂耗材的采购,每一项工作都需要他亲力亲为。每天,他最早来到实验室,最晚离开。

"张工,这台高效液相色谱仪的参数怎么设置?"年轻的研究员拿着说明书,焦急地向张贵民请教。

"别急,我来看看。"张贵民接过说明书,仔细阅读起来。他一边讲解,一边示范操作,直到研究员完全掌握。

"张工,这批试剂的纯度有问题,需要退换。"采购员冯晓亮打来电话,语气中透着无奈。

"别担心,我来处理。"张贵民安抚了冯晓亮,随即联系供应商,要求对方提供检测报告,并提出解决方案。在他的坚持下,供应商最终同意退换货物。

"张工,这台旋转蒸发仪的真空度怎么达不到要求?"一位实验员愁眉苦脸地向张贵民求助。

"我来检查一下。"张贵民放下手中的工作,来到实验台前。他仔细检查了仪器的各个部件,发现是密封圈老化导致漏气。他找来新的密封圈更换,问题迎刃而解。

这样的场景,每天都在上演。

王金彬于2003年7月毕业后入职鲁南制药,他第一次见到张贵民时恰逢其带着搬迁团队从总部来到新时代药业,一些同事主动前去迎接他们。一下车,很多人走上去跟张贵民握手寒暄,但张贵民眼睛只盯着科研楼,完全没顾上跟大家客套。在王金彬眼里,张贵民就是典型的研发人员性格。

新时代药业科研楼没留张贵民的办公室,他就在大楼传达室旁找了间空房作为自己的办公室。办公桌上除了文件,他还摆了一本东汉哲学家王符的《潜夫论》。书页上那句"德不称其任,其祸必酷;能不称其位,其殃必大"被他用红笔重重地勾勒出来。

"张总,设备采购的合同,您看一下。"冯晓亮敲门而入,将一份文件递到张贵民面前。

张贵民接过文件,仔细审阅起来。他的目光在价格一栏停留了片刻,眉头微微皱起:"晓亮,这台设备的价格怎么还有零头?以后谈价格时,尽量把零头抹掉。尽管少,但积少成多,也能为公司省下一笔费用。"

冯晓亮愣了一下,随即点头称是,明白他话语中的深意。

他又想起前段时间采购实验仪器设备时,张贵民的教诲:"采购工作很敏感,一定要坚守底线,不要单独和供应商出去吃饭,减少私下接触,工作尽量在办公室里谈。"

新时代药业需要采购大量的设备,资金数额巨大。一些供应商为拉拢张贵民,常常会私下跟他说:"我们先把合同签下来。等合同成交后,我们会私下给您5%的返点。"面对这样的诱惑,张贵民总是淡然一笑,不拒绝,也没明确表示同意。他在货比三家之后,尽力将价格压到最低。最后签合同时,他告诉供应商,在价格里把那5%给他个人的返点直接扣掉,即用原合同价格的95%签下合同。

"做事情,要首先学会做人",这是赵志全曾对张贵民说的。张贵民自己也一直把这句话挂在嘴边,在执掌鲁南制药后在大会小会上一遍遍强调。

赵志全要求张贵民定期向自己汇报工作,了解搬迁工作和科研部组建工作的进展情况。在这个过程中,张贵民常常是干着科研部副部长的工作,操着总经理的心。赵志全看在眼里,明显感觉他的管理能力在此过程中得到了极大的提升。

搬迁费县,除了张贵民的科研团队,其他团队也是夜以继日地开展工作。在全体员工的努力下,新时代药业宛如一幅画卷,徐徐展开。几年时间，厂区已经从一片荒芜，蜕变成了一座生机盎然的现代园林。绿树掩映间，座座厂房与自然和谐共生。

早在规划新厂区时，赵志全就提出了"园林化、现代化、国内领先、国际一流"的建设要求，并将"园林化"置于首位。

"绿树村边合，青山郭外斜。"这句孟浩然的诗句，恰如其分地描绘了新时代药业的厂区景色。绿树成荫，厂房与自然景观融为一体，宛如一幅和谐的山水画。参观者坐着敞篷电动游览车穿梭于林荫小道间，都会感觉这里不像一个工厂，而是一座风景秀丽的公园。

当初在费县选址时，有三个理由让赵志全一眼就相中了这块风水宝地：

其一，这块土地位于万松山乾隆行宫之下，背山面水，藏风聚气，可谓福地。

其二，赵志全将生物制药视为鲁南制药未来的战略重心，而要做好生物制药，必须为高端的科研人才提供良好的住宿和工作环境。在他心中，这块足够广阔的土地不仅是未来的生产基地，更是人才和研发的摇篮。赵志全坚信，只有在优美的环境中，员工才能激发出无限的创造力。

其三，赵志全还有一个更宏伟的蓝图——将新时代药业打造成工业旅游项目，彻底颠覆传统制药厂高污染的刻板印象。

《道德经》有言："人法地，地法天，天法道，道法自然。"赵志全以"道法自然"的理念，将新时代药业打造得绿树成荫、鸟语花香，成为人与自然和谐共生的典范，为企业发展注入了源源不断的活力。

当厂区不再只是生产场所，而成为自然、人文、科技融汇的综合载体，对人才的吸引、创新力的激发以及品牌形象的再造，也随之水到渠成。这背后蕴含着一种普遍的商业逻辑：当企业从"工具理性"转向"生态理性"，便不再将空间视为单纯的生产要素，而是将其升华为企业整体价值的有机组成部分。

艰巨的任务

> 时光从不会辜负每一个坚持者。
> 困难终会与时间握手言和，将漫长的等待化作丰收的果实。

2005年，科研楼刚投入使用，新厂房的气味还未散尽，就在这个时刻，张贵民接到了赵志全下达的一项艰巨任务：仿制日本大鹏药品工业株式会社的抗癌药替吉奥胶囊（又称TS-1、氟特嗪胶囊），并将其命名为"维康达"。

替吉奥胶囊于1999年由日本大鹏药品工业株式会社研发生产，上市后在日本市场上取得了巨大的成功，被批准用于治疗多种晚期癌症。其疗效卓越，在日本晚期胃癌化疗中使用率超过80%，因而成为深受临床医生和患者信赖的一线用药。

然而，由于种种复杂的因素，这款救命药始终没有进入中国市场，令无数饱受病痛折磨的患者望眼欲穿，苦苦等待。即使通过非常规渠道取得药，其近两万元一盒的高昂售价，也让普通患者望而却步。

本身就患有癌症的赵志全，对癌症药品有着异乎寻常的敏感。他认为，如果能在短时间内攻克技术难关，成功仿制出这款药物，并大幅降低成本，将是一项功德无量、造福社会的伟业。

赵志全叫来张贵民，提出了"三步走"的研发策略：先想办法配齐原料，进行小试；成功后再进行中试；最后进行临床试验，推向市场。为了抢占市场先机，他给张贵民定下了紧迫的时间表，要求在几周内就完成第一步。

张贵民和团队深知时间紧迫、任务艰巨，但更明白这项工作的意义。为了早日让中国患者用上这款救命药，他们夜以继日地投入研究。凭借团队成员的集体智慧和不懈努力，原料方案问题很快得以解决。他们最终确定,维康达胶囊由替加氟和 2 种生化调节剂吉莫斯特、氧嗪酸钾组成。替加氟在体内转化为 5-FU,发挥抗癌作用;吉莫斯特抑制 5-FU 分解,使其在血浆和肿瘤组织中保持稳定浓度,增强抗肿瘤活性;氧嗪酸钾则降低 5-FU 在胃肠道的毒性,减轻患者的不良反应。三种成分协同作用,既提高了抗癌活性,又降低了药物的毒副作用。

项目小试进展顺利,如期完成,创造了奇迹。张贵民后来回忆:"只要肯下功夫,就一定能战胜困难。"然而,这只是万里长征的第一步,更大的挑战还在后面。

到了中试放大阶段,真正的难题才浮出水面。实验所需的巨型玻璃反应仪器,鲁南制药没有。多方咨询专家后得知,这种特制仪器只有日本才有。团队成员多次向张贵民汇报,认为缺少特制仪器,放大反应体积的实验成功的可能性不大。另外,实验所需的原辅料价格不菲,一旦失败,损失将令企业难以承受。

张贵民也忧虑。那段时间,他天天泡在中试车间与团队成员一起研究工艺,寻找解决方案。凭借丰富的生产经验和专业素养,他认为一次性解决问题难度太大,但也不能因此让项目停滞不前。

经过深思熟虑,他提出了"小步快走"的方案。

张贵民的方案是先让团队把反应体积放大 10 倍,也就是从 2 升到 20 升,然后再放大到 100 升,就是放大 50 倍。

令张贵民兴奋不已的是,两次放大均一次性成功。

然而,随着反应体积的进一步放大,实验一次又一次以失败告终,溶剂残留过多的问题无法解决,整个中试车间弥漫着沮丧的情绪。

面对接连的挫折,大部分团队成员心灰意冷,萌生了放弃的念头。但张贵民始终坚信,问题一定有解决的办法。

据参与该项目的徐传进回忆，张贵民那段时间几乎住在了新时代药业，白天同团队成员一起在车间里摸索，晚上回到临时宿舍后，还要拉着同宿舍的他继续讨论细节。

"我那时下班了都不敢回宿舍。每次到宿舍楼下，一看六楼的灯亮着，就知道张总在。如果我回宿舍，他肯定会拉着我继续讨论项目。他专业水平高，每次都从理论开始讲，我压力特别大。从楼下看到宿舍灯熄了，我才敢上楼。"徐传进回忆道。

徐传进那时刚结婚，父亲又做了手术，没时间回家，也不敢直接向张贵民请假，最后实在没办法，只好通过班长向张贵民转达要回家看看的意思。张贵民得知情况后，二话不说买了礼物，还带上现金去医院看望徐父。徐父康复后，对张贵民的关心一直铭记在心，并多次告诫儿子："跟着张总好好干，一定把项目做出来，不用担心家里。"徐父的那句"跟着张总好好干"，道出了一个员工家属对领导者最朴实的信任。

时间转眼到了2007年，两年多过去了，项目仍未成功。一些成员失去耐心，选择了离开。

那些熬过黑夜的人，终将在晨曦中迎接胜利的曙光。在团队持之以恒的努力下，维康达溶剂残留过多的问题终于得以解决。张贵民团队突破了固定剂量复方制剂的技术壁垒，在全球首次全合成替吉奥特定杂质对照品。

2009年3月18日，晚期胃癌治疗研究进展学术交流会暨替吉奥胶囊产品上市发布会在北京国际饭店会议中心隆重召开。来自全国各地的450名肿瘤专家齐聚一堂，共同见证了这一历史性时刻。会上，多位权威专家就晚期胃癌的化疗进展、替吉奥的临床研究等主题进行了深入的学术交流，这标志着治疗晚期胃癌的新药替吉奥胶囊在国内正式上市，维康达正式进入市场。

维康达上市后，填补了国内市场的空白。其灵活的包装规格、远低于进口产品的价格，大大减轻了患者的经济负担，让他们能够更轻松地获得治疗。

维康达自上市以来，先后荣获"2010 年国家重点新产品""2011 年山东省科技进步二等奖""2012 年国家科学技术进步二等奖"等多项荣誉称号。其高效、低毒、服用方便的特点，得到了临床医生和癌症患者的一致认可。该产品挽救了无数生命，取得了巨大的社会效益和经济效益。

在赵志全生病后的近十年时间里，维康达一直是鲁南制药的主要盈利产品，对公司的发展起到了巨大的推动作用。最高峰时，其单品的年销售额接近 20 亿元。

双博士到来

>玉在椟中求善价，钗于奁内待时飞。
>
>对人才的珍重，是企业立于不败之地的根基。

无论是赵志全，还是张贵民，他们对研发科技人才的重视都始终如一。即使面临再大的资金压力，他们也从未对研发团队的需求说过一个"不"字。无论是实验室的建设、设备仪器的采购、试剂的购买，还是高端人才的引进，只要研发团队提出需求，他们都坚定地给予全力支持。这种对科技创新的重视和毫不犹豫的投入，成为企业不断向前发展的强大驱动力。

2000 年 7 月，孙勇博士迈入了鲁南制药的大门，成为公司引进的首位博士。公司为他量身定制了一间专属研发实验室，配备了先进的仪器设备，并提供了充足的研发经费，助力他的研发工作。

四年后，鲁南制药的招聘团队来到了位于天津的南开大学。彼时，即将博士毕业的刘忠抱着"试试看"的心态投递了简历。在天津的一家酒店里，他与鲁南制药的面试官姜佳峰展开了深入的交谈。姜佳峰详细介绍了公司的发展历程、企业文化和人才培养机制，两人相谈甚欢，气氛融洽。面试结束后，姜佳峰热情地邀请刘忠前往山东临沂对企业进行实地考察，并爽快承诺报销所有的差旅费用。

从天津到临沂，需要搭乘一整夜的火车。出发前，刘忠对这家交通不便的企业并没有太高的期待。然而，当他踏入新时代药业的大门时，却被眼前的景象深深震撼：现代化的厂房拔地而起，先进的实验室设备一应俱全，宽敞明亮的办公环境展现出浓厚的现代科技氛围。这一切与他想象中的沂蒙山区截然不同。

在赵志全的办公室里，刘忠迎来了他的第二轮面试。

赵志全开门见山，除了对刘忠的到来表示热烈欢迎，还当即承诺为他打造一间专属实验室，配备专业的研发团队。此外，公司还将提供110平方米的住房和专车作为工作保障。面对如此优厚的条件，刘忠一时感到受宠若惊，竟不知道该如何回应。回到天津后，经过慎重的思考，他终于下定决心扎根临沂。

鲁南制药的员工绝大部分都是山东本地人，尤其是临沂人居多。刘忠作为一名甘肃人，在公司显得颇为独特，一开始他甚至连临沂本地话都听得很困难。

与刘忠一同加入鲁南制药的还有3位博士，其中2位从事化学药物研究，刘忠和另一位博士则专攻生物制药领域。在中试车间，主要的研发任务集中在化学药物上，这让对化学药物不甚熟悉的刘忠更多地扮演"打下手"的角色。

张贵民给刘忠留下了非常随和的印象，刘忠时常能够感受到他对自己的关怀与照顾。在中试车间，研发工作时常需要加班，但张贵民从未要求他们4个博士加班。每当下班时间到了，见他们几个还没走，张贵民还会主动催促他们先回去休息。这种体恤与宽容，让刘忠和同事们在初入公司的日子里倍感温暖。

赵志全说到做到，让刘忠在中试车间跟着张贵民熟悉项目半年后，就为其建立了实验室。

在刘忠加入鲁南制药时，他的妻子赵丽丽正在中国科学院上海生化所做博士后，并计划前往美国继续深造。刘忠希望妻子能够加入鲁南制药，共同在临沂扎根发展，但赵丽丽还是坚持选择前往美国追求自己的学术梦想。

2005年，赵丽丽赴美仅几个月，就因父亲生病返回国内探亲。趁着这次机会，刘忠带她参观了鲁南制药。此时恰逢鲁南制药的暑假，集团领导便邀请她一同参与前往桂林集体旅游。在美丽的山水间，赵丽丽感受到了浓浓的家的氛围。公司为研发人才提供的优厚待遇、先进的实验室设施以及广阔的发展机遇，都让赵丽丽眼前一亮。

此刻，赵丽丽站在了人生的十字路口：一边是美国的导师提供的H-1B工作签证和宝贵的科研机会，导师甚至明确表示，这个职位只为她保留一个月；另一边，则是留在国内与丈夫刘忠携手在鲁南制药开创一片天地。

父亲肝癌手术的消息让赵丽丽心生顾虑，不忍在这个时候远赴重洋，而父亲此时只是鼓励她追随内心的选择，走自己想走的路。美国导师得知情况后，抛出了另一份橄榄枝：邀请刘忠和赵丽丽夫妻二人一同前往美国，继续在海外从事研发工作。

这让赵丽丽更加难以抉择。

经过一番深思熟虑，赵丽丽最终做出了一个决定：留在鲁南制药。这个决定在她的导师和同学之间引起了不小的震动，他们无法理解她为何放弃美国的大好前程，选择回到中国的一个偏僻城市。

这个决定也让鲁南制药的历史上多了一段佳话——"夫妻双博士"。他们放弃了国外优越的研发条件和生活环境，毅然选择扎根国内的故事成了鲁南制药引进和培养人才的典范，激励着更多高层次人才加入鲁南制药的大家庭。

▲赵丽丽博士在工作中

加入鲁南制药后，赵丽丽真正体会到了赵志全和张贵民对高层次人才的重视。在为博士们建设实验室时，赵志全从不干涉技术细节，充分信任研发人员的专业判断，只是帮助从中协调资源，解决问题。赵丽丽回忆起当年建设实验室的情景，感慨万千：

"2005年，新时代药业建设研发实验室需要几千万元。集团资金紧张，但只要我们觉得项目有价值，向赵总申请，他眼皮也不眨一下就答应。他给研发人员的感觉是，公司可能缺其他资金，但根本不会缺研发资金。"

药理中心的李欣对此也深有体会："2007年，赵总要求开始做GLP实验室建设㊀，这对实验室的布局和环境要求极高。研发人员提出要新建一

㊀ GLP，即Good Laboratory Practice的缩写，意为优良实验室规范。它主要是针对医药、农药、食品添加剂、化妆品、兽药等进行的安全性评价实验而制定的规范。

幢独立的质量检测楼,赵总一咬牙,马上斥资了 5000 多万元投入建设。"据悉,国内的 GLP 实验室大部分都是国家投入建设,而鲁南制药则是完全依靠自己的力量建成。

作为科研部负责人,张贵民对新引进的高层次研发人员的关心总是体现在细微之处。徐传进对此记忆犹新:每当有博士到中试车间进行锻炼,张贵民都会事无巨细地关照办公室,务必准备好博士们所需的一切,从工作中的各种器具到生活中的锅碗瓢盆,应有尽有。正是这种无微不至的关怀,使得新来的高层次研发人员能够快速适应环境,也让他们感受到被重视。

无论是在赵志全时期还是在张贵民时期,鲁南制药始终把人才视为最重要的资产。如今,鲁南制药在不断探索"招引得来、成长得快、人留得住"的人才培养体系。为组建梯次型创新团队,鲁南制药采取外部引进与内部培养相结合的方式,设立博士后科研工作站、院士工作站、泰山学者岗位以及百万年薪的"首席科学家"岗位,吸纳高层次人才,带动企业研发团队快速成长。栽下梧桐树,引得凤凰来。截至 2024 年 10 月,鲁南制药已引进各类专业技术人才 10 000 余人,占职工总人数的 80% 以上,其中博士 60 余人、硕士 1700 余人。

不管是赵志全还是张贵民,他们都不曾将人才视为成本,而是当作企业长远发展的稀缺价值,并由此构建了一个根植于创新的生态圈。鲁南制药对高层次科研人才的引进与培育,展示出企业在价值创造中的关键逻辑:凭借持续投入、充分信任与灵活机制,企业不仅能在资源匮乏的环境中开拓创新,更能吸引心怀理想的精英脱离舒适区,扎根未知土地,在挑战中迸发出灵感与创造力。当领军者毫不迟疑地为研发人员打开财政阀门,当组织文化将技术人员的诉求摆上首要议程,当价值共识与情感认同让各地人才汇聚于此,这个生态圈便开始自我繁衍、螺旋式上升。

第四章

为传承而谋

企业要发展好，管理人员就要干净做人，做到"三不"和"三保持"。

不该交的朋友不交；不该去的地方不去；不该进的圈子不进。

工作中，保持正常的上下级关系，不存私心；交往中，保持正常的平常心，不存侥幸；头脑中，保持道德标准的红线，不放纵弱点。

——张贵民

每一个人都要坚持终身学习。

通过不断学习来满足企业发展的需求，满足个人成长的需求，满足时代发展的需要。如果个体被时代抛弃了，企业也就被时代抛弃了。

——张贵民

……

2006年，张贵民被提拔为监事会主席，这不仅意味着职位的提升，更意味着他进入了赵志全未来接班人的候选序列。从此，赵志全开始对张贵民进行一系列领导素养的考验：从严苛的批评到突如其来的任务，一次又一次地挑战张贵民的极限。然而，这些压力并没有将张贵民击垮，反而让他在困境中迅速成长，展现出了顽强的毅力和卓越的领导力。

在赵志全生命的最后时刻，他做出了一个充满智慧与远见的决定——将企业的未来托付给张贵民。这场权力的交接，是中国民营企业中一个少有的画面：非血缘传承。

意想不到的任命

> 成功就像一座冰山，你看到的只是它浮出水面的一角。
> 看似无缘无故的横空出世，其实都是岁月磨砺与厚积薄发的必然结果。

2006年，鲁南制药迎来了一次"意想不到"的人事变动。

这一年，原监事会主席即将退休，赵志全开始物色继任者。在高管团队年龄整体偏大的情况下，赵志全决定选拔一名年轻人进入高管团队，通过新鲜血液的注入推动企业创新和变革。

傍晚时分，鲁南制药的办公楼在落日余晖的映照下，显得格外宁静。赵志全独自一人坐在办公室里，凝视着窗外渐浓的暮色。他缓缓地从抽屉里取出一份名单，上面列满了公司中层管理人员的名字。他用手指逐一划过，每个名字都代表着一个可能的选择。

对一家制药企业来说，研发和创新无疑关乎未来的百年大计。因此，赵志全在考虑新监事会主席人选时，除了要让一位年轻、能干的中层干部进入高层管理团队、熟悉高层管理运行，还有一个重要的考量：这个人未来可能成为鲁南制药的继任者，必须对研发和创新有深刻的理解，能够在战略层面把握公司发展的脉搏。

"年轻人，能干，懂研发……"赵志全喃喃自语。

突然，一个名字映入他的眼帘：张贵民。

赵志全露出一丝满意的微笑，仿佛想象到了鲁南制药在张贵民带领下，焕发出勃勃生机的画面。

12月19日，临沂的冬日阳光透过窗户洒进张贵民的办公室，带来一丝暖意。他正埋头于一份中试车间的实验报告，突然电话铃声响起。他接起电话，听到了自己被任命为监事会主席的消息，张贵民一时愣住，手中的笔滑落，在报告上留下了一道墨迹。

"监事会主席？"张贵民感到有些意外。他放下电话，靠在椅背上，闭上眼睛，努力消化这个突如其来的消息。这个职位对他来说既熟悉又陌生，熟悉的是，作为一名中层干部，他经常听到这个职位，也经常跟即将退休的监事会主席打交道；陌生的是，他从未想过自己会成为这个职位的继任者。

张贵民感到既兴奋又忐忑，仿佛站在一个十字路口，面前是充满未知和挑战的道路。但他心中也涌起一股豪情，他知道，这代表了董事长对自己的充分认可，是一次证明自己的机会，也是一个为鲁南制药做出更大贡献的机会。

对这次任命，之前公司高层之间并无太多讨论，一些监事会老成员事先也不知情，就连秘书李宝杰，也只是偶然听赵志全提起过一次。

赵志全的决策风格一向如此，雷厉风行，不拖泥带水，很少与他人商量。鲁南制药的老员工们早已习惯了这种权威式的管理方式。

这种管理方式虽然显得有些独断，但也在关键时刻给企业带来了好处：决策迅速，执行力强，避免了无休止的讨论和内耗。事实上，改革开放早期的企业家大部分都采取了强势的管理模式。迟宇宙先生在《宗庆后：万有引力原理》一书中总结道："在中国（改革开放初期）这样特殊的文化背景下，干事业都需要强势领导，领导者必须大权独揽，才能镇得住局面，才能不受干扰地决策，才能指挥各路诸侯，才能使各路人才凝聚成一股力量，朝着一个目标奋斗。"

张贵民的任命在集团内部一度引发了一阵小小的波澜。有人感到出乎意料，有人热情地表示祝贺，也有人在背后暗自揣测赵志全的用意。有的员工认为这是赵志全在着手培养接班人，也有人认为，这一举措意在加强对研发部门的掌控。尽管猜测纷纭，但大家心里都清楚，赵志全的决定一旦做出，便不可更改，也不容置疑。

很快，这些小波澜就归于平静。虽然监事会主席也算高管，但很多人认为这只是一个虚职。"对于张贵民的突然升职，当时大多数人没太在意。"现集团总会计师刘长城在采访中告诉我们。

然而，今天回过头来看，赵志全的这个决定显然有更深层的考虑。从管理学的角度来看，赵志全的这次决策至少有如下几点考虑：

首先，接班人的梯度培养。通过将张贵民放在监事会主席的位置上，赵志全可以让他列席董事会会议，提前接触高层管理工作，了解公司运作的全貌，为未来的接班做好准备。

其次，保护接班人。监事会主席虽属高管，但相对低调，不会引起太多人的关注。这样可以避免张贵民过早地暴露在权力纷争中，在保护其免受伤害的同时，悄悄培养他的管理能力。监事会主席虽然不直接参与高层决策，但可以全面了解公司的运作情况，监督管理层的决策，对公司的发展战略提出建议。在这个职位上，张贵民可以学习如何从全局出发思考问题，如何平衡各方利益，如何做出正确的决策，更重要的是，他可以将自己对研发的深刻理解融入公司的战略决策，为鲁南制药的未来发展注入新的活力。

再次，近距离再考核。当时赵志全可能已经看到了张贵民的领导潜力，但并不确定。通过这次任命，赵志全可以近距离观察张贵民的表现，进一步评估他的能力。在此之前，张贵民只是中层干部，赵志全跟他近距离接触的机会并不多,多以书面或者电话形式沟通。

最后,研发导向。作为医药企业,研发能力决定了鲁南制药的长远发展。张贵民的研发背景使得他能够更好地理解和支持公司的未来战略,确保鲁南制药在创新方面保持领先地位。

鲁南制药的这次人事变动,无疑是赵志全为培养接班人而精心布局的一步棋。张贵民能否把握住这个机会,从而成长为鲁南制药未来的掌舵人,还需要经受时间的检验。对赵志全而言,他此时已经将鲁南制药的未来押宝到了这位年轻人身上,而张贵民对此还全然不知。

赵志全的安排折射出卓越企业家的商业智慧:以耐心与细心将关键人才纳入核心圈层,以潜移默化的方式赋予其资源和舞台,既保护其免受过早的权力纷争带来的影响,又确保其在探索未知时有充分的试错空间。当这种深层思考主导企业的人才梯队建设时,组织的脉动便从表层的职位任免转向深层的基因传承,最终形成内在的持续创新。这正是众多成功企业在时代变革中稳健前行的核心秘诀。

"黄埔军校"

> 紧握于掌中的人才,难成参天大树。
> 放手任其成长,才能在天地间尽情舒展枝叶。

张贵民喜欢看书,很多人第一次见到张贵民,都会觉得他身上有一种学者气质。

知识如同江河,唯有汇聚水流不断积淀,方能承载更大的梦想。尤其是在担任监事会主席之后,张贵民对"水之积也不厚,则其负大舟也无力"这句话有了更深刻的认识。积淀不厚，必然不能承担更重的责任，他必须从中层管理者的思维模式转变为高层管理者的思维模式。张贵民虽然身处研发岗位，但他的阅读涉猎范围极为广泛，不仅有通俗易懂的文学作品，也包括了专业的企业管理书籍。

张贵民常常阅读《读者》《青年文摘》等通俗刊物，从中汲取浅显易懂的道理，再将这些道理分享给下属。他尤喜一套名为《益友》的书，这套书每册不过六七十页，通过短小精悍的故事揭示管理道理，张贵民常将这些故事和经验传达给团队，让大家在轻松的阅读中收获实用的管理知识。

对于《第五项修炼》《任正非：华为的冬天》等专业管理书籍，张贵民总是耐心研读，仔细做笔记。他不仅自我学习，还将阅读心得提炼成要点，深入浅出地分享给员工，努力让大家理解复杂的管理理念。

每年春节过后，张贵民都会列出一份精心挑选的书单，交给办公室人员从网上购买相关图书。随着时间推移，他会不断补充新的书目，再次购置，让员工持续有新的阅读材料。在他的带领下，每周五下午，中试车间都会组织班组长们在大会议室共同学习管理知识，分享心得，碰撞思维。

▲ 2001 年，张贵民在中试车间提出创建"学习型组织"，图为中试车间员工在临沂市人民广场团建

张贵民每读到一篇好文章，总是第一时间分享给各个班组，促使大家共同学习，共同进步。在平时的休息时间，员工们也会自发坐下来阅读张贵民推荐的书籍。渐渐地，整个车间都弥漫着浓厚的学习氛围，阅读与分享成为一种习惯。中试车间也因此被其他部门称为"学习型组织"，成为鲁南制药的"黄埔军校"，为公司培养了大批优秀的研发和管理人才。

赵丽丽博士至今仍记得与张贵民第一次见面的情景，那是在张贵民的办公室里。办公室虽然简陋，但整洁有序，各种管理书籍摆满了书架，其中一本便是《第五项修炼》。

刘方亮也提到，张贵民曾推荐他阅读《第五项修炼》。当时还是普通员工的刘方亮，对阅读这类管理书籍的意义有些不解。后来，当刘方亮开始组建自己的IT研发团队时，他再次想起了张贵民当年推荐的《第五项修炼》，于是他把书翻出来细读一遍，并将其中的理念应用到团队管理中，收效显著。受到这本书的启发，刘方亮学会了从系统的角度思考团队规划和流程设计，逐步完善IT研发中心的管理体系，构建了更加高效的团队协作模式。

张贵民曾经给员工发过一本由美国作家阿尔伯特·哈伯德撰写的畅销书《自动自发》，这本书融入了哈伯德的商业思想，涵盖了勤奋、敬业、忠诚、自信等内容，旨在指导员工如何更快地提升自己。张贵民希望借助这本书，激发员工在工作中的积极性，让他们能够自觉地安排和处理工作，做到在工作中边思考边行动，不断提高自身的工作效率与能力。他相信，只有培养起"自动自发"的精神，员工才能真正实现自我驱动和成长，推动团队向更高水平发展。

张贵民在致力于营造浓厚学习氛围的同时，也大力支持中试车间的建设。搬迁后的中试车间焕然一新，面积和人员都大幅增加。赵志全甚至下达了特殊的指令：所有科研楼的工作人员，都必须先到中试车间锻炼，只有在车间里锤炼出稳定的思想和踏实的工作作风，才有资格进入科研项目组，参与研发工作。

由于中试车间学习氛围浓厚，员工成长迅速，公司其他部门缺人手时，赵志全首先想到的便是向张贵民"借"人。

有一次，科研项目组从张贵民的团队中一下子选走了十几个骨干，尽管他心里隐隐作痛，但为了公司的整体发展，也只能全力支持。某次和刘忠酒后闲聊时，张贵民才流露出对这些骨干被调走的不舍之情："那些可都是我培养多年的骨干，一下子都被选走了，心疼啊。"

尽管内心不舍，但每当集团需要人才时，张贵民仍然毫不犹豫地推荐中试车间的合适人选，让他们在更广阔的舞台上展现才华、发挥作用。真正的领导者，不仅是自己脚踏实地地前进，还要为他人铺就前行的道路。

2003年，赵志全准备在技术开发部成立信息立项小组，急需英语水平高的人才，负责查询国外专利保护期即将到期的药品，为鲁南制药提供立项开发的信息支持。张贵民立刻想到了刘方亮。虽然刘方亮并非计算机专业出身，但他对计算机颇有兴趣，同时具备不错的英语能力。于是，张贵民毫不犹豫地将他推荐给了信息立项小组。在刘方亮临行之前，张贵民特意组织了一次爬蒙山的活动。路上，张贵民鼓励刘方亮迎接新的挑战："鲁南制药需要你承担更重要的责任。如果到了那边觉得不合适，随时可以回来。"

2005年，生物工程专业毕业的孟凡波来到了中试车间，张贵民很快就发现了他的组织才能。孟凡波曾在大学期间担任校报记者团团长，发表过多篇文章。元旦将至，张贵民让他负责组织中试车间的晚会。孟凡波没有辜负张贵民的期望，晚会举办得非常成功，为平时枯燥的工作增添了一抹亮色。此后，车间的团体比赛、合唱比赛等活动，张贵民便都交给他负责。2007年，生物制药项目启动，急需大量人才，张贵民想到了孟凡波，想推荐他去生物制药项目组。孟凡波有些犹豫，他已在中试车间工作了两年，当了小组长，而且车间班长还私下表示想培养他做班长。去生物制药项目组意味着一切都要从头开始，充满了未知。但张贵民告诉孟凡波，他必须走出这一步，并承诺他可以选择自己想去的项目组，还可以担任组长，孟凡波这才答应。再过了一年，新时代药业办公室需要一个管理岗，张贵民认为孟凡波非常适合，于是推荐他参与竞争，孟凡波也认为转到管理岗是一次难得的机会，毫不犹豫地答应了。为了让孟凡波安心工作，张贵民特意向赵志全申请把孟凡波的妻子也招进了公司。

张贵民将中试车间的精神总结为：

"积极主动、尽职尽责、任劳任怨、爱岗敬业、全力以赴、团结协作、精益求精、锲而不舍。"

张贵民以身作则实践中试车间的精神，深深影响着中试车间的每一个人。

后来，中试车间分成了几个项目组，每个小组都由班长带领，在工作中形成了良性的竞争氛围。大家相互较劲，比拼谁的工作做得更好，没有人抱怨，都全身心地投入工作。

如今，鲁南制药的许多干部都是当年跟随张贵民从中试车间走出来的。他们身上，依然有着中试车间那股积极主动、任劳任怨的精神。他们在不同的岗位上担任管理者，将这种精神传承下去，影响着整个集团。

张贵民倡导与推行的阅读文化，其意义远非消遣与点缀，而是通过系统性的学习、分享和实践，将个人成长与组织进步紧密相连。一家持续成功的企业，绝不是仅靠外部资源的叠加，而更在于内部智慧的不断激活与累积。当学习成为日常习惯，当知识成为共同语言，组织便能够形成自我更新的长效机制，持续孕育出有担当、有创造力的人才梯队。正是在学无止境的氛围中，企业不仅获得了走向未来的动力，更为每一位员工的职业生命注入了蕴含着无限可能的活水。

越级提拔

深藏于地下的生长，是为了积蓄时光的力量。

破土之时，便是一场无声的惊艳。

2007年4月，鲁南大地春潮涌动，新时代药业的建设如火如荼，张贵民的职业生涯再次迎来新变化——从科研部副部长提升为科研部部长，同时继续兼任中试车间主任。

从"副部长"到"部长"，虽然只有一字之差，但在掌控力上却差别很大。张贵民之前的很多想法，终于有了落地的空间。同时，赵志全对科研的支持力度也比之前更大了。

张贵民深谙"工欲善其事，必先利其器"的道理，实验室建设成了他上任后的首要任务。

尽管新时代药业建设资金紧张，当时员工两个月发一次工资，

▲ 2007年4月，张贵民被正式任命为鲁南制药集团科研部部长

但张贵民依然"明知山有虎,偏向虎山行",义无反顾地投入到实验室建设中。他深知,没有完善的硬件设施,科研创新就是无源之水、无本之木。每次他提交设备采购和资金申请,赵志全都会毫不犹豫地批准,这种"雪中送炭"的支持让张贵民和整个科研团队倍感鼓舞。

在赵志全的鼎力支持下,张贵民带领团队迅速建立起了一系列现代化的实验室,涵盖了药物研发、质量控制、中试生产等各个环节。那段时间,新时代药业的科研楼里,张贵民的办公室常常彻夜灯火通明,宛如一盏指引方向的明灯。张贵民的办公桌上堆满了实验数据报告和研究报告,他常常一边翻阅资料,一边思考实验方案,时而眉头紧锁,时而露出欣慰的笑容。赵志全的办公室里,则常常能看到他与张贵民促膝长谈,讨论科研项目进展的场景。

在张贵民的带领下,鲁南制药科研团队迅速成长,犹如一群雏鹰展翅高飞。他们不仅在专业技能上不断提升,更培养了"敢为天下先"的创新精神和"众人拾柴火焰高"的团结协作精神。团队里的年轻人逐渐成长为科研骨干,独当一面;老员工们也重新焕发了"老骥伏枥,志在千里"的工作热情。整个团队就像一个大家庭,大家互相关心,互相帮助,共同成长,营造出"风雨同舟,荣辱与共"的氛围。

赵志全对科研的全力支持,深深地影响了张贵民。

张贵民接任董事长后,延续了这种对研发的重视和支持。他深知,"问渠哪得清如许,为有源头活水来",只有不断加大科研投入,才能保持企业的竞争力,才能为患者带来更多更好的药物,才能让鲁南制药这艘巨轮在时代的浪潮中乘风破浪。

2009年11月,张贵民迎来了职业生涯中的一次"超级提拔"——升任集团副总经理,监事会主席一职由张理星接任。从此,张贵民正式进入董事会,成为董事会中最年轻的成员。

从管理学的视角来看,"越级提拔"的背后有着深厚的原因,通常遵循三种主要逻辑,深刻反映出企业在用人策略和组织结构上的考量。

第一种逻辑是针对那些表现出极强学习能力、执行能力和领导力的年轻人。这类人才在工作中展现出超越年龄和经验的非凡能力,因而企业在评估其潜力时,往往认为"潜力胜于资历"。在现代职场中,越来越多的企业意识到,传统的资历标准并不能完全代表一个人的实际能力,这样的提拔不仅能为年轻人提供展示自我的平台,也能为企业注入新鲜的血液、开拓创新的思维。张贵民的快速升迁,正是企业对其卓越表现和潜力的认可,这既反映了个人的努力与才华,也昭示着企业希望通过年轻化的管理层来提升组织的活力与创新能力。

第二种逻辑更专注某些特定行业,尤其是在科技创新领域,那些掌握关键技术或具备独特战略眼光的人,常常被越级提拔至高层。这一现象在全球知名企业中屡见不鲜。以特斯拉的埃隆·马斯克为例,他在推动企业技术进步和创新时,曾越级提拔过几名在电池技术和自动驾驶领域具备独特能力的工程师进入公司核心管理层。这样的"能力导向"提拔策略,符合企业突破现状和追求创新的迫切需求。当某位员工具备能够推动企业前

▲ 2009年任命张贵民为集团副总经理的通知

进的特殊技能时，其便成为被提拔的最佳人选。张贵民的研发能力和在攻关科研中展示出的超凡执行力，使得赵志全愿意赋予他更大的责任和权力。

第三种逻辑则是企业家在组织管理中的一项策略，目的是打破官僚制度和沉闷的工作氛围。采用这类策略的企业家通常会选择提拔一些年轻人，使其越级进入高层，以激发团队的活力，提升组织的灵活性。这种提拔方式可以被称之为"破局激励"逻辑。在很多情况下，年轻人的加入不仅能够引入新的思想和观点，还能促使老一批管理者重新审视自身的管理方式与策略。对企业而言，这种激励不仅能够增强团队的凝聚力，还能够使企业在瞬息万变的市场环境中，快速应对外部挑战，保持竞争优势。

显然，赵志全在对张贵民进行越级提拔时，对这三种逻辑均有一定的考虑，显然是深思熟虑的结果。

无论如何，张贵民的这次人事变动在鲁南制药内部引发了不小的震动。

在鲁南制药，副总经理通常需要先担任总经理助理，经过数年的考察与磨炼，才有机会被提拔。张贵民却直接从科研部部长越级晋升，成为鲁南制药历史上唯一一位未经历总经理助理阶段的副总经理。

这样的越级提拔不仅让人感受到他的卓越能力，也展示了赵志全对他非同寻常的信任与重视。这次越级提拔，不仅是对张贵民个人能力的肯定，也是赵志全布局鲁南制药未来发展的重要一步。

现集团公司副总经理刘忠回忆道："2010年左右，我就发现集团中有员工私下议论张贵民可能是未来接班人。"不过，绝大部分员工当时并未想过赵志全的接班人问题。一方面是赵志全的病情大家并不知晓，另一方面赵志全的威望极高，大家完全没想过赵志全离开了会怎样。

平民将军

执将军之权，却怀平民之心。
于高位中守住初心，于纷争中不忘朴素情怀。

张贵民晋升副总后，仍分管科研，职能上并没有太大变化。只是他能明显感觉到，科研部门在对外协调项目时，工作变得畅通了许多，副总的头衔，似乎为他打开了不少方便之门。

有人笑称："赵总除了一个副总的头衔，什么都没给他。"平民待遇，加上张贵民一直的低调内敛，有人称他为"平民将军"。

按照惯例，公司会给每名高管配备一辆专车，方便外出开会、协调沟通。但唯独张贵民升任副总后没有。

现集团总会计师刘长城回忆起当时的情形，也感到很奇怪："2007年时，赵总就给我配了车，但张贵民没有。我当时想，赵总可能是在磨炼他的心性。"李宝杰也深以为然：

> "我也认为，赵总不给张总配车是对他的考验。他是想看看张贵民在做中层管理时，可以乘坐公交、班车上下班，升为副总后能否保持原来的作风。看看他会不会主动要，会不会抱怨、发牢骚。如果他主动要车，性质就不一样了。赵总主动给和张总自己要，完全是两个概念。"

张贵民大部分时间在费县的新时代药业科研楼办公，但他却一直居住在临沂市罗庄区，每天往返超过一百公里。为了通勤，公司每天从总部安排班车接送员工上下班。张贵民也和普通员工一样，挤在拥挤的大巴上。

他每天早上六点多便从罗庄出发，先骑车到集团，再搭乘班车前往费县。

张贵民总是主动坐在班车最后一排。他包里总是放着一本书，一上车便沉浸在阅读中，一小时的车程里，喧闹的车厢仿佛成了他的"移动书房"。

为了节省通勤时间，张贵民将陪伴多年的自行车换成了电动自行车。他有时会骑电动自行车从罗庄到集团总部，再转乘班车去费县；如果天气晴好，他干脆直接从罗庄一路骑到费县。

周末时，张贵民会骑着这辆小电动自行车，带着女儿一起回老家看望父母。张贵民身材高大，女儿也遗传了他的身高，高大的父女俩挤在小电动自行车上穿行于乡间小路，那画面在外人看来或许显得有些滑稽，却蕴含着浓浓的温馨与亲情。在那片宁静的乡村田野中，电动自行车的嗡嗡声，仿佛成了他们独有的父女乐章，承载着一份简单却真挚的幸福。

与临沂的物价水平相比，张贵民的收入并不低。新时代药业人力资源部部长王金彬曾回忆，自己的老家和张贵民的老家差不多远，每次回家时他都是打车，也就三十多块钱，如果张贵民选择打车回家，费用也不会超过五十块钱。然而，张贵民每次都是骑着电动自行车回家探望父母。

作为公司的副总经理，张贵民如此低调、节俭的行为让许多人感到不可思议。这种简单而务实的生活态度，也成了他在公司里极具感染力的个人标签。

除了上下班通勤，张贵民经常需要往返临沂市区与费县处理事务、参加会议。每当集团总部的董事会召开时，张贵民得一大早先赶到临沂市区开会，随后再利用各种交通工具辗转前往费县。而其他副总经理要么可以司机接送，要么直接在总部上班，无须经历长途奔波。

张贵民去市里参加会议时，通常都是乘坐拥挤的公交车，有时看到其他参会领导都是专车接送，心中难免会有些五味杂陈。然而，他从未主动向赵志全提出配车的要求，因为他始终坚信，不配车自有不配车的理由。

命运自有它的时钟，该来的总会如期而至。

2012年，公司终于给张贵民配备了一辆白色的桑塔纳。尽管之前张贵民曾多次期盼能有一辆属于自己的专车，但当它真正出现在自己面前时，他反而觉得太过高调。第一次去市科技局开会时，张贵民坐专车到会场后，立即让司机开车离开，回程则自己乘坐公交车。

会议结束时，市科技局局长随口问他："你是哪个单位的？"张贵民简单回答道："我是替赵总来开会的。"其实他完全可以表明自己的副总身份，科技局可能会安排专车为他送行。

当上副总后，张贵民反而更像是一名埋头苦干的普通科研工作者。他经常与科研小组的成员们一同熬夜做幻灯片，为项目申报殚精竭虑，毫不懈怠。每周，张贵民雷打不动地出现在车间，或查看调试情况，或与技术人员交流。

张贵民的"平民作风"有时也会带来一些尴尬。有一次，他在新时代药业的宾馆宴请客户，由于服务员不认识他，一路追在他后面索要餐券。要知道，当时公司高层一共才5个人，按道理每位员工都应该认识，只是张贵民日常太过低调了。面对这样的情况，张贵民丝毫没有表现出不悦，而是心平气和地向服务员解释自己的身份。

在张贵民担任副总之前，集团办公室主任徐炳南很少和他接触。做副总后，徐炳南经常要通知他开会，才接触多了起来。徐炳南对张贵民印象最深的就是，通知他开会只需要在前一天晚上打一个电话便足够了，有的领导往往需要第二天早晨再打电话提醒。而且张贵民从来不迟到，经常提前到场，为会议的准时召开做足准备。

《礼记·中庸》有言："莫见乎隐，莫显乎微，故君子慎其独也。"其中的"慎独"之意，是指人在独处时也要谨慎守礼，这是儒家所倡导的一种修身方法。张贵民初任副总时，新时代药业为了规范管理，要求所有员工进出厂区必须佩戴口罩和工作证。有一次，中试车间的一名员工虽将工作证挂在脖子上，但将证件塞在了衬衣口袋里没有展示出来，被保安发现后罚款五十元。该员工心生不满，认为自己明明佩戴了工作证，处罚有些苛刻。

事情传到张贵民那里，他语重心长地对这名员工说："既然佩戴了工作证，就应该遵照规定将它展示出来。"他进一步强调，规章制度在于自律，既然设立了，就应该严格遵守，他还以自己为例，表示从公司规定出台之日起，他一直佩戴工作证，甚至因为佩戴的时间长、次数多，绳子已经磨断了好几次。即使后来公司不再专门检查工作证，张贵民依然坚持佩戴，始终如一。这种以身作则的"慎独"精神，不仅展现了他对制度的敬畏，也向员工传递了严于律己的态度，成为公司管理的典型。

从没有高管待遇经受"考验"，到始终秉持低调行事风格，张贵民的经历凸显出一种稀有的品格：以平凡之身做非凡之事。他通过实际行动诠释了"慎独"——当没有监督、没有聚光灯时，依旧坚守规则和操守，让权位、资源和荣耀都成为赢得信任、推动工作的辅佐，而非个人的炫耀品。

张贵民用行动诠释了"平民将军"的内涵，他的低调务实赢得了员工们的尊重。赵志全自然也将这些看在眼里，对张贵民的欣赏又多了几分。

压力测试

压力如同锻造铁器的烈火，在炙烤中淬炼出坚韧。

钻石，因为承受了无尽压力，才最终绽放出耀眼的光芒。

管理层都清楚赵志全脾气暴躁，批评起人来丝毫不留情面，甚至骂人都是常有的事。对张贵民，赵志全更是进行了各种"压力测试"，以考察他是否具备企业领导者所需的强大抗压能力。

美国教育家保罗·斯托茨（Paul Stottz）提出过逆境商数（Adversity Quotient，AQ）的概念，是指人们面对逆境时的反应能力，也就是面对挫折、压力和挑战时的抗压能力。研究表明，逆境商数高的人能够更好地应对压力，并将压力转化为成长的动力，最终变得更加坚韧。在变幻莫测的商业环境中，领导者必须应对市场竞争、技术变革、财务风险等各类挑战。如果缺乏强大的抗压能力，很容易在巨大压力下崩溃，无法带领企业走出困境。赵志全深知这一点，因此对张贵民格外严苛。

张贵民回忆起赵志全的苛刻，至今仍然记忆犹新。有时候，哪怕是一件明明没有做错的事，赵志全也会严厉指责："我说你错了，你就是错了，回家写检查。"那种当众斥责的严厉，让人一时难以分辨对错，也令人怀疑自己是否真的犯了什么错误。

张贵民当时或许并不完全明白，赵志全这样做，是在观察他的反应——是选择放弃，还是默默承受，抑或是气急败坏地为自己辩解。就像压力研究之父汉斯·塞里（Hans Selye）说的："杀死我们的不是压力，而是我们对它的反应。"赵志全更在意的，其实是张贵民面对压力测试时，是否拥有一种更宽广的胸怀：能够正视问题、接受批评，并在反思中不断提升自己。这种从压力中磨砺出的成熟与担当，是赵志全希望看到的，也正是领导者必须具备的素质。

张贵民记得自己刚被提拔为副总时，由于对业务不熟悉，工作中常常出现失误。每当这时，赵志全总是毫不留情地批评："你像个副总吗？称职吗？刚提拔的副总，马上就撤你的职位，这也不好看吧？"这让张贵民感到压力倍增，但最让他无地自容的一句话是："张贵民，你什么也干不成！"

这句刺痛心扉的话并不仅仅是口头上的训斥，赵志全还特意将这句话写在一张纸上，交给张贵民。这张字条，张贵民至今还保留着，放在办公室的抽屉里，作为"警钟"，时刻提醒自己不骄傲、不自满，不断自我提升。

赵志全去世前几年因为身体原因，很多工作已无法亲力亲为。当时，鲁南制药刚上市的几个产品市场反馈一般，新研制的一些产品如青霉素、红霉素也在价格战中被迫停产。

面对困境，鲁南制药不得不采取改造车间、淘汰旧设备、转产其他产品等措施。在这样的关键时刻，张贵民带领团队不遗余力地降低成本、研发新药，然而一旦项目进展缓慢，赵志全便会在会议上毫不留情地批评张贵民。

那段时间，一位车间主任还曾向赵志全告状，声称张贵民负责的研发团队能力不足，这无疑加大了张贵民的压力。刘长城回忆，那段时间张贵民几乎天天待在科研楼的实验室，很少露面，更别提和同事们一起聚餐了。有时下班途中，灵感突然涌现，张贵民会立即调头返回公司继续做实验，甚至彻夜不回家。无论何时需要找他，他总是在岗，连午休时间都不例外。

张贵民所在的科研部办公室，至今还贴着他打印出来的"赵志全语录"：

"要提高科研效率，各个环节都不能影响进度：包括物料采购、设备和仪器配备、设施提供、人员配置、检验、验证、综合配套、服务等；各个环节都要快速高效，不要流于形式；简化程序，务实，高效，不能等，不能拖！"

"每一名研发人员都要有高度的责任感、紧迫感、危机感；不因下班的铃声放下科研工作，不因困难而等、靠，不满足于现状。要立足岗位，面向市场，面向产业化，面向国际水平，提高核心竞争力；争时间，抢进度，创造一流的科研成绩，培养高素质的科研队伍。"

这些语录，陪伴着张贵民度过了那段压力重重的日子，让他时刻警醒。

在赵志全的"高压"之下，张贵民学会了如何承受并转化压力，迅速成长起来。正因为有了这样的压力测试，当张贵民接手鲁南制药后，面对更大的挑战与压力，他才能以坚韧的意志挺过去，否则，他很可能在风雨中被击垮。

赵志全的"压力测试"，表面上看似严苛无情，实际上却是对张贵民的一种暗中培养，帮助他为日后掌舵鲁南制药做准备。赵志全深知，未来的接班人不仅需要具备专业能力，还要有宽广的胸怀、坚韧的意志和强大的抗压能力。因此，赵志全通过不断施加压力，让张贵民在磨砺中激发潜能，学会在逆境中成长。同时，赵志全也通过观察张贵民在各种压力下的反应，来判断他是否真正具备接班人的潜质。

这种"压力测试"式的培养方式，虽然充满挑战，却是一种极为有效的领导力培养方法。它让接班人能够在短时间内得到锻炼，为将来承担更大责任做好准备。

正如西汉史学家司马迁在《报任安书》中所言：

"盖文王拘而演《周易》；仲尼厄而作《春秋》；屈原放逐，乃赋《离骚》；左丘失明，厥有《国语》。"

严师出高徒，逆境造强者。每一次看似不可承受的压力，都是成就伟大的契机。历史上那些在困境中成就伟业的名人，都是在压力中不屈不挠、不断锤炼自己，从而创造出流芳千古的篇章的。

不会喝酒的副总

人生如酒，有苦有甜，需细细品味。

酒如人生，有醉有醒，需慢慢体会。

一杯酒，容朗朗乾坤。

一桌酒，演一个社会。

到了2012年，赵志全感觉自己的身体日渐虚弱，死亡的阴影如影随形，暮色渐浓，生命的倒计时悄然响起。鲁南制药的接班问题，就像压在他心头的一块巨石。虽然张贵民进入副总岗位后，得到了不少历练，但他对市场业务一直不熟悉，这将成为他未来执掌鲁南制药的一块短板。

在医药行业，客户关系错综复杂，贸然让一个新人直接参与到和重要客户的谈判中，可能事与愿违。因此，赵志全选择了一种更为温和、循序渐进的培养方式。他开始有意让张贵民陪同自己拜访一些老客户。在这些拜访中，赵志全并不要求张贵民直接参与谈判，而是让他在一旁倾听、观察，从细微之处学习与客户的交流方式，了解公司产品和服务背后的故事与价值。张贵民的成长，便在无声的时光中悄然发生。

随着时间的推移，赵志全逐渐让张贵民在拜访中"半参与"沟通。当与客户交流到某个话题时，赵志全会适时转向张贵民，邀请他发表看法。这样的参与，起初让张贵民有些手足无措，他的回答时常显得生涩，甚至会出现错误。然而，赵志全并没有因此责备他，而是耐心地引导，解答他的疑问，并指出不足。

在赵志全的悉心指导下，张贵民迅速进步，逐渐掌握了与客户沟通的技巧，也对医药市场的运作规律有了更深入的理解。随着张贵民对市场和客户的认知不断提升,赵志全才放心地让他直接参与到和重要客户的谈判中。

在生意场上,接待来访客户,推杯换盏是常有的事情。酒桌,是江湖,亦是课堂。觥筹交错间,往往能体味人情世故,洞悉商业规则。

中国的酒桌文化在生意场上发挥着举足轻重的作用,酒已不仅仅是一种饮料,更是商业往来中润滑关系、促成交易的重要媒介。在山东,酒也是一种文化符号,一种彰显热情与豪爽的生活方式。在中国的酒桌文化中,山东人素以好客豪饮而闻名,山东的酒桌规矩也充满了浓浓的地域特色,极富感染力与仪式感。

张贵民平时虽会偶尔陪亲友小酌几杯,但那也只是逢年过节的礼数。他酒量极差,一杯下肚,脸就红得像熟透的苹果;两杯下去,舌头就开始打结,说话含糊不清;三杯过后,他往往已经眼神迷离,恨不得找个地方躺下。

起初,赵志全让张贵民陪同招待客户时,由于酒量差,他经常被调侃。一次,张贵民陪一位客户吃饭,对方一杯接一杯地劝酒,他推辞不过,只能硬着头皮喝。没多久,他就酩酊大醉,趴在桌子上不省人事。看到他这个样子,客户哈哈大笑,拍了拍他的肩膀,开玩笑道:"小张啊,你这酒量可不行啊,还得好好练练!"

尴尬的经历让张贵民意识到,完全躲避酒场文化并不现实,许多业务往来和客户关系的维护都离不开酒桌上的周旋。与其被动失态,不如主动提高酒量。为了提高酒量,张贵民甚至专门在家练习。

酒场上的窘态并没有影响到张贵民在工作中的表现。他始终保持着兢兢业业的作风和真诚的态度,这种品质赢得了客户的尊重。在商务交往中,张贵民逐渐领悟到——真诚,才是最好的"酒"。如今,张贵民不再是那个一杯就倒的"小白",而成了能够在酒桌上游刃有余、应对自如的人。

最后的心思

生命的终章,有的人静待落幕。

有的人却选择燃尽最后一丝光芒,为世界洒下余晖。

赵志全在生命的最后一年多时间里,一直住在新时代药业的专家楼。这座楼不仅是他在病榻上的休憩之地,也是他最后一段生命时光的居所,见证了他在生命尽头对企业未来的深深牵挂。

尽管住在专家楼,但赵志全很少见人。这并非出于刻意疏远,而是面对病魔折磨不得不做出的选择。随着病情的恶化,赵志全的身体日渐消瘦,已经无法承受任何因接触可能带来的传染风险。要强的他,也不愿让人看到自己如此脆弱的样子。

生命的最后半年里,赵志全一米八的高大身躯已经消瘦得不足百斤,瘦骨嶙峋,形销骨立。他甚至连抬起胳膊的力气都没有,夜晚枕头总是被汗水浸透,每一刻都在与病痛抗争。

有一天,3岁的外孙女欢快地喊着"姥爷、姥爷",向他跑来。赵志全努力伸出双手,想要像往常一样把外孙女高高抱起,举过头顶,逗她开心。然而,这一次,他的双手却无力地垂下,仿佛已经不再属于自己,那一刻,巨大的无力感让赵志全泪水涌出。这是他坚强的一生中,为数不多的流露脆弱的时候。

英雄迟暮,壮志未酬。赵志全的晚年,充满了病痛的折磨和无奈的叹息。英雄的背影,逐渐模糊在岁月的长河中。

在赵志全身体日渐虚弱的情况下,公司的一切事务都只能通过秘书李宝杰来传达和处理。高层或中层需要赵志全批注的文件,先由李宝杰转交给他，待签字后再送出。

这样的远程管理下，赵志全虽仍是公司大家心中的精神支柱，但他的实际缺席却让整个公司失去了方向。员工们的心中充满疑惑与不安，曾经井然有序的生产经营也陷入了停滞状态。

研发工作受到了巨大冲击。新项目的立项、研发、投入以及未来规划都因缺乏清晰的方向而进展缓慢。一些研发人员在不稳定的氛围中选择离职，鲁南制药的研发实力遭受重创。

市场业务更是面临前所未有的危机。大量业务员不辞而别，甚至有些业务员卷走公司的回款，消失得无影无踪。无奈之下，鲁南制药不得不通过法律手段向这些业务员发出传票，试图挽回经济损失。

眼看父亲的身体每况愈下，远在美国的女儿赵龙想要回国，帮助父亲分担经营公司的重任。然而，赵志全却婉拒了女儿的好意，让她专心在国外工作，不要插手公司的事务。

这一决定，既体现了赵志全对女儿的关爱，也暗示了他对公司未来领导者的安排——他似乎有意为张贵民接管鲁南制药铺平道路，将唯一的女儿排除在接班人序列之外。

现集团国际业务部部长刘炳光回忆，他曾陪同赵志全夫妇一同前往美国，参加赵龙的毕业典礼。为了方便游览，刘炳光特意找了一位美籍华人客户做导游。某天上午，他们在闲聊时，这位客户问起赵志全公司传承的问题，问女儿是否会在毕业后到公司实习，积累经验以便继承企业。赵志全明确地否定了这种想法，他说：

> "鲁南制药面对的是一个复杂多变的市场，企业发展的压力非常大，尤其是新厂区建设面临着资金匮乏的困难，这不是一个

刚毕业的女生能够应付得了的。我不希望让女儿承受这份沉重的压力，必须让更适合的人来接管公司。"

此外，据张理星回忆，在赵龙公开的父亲写给她的信中，赵志全也非常明确地提到，管理企业是一项艰辛的任务，坚决不希望她进入鲁南制药。

对于妻子龙广霞，赵志全给予她的职位仅仅是公司幼儿园的园长。她在企业的影响力，仍然局限于企业家妻子的角色，赵志全也无意让她涉足公司实际的经营管理事务。

此时的张贵民心无旁骛地投入工作，一如既往地遵守赵志全立下的规矩：对病情不打听，不探望，不因赵志全的病情而分心。在他心中，完成自己的本职工作便是对赵志全最大的尊重与回报。对于赵志全最后对接班人的安排，他毫无察觉。

赵志全生命的最后时光，就像燃烧的蜡烛，迸发出最后的光芒。在他意识到自己时日不多时，果断进行了人事安排，对7位中层干部进行了任命。最引人注目的，莫过于将市场业务这一重担交予王义忠，由他担任集团主管业务的副总。

王义忠曾在2000～2010年期间，在集团总部担任业务总监。但从2010年开始，王义忠提出到一线做业务的要求，于是赵志全将他派去负责北京市场。在赵志全时代，市场业务一直由他亲自把控，从未设立专门的副总，显然他认为市场是企业的命脉，需要最高决策者亲力亲为。此刻赵志全选择将这一职责交给王义忠，将他从北京再调回到总部，背后反映的是赵志全对企业内部力量的重新平衡：这样一来，张贵民在初掌企业时，不会因市场经验不足而陷入困境，能够保障市场业务的延续性；同时，让张贵民没有后顾之忧，为企业创新留足空间。赵志全选择以"职能补充"的方式平衡新旧两代管理者的优势与劣势，体现了他对企业可持续发展的深刻认知。

不仅如此，在赵志全的最后安排中，员工们期盼已久的住房分配方案突然获批，这看似是给员工的"临别馈赠"，实则是一种情感激励与增强团队凝聚力的策略。多年来，能住上公司的房子一直是员工们心中的渴望，而赵志全选择在自己生命的最后时光里予以兑现，背后的心思是希望员工们在他走后能感念公司的情谊，支持接任者的工作。在企业即将经历领导层交替的关键时刻，这个举措无疑起到了稳定军心、增强凝聚力的作用。

压抑多年的愿望突然得以实现，员工们在欣喜之余，更多的是感到一丝不安。对这些举动，员工们不明其意，但都隐隐感到——"有事要发生"。

赵志全的安排，为企业未来的发展铺平了道路。在最后时刻，他并未因病痛放弃对企业未来的思考，而是以一位领导者应有的远见与坚韧，为鲁南制药的未来做好了周全的准备。他用自己的行动证明，真正的领导者不是因权位而伟大，而是因其对组织的责任、对员工的关怀，以及对未来的未雨绸缪而令人尊敬。最终，赵志全在人生的最后一刻，为企业未来的航行设下了一个坚固的灯塔。

英雄落幕

英雄落幕，是一场壮丽的告别。

太阳虽沉入海平线，但那份辉煌曾照耀世间。

命运的齿轮无情地转动，不以任何人的意志为转移。

医院专家团队最后一次会诊后告诉秘书李宝杰，赵志全的生命随时可能终止。

李宝杰的心顿时一紧，他意识到，如果赵志全真的撒手人寰，鲁南制药这艘正全速前行的巨轮将面临何去何从的抉择。更让他担忧的是，赵志全尚没有留下任何遗嘱，这无疑为企业的过渡埋下了一颗定时炸弹。

面对赵志全对会诊结果的询问，李宝杰小心翼翼地转述，生怕引起他的情绪波动。然而，赵志全只是静静地听着，脸上毫无波澜。当李宝杰将医生的会诊结果一字不漏地说出来时，赵志全的眼中闪过一丝不易被察觉的黯然，但那抹情绪转瞬即逝。他很快恢复了平静，淡淡地说："好，我知道了。"

没有激烈的反应，没有多余的话语，赵志全以一种超然的态度面对生死。英雄终归要落幕，此时的赵志全必须立下遗嘱，无论是对家庭还是对企业而言，都刻不容缓。

对家庭而言，亲人需要提前做好心理准备；对企业而言，鲁南制药作为临沂市最大的企业之一，不仅承载着数千员工的生计与希望，更对当地财政和就业有重大影响。企业必须平稳过渡。

经过一番深思熟虑，赵志全打算让李宝杰根据他的口述将遗嘱整理成文字后，打印出来。在他生病之前，赵志全写得一手好字，但如今因为治疗和病痛的折磨，他已无力写出完整的遗嘱。

然而，李宝杰却坚持认为，这份事关企业命运的重要文件，应该由赵志全亲手书写。

首先，手写遗嘱能有效防范伪造与篡改。每个字都承载着立嘱人的意愿与情感，难以模仿或复制。尤其在涉及巨额财产与复杂人事关系的情况下，手写遗嘱能最大限度地保障立嘱人的真实意图，降低日后发生纠纷的可能性。

其次，手写遗嘱更具法律证明力。在法庭上，手写遗嘱往往比打印遗嘱更具说服力。因为手写遗嘱中的笔迹、涂改，甚至错别字，都能成为判断遗嘱真实性的重要依据。

最后，手写遗嘱更能彰显立嘱人的郑重与深思熟虑。在书写的过程中，立嘱人不得不逐字逐句地斟酌，确保每个字都准确地表达自己的意愿，这也让遗嘱更具人性温度，更能打动人心。

2014年11月9日，在李宝杰的坚持下，赵志全先手写了一份草稿，之后按照这份草稿打印了一份文稿出来，最后赵志全在打印件上签了名。这份遗嘱，既有手写的温度，也有打印的严谨，它不仅是一份法律文件，更是赵志全留给企业与家人的最后嘱托。

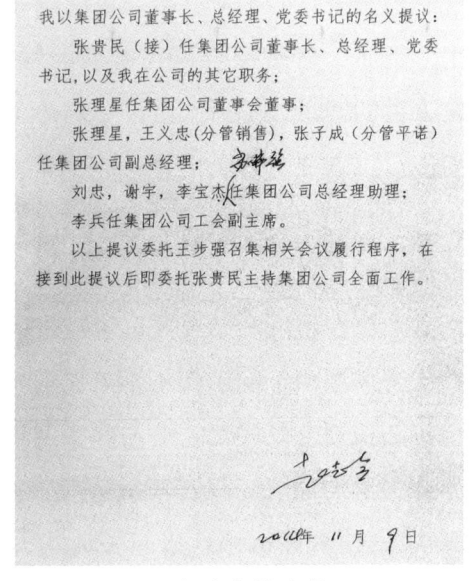

▲赵志全的遗嘱

2014年11月14日，深夜的鲁南制药集团笼罩在一片寂静之中。57岁的赵志全，这位缔造了鲁南制药传奇的巨人，永远地闭上了双眼。

11月15日清晨，一封紧急会议通知打破了周六的宁静。通知要求，中层及以上干部立即返回公司召开会议。

那天早上七点多，张贵民快到新时代药业时，突然接到李宝杰的电话，震惊地得知赵志全去世的噩耗。更让他意外的是，赵志全在遗嘱中指定他为接班人。

突如其来的消息让张贵民百感交集，悲痛、惶恐、使命感，各种情绪在他心头翻涌。他没有丝毫准备，甚至来不及消化这个事实，就被推到了历史的聚光灯下。

中午，张贵民与赵志全的家人共进午餐。气氛凝重，每个人都沉浸在失去企业领航者和亲人的悲痛中。张贵民的身体有些颤抖，既是伤心，也是被巨大责任所压迫。他默默地咀嚼着食物，知道从这一刻起，他将肩负起赵志全未竟的事业，带领鲁南制药走上新的道路。

下午，管理层会议在肃穆的气氛中召开。主持人沉重地宣布了赵志全去世的消息，随后又宣读了赵志全的遗嘱，指定张贵民为集团的新任掌舵人。

2014 年 11 月 18 日，鲁南的天空阴沉压抑，仿佛也在为赵志全的离世而哀悼。在鲁南制药集团举行的告别仪式上，涌动着难以言喻的哀伤，所有人都在用沉默祭奠这位曾经带领企业一路前行的英雄。

寒风凛冽，却阻挡不了人们送别赵志全最后一程的脚步。鲁南制药宣传部部长刘玉民回忆，公司和家属遵循赵志全的遗愿，葬礼一切从简。赵志全去世的消息，仅在《沂蒙晚报》《鲁南商报》上登了一个小小的"豆腐块"，简短而低调地告知了那些关心他的朋友与同事。然而，到了告别仪式的那一天，无论是现任员工，还是已经离职多年的老员工，都从全国各地甚至海外赶到现场。

殡仪馆的道路两旁，排起了长长的队伍。人们神情肃穆，手捧白菊，胸前佩戴着白花。寒风吹拂，挽幛轻轻飘动，泪水悄悄滑落，每一滴都承载着对赵志全的无尽思念。

公司原本准备了 3000 份家属答谢卡和 10 000 朵菊花，以为足够应对前来悼念的人群。后来，宣传部的同事们担心来的人太多，临时加印了 6000 份答谢卡，以示尊重。即便如此，告别会当天，加印的答谢卡很快就被领完，前来送行的人依然络绎不绝。

▲赵志全同志告别仪式现场

没有组织，没有号召，1.3 万人的送葬队伍，这是沂蒙人从未见过的壮观景象。成千上万人满怀留恋与不舍、崇敬与爱戴，送别赵志全。

这一天，沂蒙的寒风吹不散无尽的哀思。赵志全永远地离开了，但他留下的精神财富将永远激励着鲁南制药的每一个人继续前行。人生的舞台，谢幕亦是另一种永恒。

赵志全的离去，为企业的未来经营，留下了巨大的空白。

情理之中的传承

因如种,果如花。
因不虚发,果不妄生。

2014 年 11 月 20 日,在赵志全遗体告别仪式后的第三天,鲁南制药召开了董事会。

会议桌上,董事们神色各异。张贵民的继任,对很多人来说,依然是一个意外。尤其那些跟随赵志全多年的老部下,心中有些不解。在他们眼中,张贵民虽然能力出众,但还不足以承担如此重任。然而,赵志全多年来在大家心中树立的威信和信任,让他们只能选择接受。赵志全常说的一句话此刻仿佛在他们耳边再次响起:"落实,就是工作的全部!"

董事会上的选举进行得异常顺利,张贵民被正式选举为集团董事长,并聘任为集团总经理。

张贵民的继任,是鲁南制药历史上的一个重要转折点。它不仅是一次权力的交接,更是一次鲁南精神的传承。

赵志全选择张贵民作为接班人,绝非一时冲动,而是深思熟虑后的结果。诚然,从纯经营角度看,张贵民或许并非最佳人选。但鲁南制药是一家制药企业,没有研发创新,就犹如无源之水,无本之木。赵志全选择张贵民作为接班人的第一个原因是,张贵民为研发出身,具备深厚的技术能力,这是其他人短时间内难以企及的优势。张贵民的深厚技术背景和高学历,使他具备领导研发团队长期坚持、长期投入、长期创新的能力,能够实现更长远的价值坚守。因此,赵志全将企业交给负责研发的张贵民,正是顺应了鲁南制药的发展方向和需求。

这一点，也从张贵民进入高层团队后的进步中可见一斑。2009年，张贵民被评为临沂市有突出贡献的中青年专家；2011年，荣获"山东省有突出贡献的中青年专家"称号；2012年，荣获"第四届山东省优秀工程师"称号；2013年，更是入选国家百千万人才工程，获得"国家有突出贡献的中青年专家"称号。他的"人才帽子"从临沂市级，到山东省级，再到国家级，充分展现了他的个人能力与专业素养。

▲ 2013年，张贵民入选国家百千万人才工程

张贵民身上坚韧不拔的担当精神和理性的思考能力，是赵志全选择他作为接班人的第二个重要原因。

在一系列"压力测试"中，张贵民展现出的抗压能力和强烈责任感让赵志全确信，他正是能够带领鲁南制药乘风破浪的最佳人选。对企业，尤其是一家肩负创新使命的制药企业来说，领导者不仅需要技术能力，更需要有担当、能负责的品质。这样的领导者不会为失职找借口，不会逃避责任，而是能够凝聚团队、提升战斗力，带领企业在激烈的市场竞争中脱颖而出。张贵民在工作中体现出的这种责任感，正是赵志全希望看到的，也是他对企业未来发展的信心所在。

张贵民自己曾幽默地说："赵总应该考察过不止一个备选者，我可能是最经得起折腾的人。赵总砍出50刀，可能别人都被砍死了，最后只有我还活着。"这虽然是一句玩笑话，但背后却是他一次次面对挑战、一次次扛起责任的真实写照。鲁南制药未来将面临更多未知与挑战，只有具备这种坚韧品质和担当精神的领导者，才能带领企业在风雨中稳步前行。

或许有人认为，选择其他更注重利益平衡和权力过渡的人选，能够让鲁南制药的交接更平稳。然而，赵志全深知，如果新的领导团队缺乏公心与担当精神，鲁南制药的发展前景将会变得黯淡，更遑论实现他生前为企业描绘的宏图伟业。

赵志全选择张贵民作为接班人的第三个关键原因，是他身上低物质欲望的特质。多年来，张贵民在岗位上兢兢业业、吃苦耐劳，对物质并没有过高的要求，一心扑在工作和企业发展上。这样的低物质欲望，使他能专注于企业的长远发展，不被外在利益所牵绊。

低物质欲望的领导者往往具备更理性的思维，能够站在团队整体、企业全局乃至更高的层面看待和解决问题。这种视野和格局，是决定鲁南制药未来发展高度的重要因素。只有站在更高高度看问题的人，才能不断突破企业自身的限制，挑战行业的"天花板"，为企业开辟更广阔的道路。

张贵民的淡泊名利和理性思维，与赵志全的价值观高度契合。赵志全深信，张贵民能够像他一样，始终保持清醒而专注的头脑，将全部精力投入到鲁南制药的发展中，不被个人私利所动摇。

除了研发背景、担当精神和低物质欲望，年龄优势也是赵志全选择张贵民作为接班人的重要考量。

作为所有副总中最年轻的一位，45岁的张贵民拥有充沛的精力和长远的发展潜力，"后生可畏，焉知来者之不如今也"。在日新月异的医药行业，年轻的领导者往往意味着创新和活力。张贵民还年轻，这意味着他拥有更长的职业生涯，可以为鲁南制药奉献更多的精力和智慧，他可以带领企业穿越发展周期，制定更长远的战略规划。年轻的领导者，往往也能更敏锐地捕捉市场机遇，更能把握行业的发展趋势。

无论是技术背景的积淀,还是坚韧灵魂的锻铸,抑或物质欲望的淡泊和整体格局的高远,都使张贵民的继任顺理成章。正是这种长远布局的智慧,让鲁南制药在失去创始人的时刻仍能方向明晰、动力不竭。

赵志全选择与自己毫无血缘关系的张贵民接任鲁南制药,这一决定超越了传统的家族观念,彰显了他作为企业家的远见卓识和大格局。

在中国数千年的政治、经济和文化传统中,家族主义深深烙印在社会经济组织中,尤其在民营企业中,家族传承被视为理所当然的选择。然而,在现实中,很多家族企业在创始人突然离世或退休后,往往也走到了终结。这不仅是企业家及其家族的损失,更是社会的一大遗憾。赵志全深知,企业的未来不应被血缘关系所束缚,一个企业的健康发展需要能力和担当,而非依靠家族血脉的延续。打破家族的桎梏,是勇气,更是远见。

选择张贵民意味着赵志全将鲁南制药视为属于全体员工和社会的企业,而并不是一个家族企业,这无疑是一项令人敬佩的创举。赵志全做到了老子所言的"生而不有,为而不恃,功成而弗居",他让企业从家族的束缚中解放出来,走向更加开放和包容的未来。

如果赵志全一开始怀有私心,那么在与病魔抗争的漫长的12年里,他完全有机会大幅增加赵氏家族的持股比例,或者让更多家族成员进入企业高层,以自身巨大的影响力和家族的能力,实现对鲁南制药的绝对控制。然而,直到他写下最后的遗嘱,无论是在董事会还是高管团队中,都没有出现任何家族成员的名字。赵志全从未试图将鲁南制药打造成家族企业,他没有让女儿进入公司,也没有让妻子在企业中获得更高的职位。他心中只有一个目标:把鲁南制药做大做强,为全体员工谋求更大的福利。他所考虑的"家",是整个鲁南制药这个大家庭。正如张贵民在一次纪念会上所说:

"赵总管理鲁南27年,他显然想明白了做企业真的是为了社会,为了员工,为了人民,不是为了家族。"

当我最后跟当年赵志全的贴身秘书、现集团副总李宝杰求证,赵志全到底为何会选择张贵民作为继任者时,他说了一句意味深长的话:"无花果,并非无花。"这让我恍然大悟:如果把张贵民的接任看作是"果",那赵志全生前对他不动声色的培养,以及张贵民自己默默的耕耘,便是那看似无形却孕育果实的"花"。如果能看到这些,自然明白这样的继任是情理之中。

因缘相循,果报自生。

所有的"因"不会徒劳,所有的"果"不会无花而生。

第五章

初战告捷

问题对有能力的人来说是机会。

客户的问题,就是你提供服务的机会;竞争对手的问题,就是你变强的机会;自己的问题,就是你成长的机会;同事的问题,就是你提供支持的机会;领导的问题,就是你积极解决并获得信任的机会。

——张贵民

管理人员要正确看待批评与自我批评。

批评就是帮助,就是提高,批评得不对也是善意的提醒。批评者其实是希望被批评者能有所提高、进步,做得更好、成长得更快。接受中肯的建议和批评,更能彰显被批评者的宽广胸怀。

——张贵民

...

在研发战线摸爬滚打 21 年后，张贵民在赵志全离世后被推到舞台中央。赵志全留下的，不仅是一份遗嘱，更是一段未竟的事业和一个企业的未来。万千员工的目光、众多利益相关方的期望，以及社会对鲁南制药未来命运的关注，都聚焦在张贵民身上。没有人能预料他的上任，将迎来鲜花和掌声，还是风雨和雷电。

事实证明，张贵民用行动兑现了赵志全的嘱托。他上任后继续坚持"以改革为动力、以市场为中心、以科技为先导"的发展战略，实施了一系列改革举措，使一个账面亏损几十亿元的企业迅速扭亏为盈，营收跨越百亿元。他在此过程中展现出了卓越的管理才能、果敢的决策魄力，以及快速的学习与适应能力，带领鲁南制药走出了困境，重回发展正轨。

初掌鲁南

每一次走入未知的森林，都是与自我边界的对话。
迷茫不是阻碍，而是觉醒的前奏。

赵志全以一纸遗嘱，将自己在公司的一切职务悉数移交给了张贵民——这位当时年仅45岁、公司最年轻的副总经理。张贵民接过的不光是这些职务和头衔，还有沉重的负担：鲁南制药的巨额债务和一系列亟待解决的难题。

事实上，自2012年赵志全住进新时代药业专家楼起，他便渐渐淡出了公司的日常运作。随着身体状况的日渐恶化，赵志全甚至无法应付最轻度的工作，大部分时间都在与病魔做着艰难的抗争。除了贴身秘书李宝杰，他几乎谢绝了所有访客，曾经叱咤风云的企业家仿佛已成过往。

赵志全是一位典型的权威型领导者，在鲁南制药，他的话就是金科玉律。除了研发部门还有一些商量的余地，其他部门的决策几乎都是他说一不二。下属们对他唯命是从——理解执行，不理解也要执行，没有任何讨价还价的余地。尽管赵志全在做决策前会广泛收集信息，但最终的决定都是由他独立做出的，很少采用"集思广益"或"民主决策"的方式。

这种领导风格在集团早期的高速发展中发挥了重要作用，赵志全的果断和权威让鲁南制药快速抓住了市场机遇，避免了决策的拖沓和分散。然而，这种权威型管理也给企业埋下了隐忧：团队对赵志全形成了高度依赖，员工们习惯了听从指令，缺乏独立思考和独立解决问题的能力。赵志全的权威，就像一把双刃剑，既为企业创造了辉煌，也让它变得脆弱。一旦这位强人缺席，整个团队容易陷入迷茫，"等菜下饭"成了他们的常态。大多数中高层管理者对赵志全忠心耿耿，执行力很强，但主动性和创新能力相对欠缺，他们习惯于在既定的框架内行事，缺乏挑战精神。

但仍然有一小部分个性鲜明的管理者敢于顶住压力，展现自己的主见。他们在不断的冲突、妥协和迂回中，顽强地坚持着自己的想法，就像岩石缝隙中向阳生长的小草，承受着巨大压力，但依然努力向阳而生。正是这些人，在权威的笼罩下磨炼了意志，创新了思维，开拓了更大的格局，最终成长为更卓越的领导者。

张贵民就是其中典型的代表。

赵丽丽至今还记得，在赵志全葬礼结束后次日的早晨，她看到张贵民在专家楼前来回踱步，步伐沉重而无序。他的影子被初升的太阳拉得很长，却显得异常单薄。在赵丽丽的印象里，张贵民一向稳重、从容，即便面对复杂的工作也从不慌乱，而此刻，他显然被某种巨大的力量压得喘不过气来，浑身紧绷，脸上写满了焦虑。他紧绷的身体微微颤抖，双手不安地交织着，指尖不时地摩挲着，目光则像是在无边的黑暗中张望，试图抓住一束微弱的光。

接管集团后，张贵民并没有马上前往总部上班，而是习惯性地在新时代药业的科研楼工作，每天处理的事务仍以科研为主，只是偶尔询问公司的财务状况。然而，随着全集团事务压力逐渐逼近，十多天后，张贵民不得不搬到集团总部，开始正式处理整个集团的各项工作。

在离开新时代药业搬到集团总部的那天晚上，张贵民对科研部办公室的孟凡波交代道：

"你把我的这间办公室留着。如果我干不好，就回到这里；如果干得好，也留着，算是给我一个时刻的提醒，让我把工作做得更好，否则随时都有可能被打回原形。"

孟凡波默默点了点头，他深知张贵民并非在说场面话。张贵民接手的，并不是一艘乘风破浪的巨轮，而是一艘迷失在迷雾中的航船，他要面对的挑战远比想象中更严峻。

"跑市场的业务员，会不会因为对我信心不足，一夜之间都跑了？"张贵民曾这样对王义忠吐露心声。

张贵民的担忧并非空穴来风。他的科研背景让业务员们心生疑虑，担心他会重视科研，而轻视业务、忽略市场需求。这个担忧赵志全生前就考虑到了，因此他在去世前做出了一项重要的安排：将业务大将王义忠从北京调回总部，弥补张贵民在业务上的短板。

除了业务方面的挑战，张贵民还面临着如何应对企业元老们的难题。

公司元老们都是赵志全一手提拔起来的，他们对赵志全忠心耿耿，但面对初掌鲁南的张贵民，却显得怠慢和不配合。张贵民下达的任务常常执行不力，工作推进缓慢，这使得他在企业管理上步履维艰。

张贵民只能对元老们毕恭毕敬，凡是涉及元老们的事情，张贵民都亲自去处理，力求化解矛盾，推动工作进展。但他心中非常清楚，单靠礼让和敬畏并不能赢得他们的信服："只有把公司营收搞上去，利润搞上去，我才能真正坐稳这个位置，才能让大家信服。"

前方的路充满荆棘，但他必须迎难而上。

这正是很多企业在领导者更迭时面临的共同境况：昔日的权威型领

导造成组织的极高执行力，却也依赖个人魅力维系企业运转。继任者若无突破，就难以获得团队真正的敬服与信任。张贵民必须在前任的权威阴影下，以坚韧、智慧和实绩让自己立足。唯有在短期内实现业务的稳健增长、重塑内部秩序、鼓励主动思考和决策，企业才能从个人英雄主义转向团队合力、创新驱动。对张贵民而言，这既是挑战，也是机会，迫使他用行动与成绩为自己赢得真正的领导地位。

施政纲领

> 春风拂面，阴霾扫净，露出通往未来的路径。
> 那一刻的亮相，恰似春雷惊蛰，蓄势已久。

2015年2月14日，在这个本应充满浪漫气息的情人节，张贵民却选择了一大早赶往公司。那天鲁南制药将召开2014年度工作总结会议，这也是张贵民履新后的第一次公开亮相。对他来说，这不仅是一次工作汇报，更是一次全集团上下目光汇聚的考验，他在会议上说的每一句话、做出的每一个决策，都将成为全公司对他这位新掌舵人的最初印象。

巧合的是，这一天恰好是赵志全去世整整三个月的日子。张贵民清晨离开家时，天上下着小雨，空气中弥漫着湿冷的气息，仿佛在缅怀赵志全这位鲁南制药的精神领袖。

总结会上，全体员工都怀着期待的心情，想听听新掌门人究竟会为他们带来什么。

张贵民缓缓走上台，首先深情缅怀了赵志全。他动情地说道："缅怀和怀念赵总最好的方式,就是化悲痛为力量,把他为鲁南制药规划的宏伟蓝图付诸实践。"这番话既是对逝者的追思,也是对未来的承诺,更是在迷茫中给全体员工打的一剂强心针。

随后,张贵民直面问题,毫不避讳地剖析了鲁南制药所面临的诸多困境,既有企业内部管理、创新等方面的不足,也有医保政策、药品招标、医院托管、产品降价等行业性难题。他提醒全体员工,必须牢固树立忧患意识和危机意识,"安而不忘危,存而不忘亡,治而不忘乱",只有发扬"不怕困难、挑战困难、战胜困难"的鲁南精神,才能在逆境中迎难而上。

接下来,张贵民紧扣"市场、科技、改革、服务"4个关键词,徐徐展开他的施政纲领。

"市场"二字被摆在了张贵民施政纲领的首位,他强调要继续坚持"以市场为中心",坚持"业务首位意识"不动摇。

"没有业务的发展,就没有公司的发展。"张贵民的声音铿锵有力,"我们每个人的工作都要接受市场的考验。公司的所有干部、所有员工都要面向市场、贴近市场、融入市场,真正把握市场的需求。"在张贵民看来,市场是企业的生命线,只有紧跟市场步伐,才能在激烈的竞争中立于不败之地。

张贵民进一步强调:

> "公司的每一名员工都要全力以赴响应市场需要,第一时间满足市场的需要,要千方百计服务市场,要积极主动服务市场。"

这不仅是一句口号,更是张贵民对全体鲁南人提出的行动指南。他要求大家将市场需求视为最高指令,以最快的速度、最高的效率满足客户的需求。

"市场无限,追求无限。"张贵民的目光中闪烁着坚定的光芒,"业务员要创新工作方法和服务模式。"只有这样,才能赢得客户的信任,才能在市场竞争中脱颖而出。

张贵民的施政纲领中,"科技"二字紧随"市场"之后。

"依靠科技创新为市场提供高品质、高附加值、有竞争力的优质产品。"张贵民的声音充满力量,"以科技创新提高工作效率、工作质量和产品质量。依靠科技创新,将工作中的每一个流程、每一个细节都组织好、优化好。"

他强调,科技创新不仅是研发新产品,更要贯穿企业生产经营的各个环节。从研发到生产,从销售到服务,每一个环节都需要科技创新,每一个细节都需要优化。只有不断地科技创新,才能提升工作效率,提高产品质量,为市场提供更优质的产品和服务。

"人人参与科技创新,事事围绕科技创新,让科技创新贯穿我们工作的每一个步骤,真正调动每一名员工的工作积极性和主观能动性,真正让员工成为科技创新的主体、科技创新的主人。"

张贵民鼓励全体鲁南人积极参与到科技创新中来,将科技创新融入工作的每一个环节。他相信,只有激发员工的创新热情,才能让科技创新真正成为鲁南制药的内生动力。

"让科技创新真正成为鲁南产品攻城拔寨的利器,需要每一名员工贡献自己的聪明才智。"张贵民的目光中闪烁着期待的光芒,深知科技创新的力量源自每一位员工的智慧。

"要实现我们'造福社会,创造美好生活'的鲁南梦,就要不断深化改革,适应公司发展的需要,适应市场发展的需要。"张贵民的声音坚定而有力。改革是他为鲁南制药开出的第三剂良方。

"改革"二字如同一把利刃,将张贵民的施政纲领直指鲁南制药发展的顽疾。他深知,这家老牌企业已经到了不改革不行的地步,只有深化改革,才能破除体制机制障碍,激发企业活力,实现新的发展。他指出:

"公司将继续以改革总揽全局,继续开展和推进人事制度、分配制度等各个方面的改革。这些改革,旨在打破旧的束缚,建立更加灵活、高效的体制机制,激发员工的积极性和创造力。"

张贵民之所以如此重视改革,是因为他看到了鲁南制药面临的深层次问题。长期以来,企业内部存在着一些体制机制障碍,制约着企业的发展。例如,人事制度僵化,不利于人才的选拔和培养;分配制度不合理,影响了员工的积极性;管理方式陈旧,效率低下。这些问题,如果不加以解决,必将阻碍鲁南制药的发展。

张贵民的施政纲领中,第四个关键词是"服务"。

张贵民深知,在竞争激烈的市场环境中,优质的服务不仅是赢得客户的关键,也是企业赢得口碑和美誉度的重要途径。

"每一名员工都要找准自己的位置和定位,用心服务客户,谨记诚心、贴心、细心、耐心、舒心,发自内心地为公司、为市场、为他人提供全方位、优质、高效的服务,以服务对象的满意为追求目标。"

张贵民的声音中透着真诚与温暖,他希望每一位鲁南人都能视服务为己任,用心对待每一位客户和患者。

"只有超值服务才能打动用户,才能征服用户。""对公司来说,客户和患者是我们的用户,我们要想明白他们需要什么。"张贵民强调,服务不仅是满足客户的需求,还要超越客户的期望,为客户提供超乎想象的价值,只有这样,才能赢得客户的口碑。

会上,张贵民首次提出了"服务无限,真诚无限"的理念,为鲁南制药注入了人文关怀的温度。他鼓励大家将奉献精神融入服务的每一个环节，为客户提供无微不至的服务。

张贵民的第一次亮相，没有华丽的辞藻，却如同一缕春风，吹散了笼罩在鲁南人心头的阴霾，短短2000字的讲话，简练但不简单，平和而又坚决，透着理工男的理性、执着、干练和内心的不屈不挠。"市场、科技、改革、服务"等关键词的出现，以及讲话标题中"创新引领，服务推动"的口号，更指明了企业未来深层次改革和转型的方向。

这是张贵民掌舵鲁南制药的开篇之作，也是一首新时代的序曲。

没有市场，一切都是零

破局者，不惧乱象丛生。

找到制胜之子，便能顺势而动，扭转乾坤。

管理一家大型企业，尤其是像鲁南制药这样已有几十年历史，内部关系盘根错节的企业，其复杂程度远超想象。面对如此庞大而复杂的系统，张贵民必须找到一个突破口，一个能撬动全局的关键点。

三个月的思索，犹如在头脑中开展了一场漫长的围棋对弈，张贵民终于在这盘错综复杂的商业大局中，找到了那个能够制胜的关键一子——市场。"没有市场，一切都是零"，这句话像一把金钥匙，解开了这座商业迷宫的密锁。

2015年2月23日，张贵民在业务工作总结会议上，着重强调了"市场无限，追求无限；追求无限，市场无限"的思想。其中，市场无限，追求无限，强调的是市场的容量；追求无限，市场无限，强调的是业务员的主观能动性。张贵民希望大家在无限的市场，投入100%的努力，收获100%的成绩。

市场不仅是企业发展的命脉,也是最容易在短期内取得成绩、快速凝聚人心的领域。张贵民需要通过一场又一场市场战的胜利,让全体鲁南人迅速对他建立起信心。

为了真正摸清市场的脉搏,自2015年起,张贵民便马不停蹄地与王义忠奔波于各地市场,深入了解各地的销售政策、市场的真实状况以及客户的迫切需求。他曾半开玩笑地对王义忠感叹:"咱们俩一年待在一起的时间,恐怕比跟自家老婆待的时间都长。"他的行程表上密密麻麻地记录着这一年近200天的出差记录。

为了工作方便,张贵民常常以简餐果腹,出差时甚至只吃煎饼或面包。在现集团大客户部负责人马克果的眼中,张贵民似乎拥有着无穷的精力,永远不知疲倦。有一次,张贵民与大连某医院院长约定会面,不料对方临时需要进行一台紧急手术,会面时间不得不延后。通常情况下,领导遇到此类突发状况,多半会授权业务员代为处理,然而,张贵民却选择了坚守,他耐心等待了数个小时,直至院长手术结束后才与其会面。这份异乎寻常的执着与坚持,深深地感染了在场的每一位业务员,他们真切地感受到了张贵民对工作的认真与投入。

张贵民在业务领域始终保持清晰的界限感,从不越俎代庖。每次出差开会,他都从大政方针角度向业务员解读公司发展方向,鼓励大家树立信心,努力开拓市场。但对具体的业务策略,他从不过多干涉,而是尊重业务员的专业能力和判断。

在张贵民关注业务前,公司对业务员的奖励机制已经十多年没变过了,业务员的积极性自然大打折扣。为了激活这支队伍,张贵民果断从三个方面进行了改革:

一是快速扩充队伍。通过大力招募优秀业务员,为团队注入新鲜血液。

二是建立快速成长机制。张贵民承诺，业务员只要足够优秀，就有机会在 3 到 5 年内负责管理一个省级市场。

三是提高收入待遇。物质激励是调动员工积极性的重要手段。张贵民提出优秀业务员的收入上不封顶，甚至可以超过高层领导。

对新加入的业务员，张贵民要求其必须经过十多天的集中封闭培训，通过产品知识考核，熟悉客户关系信息后，才能正式上岗。

随着业务员队伍的壮大和销售业绩的提升，一些问题也逐渐浮出水面。

部分业务员开始忽视成本控制，不珍惜业务费用。面对这种情况，张贵民将成本控制提上日程。在一次讲话中，他严肃指出：

"所有业务员一定要从公司生死存亡、长治久安的角度思考和看待降低业务费用这个问题。如果不主动降低业务费用，在产品螺旋式降价的逼迫下，我们就会走入企业发展的死胡同。该花的业务费用一分不能省，该省的业务费用一定要省下来。"

在业务员团队与研发、生产团队的关系上，张贵民也进行了大胆的变革。

在赵志全时代，业务员团队相对封闭，与研发和生产部门之间缺乏沟通和协作。张贵民认为，这种割裂状态不利于市场业务的推进。"一个产品再好，如果仅仅在实验室里、在车间里和仓库里，那没有任何价值，"他强调，"从生产角度而言，如果业务队伍不能开疆扩土，生产就会陷入停滞。销售增加了，生产才有活干，可分配的利润才会增加。"

张贵民认为，销售、研发和生产是驱动企业高速发展的三驾马车，只有三者同心协力、步调一致，方能释放出最大的能量。为此，他以前所未有的力度推动销售、研发和生产三个部门之间的深度融合，坚决打破部门之间的壁垒，构建信息共享、资源整合的高效平台。

在与客户洽谈时，业务员需要对产品有深入的了解，能够解答客户关于产品质量、生产工艺等方面的疑问。为了提升业务员的专业能力，鲁南制药在"销售"一词前加了"技术型"三个字。

为了更好地支持业务，鲁南制药在2014年专门成立了学术推广部，并在2017年进一步分成医学部和市场部。其中，市场部负责全国医学类学术会议的组织；医学部负责做药品上市后的临床研究，包括新增适应证的研究、完善药品使用指南、药品相关数据的收集和发表研究性文章。学术推广部通过讲解加自学的形式，要求团队中的每个人都要熟悉自己负责的产品。培训结束后，学术专员被派驻到各区域市场，由各地销售总监管理。

学术专员交由各地市场部管理，采用一个业务代表和一个学术代表配合的"1+1模式"。业务员负责销售和客情公关，学术代表负责专业知识的解答。在与客户进行业务洽谈时，销售团队不再是孤军奋战，学术推广部能够为其提供专业的学术支持，从而提升销售团队的专业形象和谈判能力。学术专员已经成为销售部必不可少的助理和参谋，辅助业务部门培训业务员、拜访重点客户、开展改良实验，对项目进行市场分析。

通过变革，研发部门的创新成果能够更快地转化为市场效益，生产部门能够根据市场需求调整生产计划，销售团队能够为客户提供更加专业化、个性化的服务。

张贵民主导的这种转型，是一次全链条的再造。研发不再是孤岛，而是以"技术型销售"为契机，与市场、生产紧密联结，以技术为杠杆，撬动市场需求的落地；生产亦不再于暗室中自转，而是在市场反馈的指引下趋于高效与灵动。以市场为导向的改革，让企业内部各部门不再是割裂的零件，而是齿轮咬合、协同推进的整体。

市场加减法

> 贴地飞行，才能触摸大地的温度。
>
> 深耕市场，方能丰收满仓。

所谓"市场加减法"，是张贵民对市场拓展的一种独到策略：在市场拓展上减少个人指标，增加总体指标，从广度和深度两个维度着手，把市场做精做细。

在广度方面，鲁南制药过去主要面向大型医院，尤其是三甲医院。张贵民提出，要实现大型医院和基层医院齐头并进。他鼓励业务团队积极拓展基层市场，将产品覆盖到每一个乡镇医院、卫生所，甚至私人诊所。在张贵民看来，即便一个乡镇卫生所一天只卖一盒药，全国成千上万个卫生所的销量累积起来，也是一个庞大的数字，不容小觑。同时，他还倡导线上线下渠道的结合，让产品直接触达终端消费者。

商海泛舟，有时要乘风扬帆，有时则需抛锚探底。在深度方面，张贵民要求在已开发的医院中进一步挖掘潜力，覆盖空白科室。他强调，凡是有医生大夫的地方，都应该是鲁南制药的目标市场。他鼓励业务员不仅要覆盖医院，还要深入到每个科室、每个医生，让产品渗透到医院的每个角落，通过精细化的市场运作，全面提升产品在医院的渗透率，做到市场开拓的深耕细作。

张贵民的"市场加减法"策略，既注重市场的广度扩张，也注重市场的深度挖掘。他希望通过这种方式，让鲁南制药的产品不仅能够覆盖更多的市场区域，还能够深入渗透到医院和科室中，全面提升产品的市场占有率。

为了验证"市场加减法"的可行性，张贵民在 2015 年春节后特地考察了浙江市场。他发现，浙江几家头部医院的年销售额高达十几亿元，而鲁南制药的业务员即便再优秀，年销售额也不过几千万元，这个体量对医院的整体需求来说，简直是沧海一粟。在深入医院考察时，张贵民发现，几家医院加起来有三四千名医务人员，但业务员能接触到的医生却寥寥无几。

张贵民敏锐地意识到，业务员数量不足是一个严重的问题，业务员数量不足，服务自然不到位。他形象地比喻道："就像客人在饭店吃饭，如果一桌配一位或两位服务员，就可以很好地提供服务。但如果一位服务员要同时照顾几桌客人，就会因为覆盖面太广，导致服务不周。"张贵民进一步阐述道：

"同样的产品，医生为什么要用我们的？我们必须争取到足够的机会与医生交流，让他们了解鲁南制药产品与市场上其他产品的差异性。销售就是差异化服务，只有让医生知道我们的产品比竞争对手更好、对患者更有利，才能打动他们，优先选择我们的产品。服务密度决定了销售质量。"

随后，张贵民与王义忠达成共识：要想真正打开市场，必须大幅增加业务员的数量。

对于增加的方式，王义忠表现得较为谨慎。他建议，先在山东省内选择一家医院作为试点，深入挖掘本地市场的潜力，一旦成功，再将这种模式推广至全省乃至全国。

他们将目光投向了临沂市的一家大型医院。在这个拥有千万人口的城市，鲁南制药在这家医院的业务员仅有 4 人。尽管这 4 位业务员都是精英，但张贵民和王义忠都清楚，这个市场的巨大潜力还远未被开发出来。

于是，王义忠果断地将业务员人数从 4 人增加到 20 人，最高峰时甚至达到了 40 人。事实证明，他们的决策是正确的。鲁南制药在这家医院的营收额从最初的每月 100 多万元，迅速增长到高峰时期的每月 700 多万元。而且，由于是本地市场，业务员出差成本低，利润率也非常可观。

试点的成功，让张贵民和王义忠信心倍增。他们在全国范围内迅速增加业务员，按照"市场加减法"的思路，深耕市场。

尽管张贵民大幅增加业务员的策略在短期内取得了显著成效，但也引起了原有业务员的不满。他们认为，新增加的业务员在抢他们的"饭碗"，降低了人均效率，甚至造成资源浪费。

张贵民敏锐地察觉到了这种不满情绪。在 2015 年"五一"业务大会上，他直言不讳地指出："1 月至 4 月，我们基本完成了春节前制定的考核指标，销售额整体增长了 30%，但距离 50% 的目标还有一定差距。这种增长的差距，主要原因在于业务员的思想没有完全解放，工作作风没有彻底转变，一些人还在徘徊、观望和等待。"

张贵民进一步解释道，市场的扩张不能仅依赖现有业务员的努力。即便他们再怎么努力，覆盖率仍然是有限的，增长空间也受到了局限。只有增加业务员，才能更深入、更广泛地拓展市场。他形象地指出："4 个人的市场和 8 个人的市场，是完全不同的概念。"虽然增加人员后，每个业务员的个人指标可能会减少，但总体市场规模在扩大，企业的营收和效益也会随之增长。

在实施"市场加减法"的第一年，鲁南制药实现了 30% 以上的市场增长率。从 2014 年到 2019 年，平均每年都有 25%～30% 的市场增长率。

四年时间，鲁南制药的业务员人数，从张贵民接任时的 1500 多人，发展到最高峰 2019 年的 8000 多人。销售部长人数也从最初的十几人增加到 280 多人，后来还细分为广阔端、基层端、零售端等不同岗位，最高峰时达到 323 人。2023 年，公司还新增了销售总监职位，负责管理多个区域的销售部长。

这样的组织结构调整，给业务员们提供了更多的晋升机会和发展空间，极大地激发了他们的工作热情。

在国家医药集中采购政策实施之前，鲁南制药一直保持着高速增长，这正是张贵民一系列正确决策的结果。

"市场加减法"取得的巨大成功，证明了张贵民的战略眼光和决策能力，也让鲁南制药的市场拓展积累了宝贵的经验。这次试验的成功，打破了传统的销售模式。精耕细作细分市场，让每一个业务员都能深入到市场的最前线，为客户提供更贴心、更专业的服务。这次试验看似只是销售数字的提升，实则是组织架构、人才梯队、运营思路的全面升级。

回款难题

打破旧框架，才能建立秩序。

告别过去，才能拥抱未来。

张贵民的"市场加减法"战略，给鲁南制药的市场拓展注入了新活力。他希望通过这一策略，实现"遍地英雄上前线"的壮举，让更多业务员冲锋在市场前线，全面拓展销售。

然而，随着销售业绩的增长，另一个问题也随之浮出水面：回款。

产品卖出去后,应收账款何时能回到公司账户?这是一个关乎企业现金流的重要问题。过去,鲁南制药的回款周期普遍较长,一般在一个季度左右。这样漫长的回款周期严重影响了公司的资金周转效率,制约了企业的发展步伐。但多年来,渠道商早已习惯了这种宽松的付款节奏,甚至将其视为理所当然的"福利"。长回款周期,意味着渠道商们能够在更长的时间内掌控资金,享受更大的资金流动空间。

2015年,张贵民决定对鲁南制药的回款政策进行彻底改革。他制定了一个极限的回款周期:将原本一个季度的回款周期,直接缩短为货到付款或支付预付款。当然,个别渠道商可以稍微宽松一些,但张贵民要求平均回款周期控制在6天以内。此外,他还要求减少渠道商的配送费用,将费用降低1/3。

渠道商们原本安逸舒适的回款节奏被彻底击碎,资金链骤然绷紧,各种抱怨、质疑乃至抗议此起彼伏,甚嚣尘上。"张总这是要逼死我们啊!"一位渠道商愤愤不平地说道,"这么短的回款周期,我们怎么周转资金?"另一位客户也随声附和:"以前的老政策多好啊,现在倒好,说改就改,一点儿也不考虑我们的难处。"对他们来说,这样的调整不仅增加了资金压力,更打破了多年来形成的业务惯例。

有些渠道商甚至开始观望,犹豫是否要继续与鲁南制药合作。他们担心,如果接受了这个苛刻的回款政策,资金链将面临断裂风险,生意也会受到严重影响。

内部业务员对此也颇有微词。在他们看来,张贵民根本不懂市场的复杂性和难处,太过理想主义。尤其在当时"买方市场"的市场环境下,通常是业务员"求着"渠道商进货,回款的事情只能往后放。货到付款或预付款的规定,对业务员来说,简直是天方夜谭,他们私下抱怨,认为这样的政策将使得业务拓展难上加难。

张贵民的回款政策改革，不仅触及了渠道商的利益，也在集团内部形成了冲击。然而，他深知这是企业健康发展的必经之路，要想彻底改变企业的现金流状况，就必须采取强硬的措施，哪怕要承受一时的非议与阻力。

不破，就不会立。张贵民在一次会议上斩钉截铁地说：

"新的回款政策是为了公司的长远发展，也是为了保障大家的利益。只有资金回笼快，公司才能有更多的资金投入研发、生产和市场拓展，才能为大家提供更好的发展平台。"

张贵民深知改革必然会触动一些人的利益，引起不满，但作为企业的掌舵人，他必须迈出这一步，哪怕带来阵痛也在所不惜。

在张贵民的坚持下，业务员们不得不按照新政策与渠道商协商。这对他们来说是巨大的挑战，因为这些渠道商早已习惯了原有的宽松回款政策。果然，尽管业务员们非常努力，交涉了很长时间，却几乎没有渠道商愿意按照新规定来合作。

正所谓"山重水复疑无路，柳暗花明又一村"，就在改革陷入僵局时，国家出台了一项利好政策——"两票制"⊖，为张贵民的改革带来了新的转机。

所谓"两票制"，是指药品从药厂卖到一级经销商开一次发票，经销商卖到医院再开一次发票，以"两票"替代当时常见的七票、八票。这项政策旨在规范药品流通秩序，压缩流通环节，降低虚高药价。

对药企和老百姓来说，"两票制"都是一个福音。

"两票制"的实施，意味着药厂要大幅缩减渠道数量才能实现"两票"

⊖ 2016年12月26日，国务院医改办联合其他几个部门联合发布了《关于在公立医疗机构药品采购中推行"两票制"的实施意见（试行）》。

发票制度。张贵民敏锐地抓住了这个机会，立即着手整合渠道。他提出了"几家保留一家"的政策，即在一个城市只保留一家最大的渠道商，对不同意改变回款方式的渠道商，鲁南制药给出两个选择：要么合作，要么离开。

面对"几家保留一家"的政策，渠道商们感受到了前所未有的压力。他们意识到，如果无法满足鲁南制药新的回款要求，自己可能会被淘汰出局。

鲁南制药在施加压力的同时，也适时递出了"糖果"：对愿意继续合作的渠道商，鲁南制药保证其未来的出货量将提升50%。虽然回款周期缩短了、配送费用降低了，但更大的出货量意味着渠道商可以获得更高的收益。这一恩威并施的策略，无疑对渠道商们是难以抗拒的诱惑。

即便如此，"货到付款或预付款"的新政对许多渠道商来说仍然是一道难以逾越的坎，多年来，他们早已习惯了原有的回款模式，不愿轻易改变。

面对这样的抵触情绪，张贵民采取了一种灵活变通的策略。他指示团队退而求其次：如果区域内最大的渠道商不愿意合作，那就去找第二大渠道商，甚至第三大渠道商，直至找到愿意合作的伙伴。他通过这种方式来确保改革措施不会因为个别渠道商的拒绝而陷入停滞。

这是一场漫长而艰苦的博弈，更是一场意志与耐力的终极较量。鲁南制药的团队如同不知疲倦的游说者，奔走于形形色色的渠道商之间，不厌其烦地阐述新政策的必要性，力求做到晓之以理，动之以情。他们反复强调，只要渠道商选择携手同行，公司必将倾尽全力提供支持，竭力保障其切身利益不受损害。

一些渠道商权衡利弊后，出于对鲁南制药品质和服务的信任，最终选择了接受新政策。经过一年多的努力，鲁南制药终于搭建起了新的渠道体系，达成了快速回款的目标。

这场回款变革意义深远，重塑了厂家与渠道之间的商业关系，改变了厂家以往的弱势地位，促使双方建立起平等互利的合作模式，为鲁南制药的可持续发展奠定了坚实基础。

在过去的药品销售链条中，药厂通常处于弱势地位，渠道商掌握着终端销售资源，一旦拖欠货款，将导致药厂资金周转困难。张贵民的回款变革彻底扭转了这一局面。通过"货到付款或预付款"政策，鲁南制药不再受制于渠道商，成功掌握了销售环节中的主动权。同时，公司对渠道商的合理利润做出明确保障，逐步建立起双方互信互利的合作关系。这种平等的合作关系，不仅保障了企业的资金安全，也促进了渠道商与厂家之间的良性互动，为鲁南制药未来的稳健发展提供了长久的支持。

张贵民的回款改革，是一次充满智慧和勇气的探索。他顶住了来自内部和外部的压力，克服了改革中的重重困难，并通过灵活应对，最终达成目标。2015年11月，张贵民荣获"健康中国2015年度医药行业创新领袖"称号，为他大胆而果断的改革加上了一个有力的注脚。通过对规则的重塑、对利益的再分配，以及对合作方的精挑细选，张贵民以坚定的改革为企业赢得了更大的生存和发展空间。

工资终于正常发了

每一个企业，都像是风雨中的一叶扁舟。
困境中的涅槃从不是奇迹，而是信念与毅力的结晶。

张贵民之所以如此重视公司的资金状况，是因为他接手鲁南制药时，企业实际上已经陷入了即将弹尽粮绝的困境。尽管账面营收有52亿元，但公司背负着沉重的债务和坏账。据现集团总会计师刘长城回忆，当时公司银行贷款约有二三十亿元，同时还有多年来业务员向公司拆借的大量业务费用。赵志全去世前的两年间，很多业务员选择另谋出路，导致这些借款暂时无法偿还，形成了十七八亿元的潜在亏损。

更糟糕的是，鲁南制药还在不断投入新时代药业的建设，需要源源不断的资金支持。大规模的建设与经营上的资金缺口，让公司面临巨大的财务压力。

为了缓解资金困境，实现资金利用率最大化，赵志全在启动新时代药业建设时，尝试了一项特殊的措施：每两个月发一次工资。这种工资发放制度在鲁南制药延续了十多年，很多员工形成了习惯，甚至觉得这样有利于家庭存钱。然而，张贵民认为，工资发放应该符合现代企业制度，因此决定改变这一做法，逐步恢复正常的发薪周期。

据刘长城回忆，赵志全在隐瞒病情的12年中，作为新时代药业财务负责人，他每月至少要见赵志全一次，向其汇报公司的财务状况。每次见面，刘长城都能感觉到赵志全的隐忍与痛苦，他不忍心让赵志全再为企业的财务危机担忧，但又不得不履行职责，向赵志全报告企业真实的财务状况。

可以想象，赵志全在生命的最后时光里，承受着多么大的压力和痛苦。他深知公司的财务危机日益加剧，身为掌舵者他却无法亲自力挽狂澜，只能将希望寄托在张贵民身上，希望这位接班人能够带领鲁南制药走出困境。

张贵民接手鲁南制药时，面对的就是这样一个局面：巨额的银行贷款，业务员离职后留下的坏账、拖欠的工资，旧厂区设备老化，以及新时代药业建设所需的巨额资金缺口……这一切仿佛一座座大山，沉重地压在他的肩头。

在这种情况下，张贵民深知，改革不仅是刀尖上舞蹈，更是一次次在平衡中寻找重生的机会。要想让企业重新走上正轨，他必须对公司的财务状况进行彻底的整顿与优化。基于这个目标，他采取了一系列果断的措施，包括大规模增加业务员、调整渠道商的回款周期、缩短资金回笼时间，所有这些措施都是为了从根本上改善企业的财务状况，确保公司的现金流健康运转，让鲁南制药有能力应对各项挑战。

张贵民对渠道商的付款方式、对回款周期的变革，以及对渠道体系的清理整顿，不仅是一场简单的"瘦身"行动，更是一场深刻的"重塑"变革。他将原有的2000多家渠道商精简为500多家，保留下来的都是付款能力强、市场信誉好的优质渠道商。

这一举措犹如一次凤凰涅槃，让鲁南制药的渠道体系焕然一新。过去，渠道商数量多且杂，管理难度大，回款周期长，坏账风险高；而现在，渠道商数量精简，管理更加便捷，回款周期大幅缩短，坏账风险也随之降低。

更重要的是，张贵民的渠道重塑为鲁南制药未来的健康持续发展奠定了坚实基础。

首先，优质渠道商的保留，确保了公司的资金安全。这些渠道商资金实力雄厚，付款能力强，能够按时、足额回款，避免公司出现资金链断裂的风险。其次，优质渠道商的市场信誉良好，有助于提升鲁南制药的品牌形象。这些渠道商拥有广泛的客户资源和良好的市场口碑，为产品推广和销售提供了有力支持，提高了公司在市场中的竞争力。再次，与优质渠道商进行深度合作，有利于拓展市场空间。这些渠道商拥有丰富的市场经验和强大的销售网络，能够帮助鲁南制药的产品更快速、更广泛地进入市场，为企业赢得更大的市场份额。最后，精简后的渠道体系，管理起来更加便捷高效。公司能够将更多的资源和精力投入到与优质渠道商的合作中，优化服务质量，实现企业和渠道商的共赢。渠道商数量减少，能够使合作关系更加紧密，业务的推进和协调也变得更加顺畅。

张贵民的渠道重塑，是一次具有战略意义的改革。他以果断的决策和坚定的执行力，为鲁南制药打造了一个健康、高效、可持续发展的渠道体系。通过重塑渠道，张贵民成功优化了企业的销售网络和资金链管理，为公司的长远发展铺平了道路。

张贵民开玩笑说，自己后来再和那些留下来继续与鲁南制药合作的渠道商一起吃饭时，他们还总"骂"他，说他破坏了行业的"规矩"。渠道商的话，看似玩笑，实则蕴含着深深的敬意。有时，真正的变革不在于破坏规则，而在于重新定义规则。那些曾经的质疑声，最终会化作敬意。

刘长城一直在财务系统工作，很少与市场部门直接打交道，因此，一开始他并不清楚张贵民在市场方面所进行的一系列改革，也对张贵民在公司财务方面的举措没有抱太大期望。在他看来，一个搞研发出身的领导想要在短时间内改善整个公司的财务状况，几乎是不可能的。他甚至已经做好了最坏的打算，准备迎接比赵志全时代更"难看"的财务报表。

然而，到了 2016 年，刘长城惊喜地发现，公司不仅账面上的现金流充足，而且资金投资收益已经占到了鲁南制药业务总营收的相当比例，公司的财务状况竟然奇迹般地好转了。这一发现令他颇为意外，更让他对张贵民的决策力和执行力刮目相看。

从这一年起，鲁南制药正式恢复了正常的"一月一次"工资发放，改变了延续十多年的两月一次发薪制度。

在面临公司财务危机时，张贵民以壮士断腕的决心，通过重塑渠道、严控回款周期、精简合作伙伴、优化现金管理等一系列深入骨髓的改革措施，将企业从财务泥沼中一点点拉出。这一系列的变革不仅颠覆了过去宽松的利益格局，也打破了长期形成的交易惯性。然而，正是这份果决，让企业从"求生存"走向"谋发展",为后续的稳健扩张和创新升级奠定了坚实基础。随着财政血液重新畅通,鲁南制药能够承受更多的挑战,探索更广阔的蓝海。

看准互联网

> 能看多远,便能走多远。
> 能容纳多少,便能成就多少。

中国医药行业与互联网的融合可谓一波三折、荆棘密布。

早在1998年,上海医药便率先试水"网上药店",这在当时是一项大胆而前瞻的尝试。然而,受限于政策,这一尝试没过多久就被叫停。此后,京卫大药房、天猫医药馆也纷纷试水医药电商,但由于政策多变,它们的尝试屡屡受挫。

售卖处方药的资质主体,从电商平台到药店,再到互联网医院,几经易手,却始终未能找到一个稳定的落脚点。多变的政策,令无数从业者倍感茫然。一位资深的医药电商人回忆起那段岁月,不禁感慨万千:"那时候,手里的处方药就像烫手山芋,今天还允许在网上光明正大地展示,明天就可能被一纸禁令无情下架。"这无疑给医药电商的探索之路蒙上了一层厚厚的阴影,整个行业也因此陷入了长久的观望与困顿之中。

直到2015年的政府工作报告首次提出"制定互联网+行动计划",医药电商的发展才算真正步入正轨。

在这个关键时刻,张贵民敏锐地意识到,互联网正在重塑各行各业的格局,医药行业也不例外。如果鲁南制药能够抓住这一趋势,积极布局医药电商，就有机会开辟全新的市场，实现企业的全新增长。"互联网＋医药"的战略布局已然在张贵民心中成形。

2016年，张贵民正式提出"全身心拥抱互联网"的发展策略。他强调，这不仅是建立一个独立的互联网部门，更是要让整个企业都投入到数字化转型的趋势中去，将互联网思维融入企业的各个环节。从业务拓展、市场营销，到客户服务和内部管理，在各个环节上全面推动企业的互联网化。

张贵民的战略目标有两个：一是对内实现流程变革，二是对外实现商业创新。

第一个目标的落地标准是让信息系统服务到每一名员工，让所有的审批和管理流程都通过线上完成，最大限度地实现无纸化办公和"零跑腿"。这意味着公司的管理将变得高效透明，员工能够随时随地处理事务，极大地提升工作效率。第二个目标的落地标准是让对外服务直达终端用户，实现用户在线问诊、在线购药，并提供24小时在线用药咨询服务，以此拉近鲁南制药与消费者之间的距离，开拓新的销售渠道。

负责电商中心运营的高立军回忆当初的情景，仍记忆犹新。他坦言，当时张贵民提出的战略要求，站在员工的角度很难理解："他就像站在山顶的人，看到的风景和其他人不一样。只有当大家都爬到山顶后，才能感受到他的视野。"

张贵民的"全身心拥抱互联网"战略并非一句空口号，而是付诸行动的坚定决心。他深知，要想实现数字化转型，就必须整合企业内外的资源，打造一支强大的互联网团队，将传统医药企业的优势与互联网技术和思维进行深度结合。

鲁南制药的互联网团队最初只有负责人郁杰一人。在张贵民的全力支持下，郁杰的新媒体小组逐渐发展为集团新媒体部，并最终扩展成拥有

400多人的互联网大事业群。

目前,这个大事业群整合了新媒体中心、电商运营中心、首荟商城、IT研发中心、全时空客服中心等五大平台,构建起从销售到客服的完整线上鲁南品牌体系。

互联网大事业群承载着连接集团各个部门、推动数字化转型的重任。以新媒体中心为例,该中心几乎与公司每个部门都有联系,负责各类活动的宣传和推广工作。为了提高工作效率,该中心从医院医生叫号的方式中获得灵感,开发了一个内部的"一键呼叫"平台。公司各部门需要新媒体支持时,可以在平台上提交申请,而新媒体中心的成员则根据时间和能力自主"接单"。完成任务后,申请部门会对接单者的响应速度、服务质量和态度进行评分。平台每天还会生成日报,详细记录每个人的工作情况,管理者只需监控项目可行性和工作进度。

这种创新的工作模式打破了部门之间的壁垒,提高了工作效率,同时激发了员工的积极性和创造力。新媒体中心的成员不再是被动地等待任务,而是主动寻找机会、接受任务,为公司创造更多的价值。平台机制的引入使得工作的透明度、协作度显著提升,让各部门之间的配合更加高效紧密,推动了鲁南制药整体数字化转型的步伐。

在张贵民的战略蓝图中,互联网不仅是销售渠道,还是塑造品牌形象、传递企业价值的重要阵地。

张贵民深知宣传工作的重要性,他提出了"人人都是宣传员"的口号,鼓励全体员工积极参与公司宣传,成为品牌传播的出口。他曾说道:

"我们花钱出去买资源做广告,却没有好好利用自有的资源。如果不发挥自身的价值,就等于守着金饭碗去要饭。鲁南制药近

2 万名员工就是一支庞大的宣传队伍，只要调动起每个人的积极性，就能让公司的信息传播事半功倍。员工不仅是企业最宝贵的财富，还是最有说服力、最有效的宣传力量。"

为了将这一理念付诸实践，张贵民采取了一系列措施。他将员工的宣传行为纳入考核体系，设立奖励宣传基金，并将宣传工作列为部门负责人的考核指标。这些措施不仅增强了员工的宣传热情，还使宣传成为公司文化的重要组成部分。

笔者在微信上加了几十位鲁南制药员工，从高管到司机。从清晨到深夜，他们都会积极转发公司新媒体账号上的文章。这些文章很少直接宣传产品，更多地是在分享实用的医学知识，提供健康科普。这种"润物细无声"的宣传方式，让鲁南制药的品牌形象潜移默化地深入大众心中，既体现了企业的专业度，也增进了消费者对企业的信任。正是凭借着对全员宣传热情的有力调动与有效引导，鲁南制药极大地提升了自身的品牌知名度与美誉度，使其品牌影响力得到了前所未有的提升。

在张贵民的战略部署下，鲁南制药的电商运营中心取得了显著成就。该中心在多个平台运营了众多店铺，销售的产品品类丰富。其中，京东自营店、天猫旗舰店更是稳居行业前五，团队实力在业内遥遥领先，先后斩获多个奖项。2021 年鲁南制药线上销售的年销售额突破 15 亿元，充分彰显了其在电商领域的强劲实力。

作为鲁南制药自营电商平台的首荟商城，也入选了"2022 年山东省数字经济重点项目"，这标志着鲁南制药在"互联网＋医药"战略布局中取得了新的突破。首荟商城不仅提供在线购药和在线咨询服务，还通过健康科普平台和全时空客服中心，为用户提供全方位的健康管理服务。首荟商城与线下医疗机构实现了深度融合,提供了从线上到线下的完整健康服务链,包括专家诊疗等增值服务,极大地提升了用户体验。

这种线上线下相结合的模式,使鲁南制药在互联网医药领域开辟了新的业务增长点,实现了企业品牌与服务模式的全面升级。鲁南制药也在数字化转型中走在了行业前列。

暖心的鲁南服务

> 心有暖阳,百病消散。
> 爱意绵绵,胜过良药。

过去,许多药厂都认为只要将药品销售到医院或其他终端渠道,企业的使命就已经完成。然而,随着企业规模的扩大和网络信息技术的快速发展,特别是电商对传统业务模式的冲击,张贵民逐渐意识到终端客户感受的重要性。他认识到,对患者在用药过程中所遇到的问题和困惑也需要及时进行解答与帮助。医者仁心,不只在于药物之效,更在于人情温暖。在一次大会上,张贵民明确说道:

"鲁南的服务要挖掘细节,要真诚、暖心,不玩虚的,要避免仅是形式主义或提供不达标的服务。我们服务的对象有两个:一是我们的同事,二是我们药品的实际使用者。如何才能更好地服务于他们?必须推动服务意识和服务方式的变革。"

正是基于这种理念,在布局互联网的同时,张贵民成立了一个特殊的部门——24小时客服中心(后来升级为"全时空客服中心")。张贵民要求全时空客服中心的工作人员做到三点：一是要了解产品知识，成为健康养生专家；二是要懂互联网信息技术，成为善于利用互联网为客户和公司服务的能手；三是要学会跟各种各样的人打交道，成为情绪处理专家。

成立24小时客服中心的举措最初引发了不少人质疑：人工客服24小时在线，有这个必要吗？六七十人的团队，成本支出如此巨大，真的值得吗？

然而，随着客服中心一件件或温情或紧急的事件发生并得到圆满处理，质疑声逐渐消退，大家明白了张贵民的良苦用心。

负责筹建客服中心的齐凤云于2001年加入鲁南制药，到2015年时她有了自己的双胞胎孩子。在产假即将结束时，她专门到公司给张贵民送喜糖。此时，张贵民正在筹建客户服务中心，他看准了齐凤云细致而负责的性格，便建议她负责这个全新的部门。

通过齐凤云的口述，我们得以了解到许多"鲁南服务"的暖心故事。

一天上午十一点多，客服中心接到了来自苏州的一通求助电话。电话那头是一位阿姨，她感觉心慌、心悸，服药后仍未见好转。阿姨告诉客服人员，自己有冠心病史，身边没有亲人可以照顾她，小区街道的工作人员也联系不上。

客服人员意识到情况的严重性，迅速询问了阿姨的住址，并立刻联系了鲁南制药在当地的医药代表。医药代表平时与医院医生保持着密切联系，在了解情况后，他立刻驱车前往阿姨的住处，并在路上通知了医院医生，请求开通绿色通道以便及时就诊。

就这样，在客服人员和医药代表的共同努力下，阿姨得到了及时的救治，病情稳定下来。这件事情在阿姨所在的小区被传为佳话，让鲁南制药从医药企业变成了患者心中真正的"生命守护者"，整个小区的居民都成了鲁南制药的忠实粉丝。

齐凤云清楚地记得，2023年7月18日，一位老太太风尘仆仆地来到鲁南制药全时空客户服务中心，想要购买治疗胃癌的药物"维康达"。这已经不是她第一次来到这里，她每一次的到来都伴随着一段感人故事。

老太太第一次来时，将2000元现金放在桌上，颤抖着双手拿出一沓化验单，语气坚定地说自己得了胃癌，说着说着眼泪就流了下来。工作人员见状，连忙安抚她的情绪，并仔细查看了她的化验单。结果发现，老太太只是患有普通的胃炎，并非胃癌。为了让她安心，工作人员用通俗易懂的语言向她解释了胃炎和胃癌的区别，并列举了一些胃炎的典型症状，以及日常生活中需要注意的事项。最后，他们还安排车辆将老太太送回家，并叮嘱她如有不适随时再来咨询。

然而，故事并没有就此结束。不久后，老太太再次来到客服中心，并带来了新的化验单，依然坚称自己得了胃癌。工作人员虽然感到疑惑，但还是耐心地接待了她，并再次进行了详细的查看和解释。这一次，他们意识到老太太可能存在心理问题，导致她对自己的健康状况过度焦虑。为了彻底打消她的疑虑，工作人员专门请来医学部的同事为她做了更全面的检查。老太太第三次再来时，精神状态明显好转。后来工作人员了解到，老太太之所以反反复复来客服中心，是因为她的子女常年在外地工作，很少回家探望她。这让她感到孤独和缺乏安全感，她才会对自己的身体状况格外关注，并将一些小毛病放大成大病。

全时空客服中心成立以来，像这样的老人他们遇到过很多。鲁南制药全时空客服中心的工作人员用他们的真诚和专业，不仅帮助老太太解决了身体上的不适，更抚慰了她孤独的心灵，让她感受到了家人般的温暖。

还有一次，客服中心接到了一位孕妈妈的求助电话，她急需一款对孕妇和小孩都安全的药物，但这种药品非常紧缺。为了帮助她，客服人员打了300多个电话，联系了多家药店，终于找到了药品，并及时送到了孕妈妈手中。这位孕妈妈激动地发微信表示感谢，说鲁南制药拯救了她和孩子的生命。

鲁南制药的客服中心每天都会面对各种各样的求助，孟鲁司特钠咀嚼片是一款用于治疗儿童哮喘的药，因口感好，有的孩子会把它当糖果吃，导致过量服用的情况。每当家长焦急地打来电话，客服中心的工作人员都会耐心解答他们的问题，安抚他们的情绪。虽然只是简单的几句话，却给焦虑的家庭带来了极大的安慰。

这些事情大多发生在深夜，每帮助完一位客户，客服中心的工作人员都会觉得自己所做的事无比有意义。虽然大部分夜晚的工作是"等待"，但对他们来说，这种等待是有价值的，他们是在为真正需要帮助的人提供关怀和支持。

客服中心不仅为鲁南制药的销售和品牌价值提供了巨大的推动作用，也减少了很多负面信息。通过细致入微的服务，鲁南制药在客户心中树立起了可信赖、有温度的品牌形象，成功实现了服务价值的提升。

鲁南制药有300多个产品在市场销售，一年卖出100多亿的销售额。网络上对鲁南制药的产品和质量，几乎没有负面评论。事实上，很多药品生产企业收到的差评，都是因为消费者遇到问题想解决问题，但客服电话打不通，或者是机器人客服解决不了问题。消费者产生了负面情绪，就会在网络上发泄。通过全时空客服中心，鲁南制药能够做到及时帮助消费者解决问题。如果的确是公司的问题，当地的业务员甚至会登门致歉。

很多人认为人工智能的普及会导致客服人员被取代，但张贵民坚持认为，人工智能无法给客户带来温度。

在市场竞争日趋激烈、互联网时代信息不对称不断减少的背景下，单纯的商品交易已不能满足消费者的需求，服务的温度与深度越发重要。张贵民敏锐地意识到，患者和消费者需要的不仅是一盒药品，更是及时、专业、温暖的人性化关怀。通过成立全时空客服中心，鲁南制药将"产品售出即结束"的传统观念彻底颠覆，将服务延伸至用药过程与患者生活的细节中去。这不仅是服务半径的延展，更成功将品牌形象从冷冰冰的药厂转变为无处不在的健康守护者。这种投入虽然有一定的成本，却在长期形成了巨大的无形资产：口碑和信任。

第六章

风波三年

生于忧患，死于安乐。在看到鲜花铺满大地的时候，漫天风雪就在不远处了。我们要未雨绸缪，把过冬的棉袄提前准备好，这样才会活得更久、更好。

——张贵民

人才的成长不能急功近利。权力、荣誉、财富都是有重量的，获得太快，会承载不起，把自己压垮。慢慢来，等到自己能承载得起时再获取它。

——张贵民

……

尽管公司业绩蒸蒸日上，但在光鲜的表面下，一股暗流却在悄然涌动。从2017年到2019年，张贵民在人事制度、管理制度，以及薪酬平衡等方面都采取了果敢的改革举措，初步将公司带入制度化管理。在面临巨大转型挑战的同时，他还要面对来自内部的权力纷争、决策质疑。三位元老的阻力、舒尔佳广告的争议以及电子商务的探索，成为鲁南制药三年风波的关键事件。随着2019年8月张贵民在党代会上当选为集团党委书记，企业迎来稳定时代。

风波三年，既是鲁南制药在转型中迈向百亿营收的艰辛之路，也是张贵民的管理智慧在风雨中淬炼升华的蜕变之旅。

时代楷模

一座丰碑,一段历史,一种精神,一份传承。

在张贵民启动一系列改革的同时,他还在推动另一项重要的任务:让赵志全的精神更深刻地融入鲁南制药的血液,并更好地传递给社会。

遵照赵志全遗愿,他的骨灰被埋葬在新时代药业附近的玉环山上,与他一手缔造的鲁南制药相伴而守,咫尺相依——他希望自己能继续"守望"企业的发展、员工的成长,见证新厂区的蓬勃生机。

温凉河水静静流淌,轻抚着玉环山的翠绿轮廓。山风轻拂,绿树婆娑,像是在吟唱一首无尽的挽歌。鸟儿跳跃于枝头,唱出一曲曲思念的旋律,在山林间久久回荡。每当旭日初升,阳光洒满玉环山,那仿佛是赵志全慈祥的目光,注视着企业的每一个角落,关注着每一个忙碌的身影;而每当夜幕降临,繁星点点,那闪烁的星光仿佛是他在轻声叮咛,鼓励着鲁南的每一位员工,不忘初心,勇往直前。

赵志全去世一年之后,中共临沂市委于2015年11月6日决定在全市范围内开展向赵志全同志学习的活动,掀起了一场学习先进事迹的热潮。仅仅几天后,《大众日报》于11月9日发表了题为《用生命燃烧企业改革之火》的专题报道，详细讲述了赵志全同志的感人故事。同月 12 日，中共山东省委宣传部追授赵志全同志"齐鲁时代楷模"荣誉称号，充分肯定了他的卓越贡献。

2016 年 6 月 22 日，山东省委宣传部、临沂市委共同举办的"齐鲁时代楷模"赵志全同志先进事迹报告会在济南隆重举行，山东省委副书记龚正，省委常委、宣传部部长孙守刚等省市领导出席了报告会。龚正称赞道："赵志全同志的先进事迹充分体现了共产党员的高风亮节和优秀品格，体现了现代企业家的创业创新精神，体现了新时期沂蒙精神的传承和弘扬。"他进一步强调，要以此次报告会为契机，进一步挖掘好、总结好、归纳好赵志全同志的先进事迹，在全省迅速掀起学习宣传赵志全同志先进事迹的活动热潮，号召全社会学习他一心为民、一心向党、无私奉献和锐意进取、深化改革的先进品格。

此后，山东省各地市纷纷开展了学习赵志全同志的活动。

2016 年 8 月 26 日，山东省委、省政府召开山东省企业家队伍建设工作会议，山东省 200 家重点企业的董事长或总经理齐聚一堂。时任山东省省长郭树清在会上说道："山东有很多企业家是'白手起家'，以前就是普通工人、农民与基层干部，但是他们赶上了社会潮流，敏锐地捕捉到了市场机遇，不断推动技术和商业模式创新，把企业从很小的手工作坊发展成了现代化集团。"赵志全同志作为"白手起家"的企业家典范，成为与会者学习的榜样。

2016 年 9 月 26 日，中共中央宣传部追授赵志全同志"时代楷模"荣誉称号。

在新中国成立 67 周年之际，中共中央宣传部在中央电视台向全社会公开发布了"时代楷模"赵志全同志的先进事迹。《时代楷模发布厅》节目在央视演播大厅录制,由央视著名主持人敬一丹主持。整个仪式庄重而温暖,表达了对赵志全同志的崇高敬意。

演播大厅的背景大屏幕上,"时代楷模"四个金黄色的大字熠熠生辉。在这些大字的映衬下,雷锋、焦裕禄、孔繁森等一位位曾经闪耀着时代精神的楷模形象跨越岁月长河,出现在观众面前,仿佛一同见证着赵志全同志的光辉时刻。

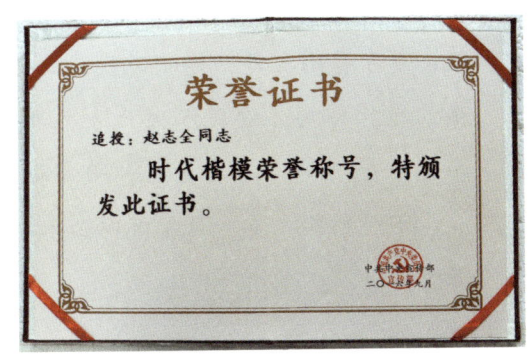

▲中共中央宣传部追授赵志全同志"时代楷模"荣誉称号的证书

节目现场宣读了中共中央宣传部授予赵志全同志"时代楷模"称号的决定,字字铿锵,掷地有声:

"赵志全生前是鲁南制药集团股份有限公司董事长、党委书记兼总经理,他一生致力于振兴民族医药,坚持改革创业,注意科技创新,勇担社会责任,把一个濒临倒闭的小厂建设成现代化制药集团公司,为促进地方经济社会发展、带领群众脱贫致富做出了突出贡献,曾获得全国劳动模范、国家有突出贡献的中青年专家等荣誉称号。"

舞台上,山东籍演员温玉娟饱含深情地朗诵着中国楹联学会为赵志全同志创作的对联:"革故鼎新鞠躬尽瘁兴宏业,怀真守信明德惟馨酬显荣",对仗工整,意境深远,是对赵志全同志一生最贴切的写照。

颁奖词更是将赵志全同志的高尚品德与感人事迹娓娓道来:

"赵志全者，山东费县人也。年方而立，竞标于郯南制药厂。企业艰难之际，除弊清源，致力改革，三年而企业兴。遂易名鲁南制药厂，继而择优任才，讲信修睦。历廿年鼎革，事业益隆，复于鲁南之外，建新时代药业，研发生物科技，造福国计民生，绩其伟矣。尝履人大代表之职，每有高屋建瓴之议，尤多率先垂范之举，其为人也，平易近人，忠勤敬业，常怀报国之心，不辞利民之责。虽染沉疴，未泯鸿志。终因不治而逝，年方五十七岁。"

中华诗词学会为赵志全作的词，句句泣血，字字含情，将一个为人民健康事业鞠躬尽瘁、死而后已的医药工作者形象，栩栩如生地呈现在世人面前。

行香子·读赵志全同志事迹有感

大爱无垠，逝者殊勋。为悬壶，济世求真。含辛茹苦，励志争春。笑一天风，三天雨，满天尘。

鲁南飞泪，玉带安神。病魔缠，舍命耕耘。慈心公益，德厚宽仁。慕莲花清，菊花骨，梅花魂。

2016年6月，山东省委下发《中共山东省委关于开展向赵志全同志学习活动的决定》，号召全省党员干部向赵志全学习。同年，长篇报告文学《信仰无价：一个共产党人的生死财富》[一]出版，详细记录了赵志全同志的感人事迹。

[一] 2018年，这本书再版时更名为《使命》。

▲时代楷模赵志全同志纪念馆

在临沂市委的指导和张贵民等老部下的精心筹划下,时代楷模赵志全同志纪念馆于2018年国庆节后正式在临沂市兰山区工业大道104号落成。

这座占地6200平方米、建筑面积2800平方米的纪念馆,如同一座精神的灯塔,照亮了赵志全同志的精神遗产。馆内陈列着1500余件实物、图片和文献资料,通过"时势造英雄""时代楷模""时代启示"等版块,生动地再现了赵志全同志敢于改革、艰苦奋斗的一生,真实地还原了他对鲁南制药的卓越贡献。

当参观者踏过象征着承包经营27年的27级台阶,穿过如画卷般的事迹展示区,迎面而来的是一座高2.7米的赵志全同志雕塑。雕塑上方,57盏红星灯象征57年的生命熠熠生辉,营造出庄严肃穆的氛围,令人肃然起敬。仿佛赵志全同志的目光穿越时空,注视着每一位前来瞻仰的人。纪念馆的出口处还设置了智能献花区,后续将与赵志全同志官网的线上献花区联动,让思念跨越时空,让人们的花语呢喃寄托哀思。

不仅在集团总部，张贵民早在2017年就在新时代药业厂区修建了赵志全同志纪念馆，方便各界人士参访。而且，这个纪念馆的数字化版本也被搬到了鲁南制药的官网上，让更多人能够了解赵志全同志的故事，感受他的精神力量。

如今，走在鲁南制药的各个厂区，随处可见赵志全同志的语录，仿佛他从未离去，仍然以一种无形的力量引领着企业的发展，对外界人士而言，这种精神传承令人感慨万分。而作为现任掌舵人，张贵民执掌企业十余年，却从未想为自己留下任何痕迹。张贵民选择以沉默的谦逊回应这份传承，不刻意彰显个人功绩的格局与大气，或许正是鲁南制药在激荡的商海里继续稳健前行的深层力量。

暗流涌动

枯木逢春，却有蛀虫阻新生。

破茧成蝶，却有蛛网缚其身。

张贵民在上任之初，就采取了"能不动就不动"的稳妥政策。除遵照赵志全的遗嘱进行人事调整外，其余人员基本维持原状，即便有不那么合适的部门负责人，也尽量继续使用，维持稳定。他始终坚信，"不折腾"才能减少内部消耗，将更多的精力聚焦到企业的发展与前进上，最大限度地汇聚企业发展的力量。

然而到了2016年，随着一系列旨在开疆拓土的市场战略相继铺开，张贵民逐渐意识到，企业的发展如同驾驭一辆双轮战车，需要"市场开拓"和"内部管理"这两条强劲的轮轴并驾齐驱。此时的鲁南制药,"内部管理"这根轮轴明显滞后,难以与市场拓展的迅猛势头相匹配,战车已然开始略显颠簸。

2016年2月,张贵民在前一年度的总结大会上富有深意地说道:

"'远飞者当换其新羽,善筑者先清其旧基。'改革必然会在各个方面带来深刻变化,这就意味着我们再也不能像原来那样思考和工作了,意味着要彻底清除旧的顽瘴痼疾,尤其要警惕'过时的东西总是力图在新生的形式中得到恢复和巩固'。鲁南制药的改革,要坚决破除过去那种不合时宜的思维方式和惯性做法,尽快从过去的习惯模式中转变过来。"

为了推动内部改革,张贵民决定对人事进行调整,包括提拔4位总经理助理为副总经理,并对中层管理人员进行一定的微调。这是张贵民在上任后首次主动对公司的人事结构进行大规模调整。

在此之前,张贵民极少干涉人力资源部门的工作。新时代药业人力资源部部长王金彬回忆,张贵民从未对他说过要对某个面试者进行特殊照顾。作为临沂地区首屈一指的地方性企业,每年通过各种方式希望进入鲁南制药工作的人特别多。有些高层偶尔会给王金彬打电话,提出让他在面试环节照顾特定人员的要求,但张贵民从未给过人力资源部门特殊权限。

然而,就在人事改革的号角刚要吹响时,集团内部的暗流已悄然涌动。

2016年4月,趁张贵民外出之际,鲁南制药的其他董事会成员秘密召开了一次会议,并迅速通过了一项明显利于自身的方案,即每年向董事会成员额外奖励股份。几位成员心照不宣地签上名字后,元老之一的总会计师多次亲自去找张贵民，软硬兼施地要求他也在方案上签字画押。面对这项在他看来明显有失公允的方案，张贵民一次次地断然拒绝。时间到了9月，这位老臣终于撕下了伪装，毫不掩饰地对张贵民摊牌："你签不签字，结果都一样，以后这种事，也用不着你签字了。"这番话语中赤裸裸的威胁与轻蔑，不仅彻底暴露了张贵民在财务决策上受到的严重掣肘，也折射出公司内部的权力纷争已经白热化。

根据王义忠回忆，2016年下半年，他就已经敏锐地察觉到了这股暗流对公司的影响。他发现自己申请业务经费变得异常困难，财务部门的审批流程复杂而缓慢，资金迟迟无法到位。王义忠看着急需拓展的业务计划和空空如也的经费账户，心急如焚，却无可奈何。有时候实在被逼急了，王义忠就对业务员说："我这个职位不适合直接去骂人，你们要是有不满，就自己去财务部门骂，出了问题我来兜着。"

张贵民也深知业务经费对拓展市场的重要性，但即使身为总经理，他在财务方面也受制于元老们。

张贵民决定采取强硬措施解决业务经费问题，他开始组织业务部门和财务部门召开协调会，将双方矛盾摆到台面上，推动问题公开化、透明化。

协调会上充满了紧张的气氛，业务部门和财务部门几乎是针锋相对。业务部门有理有据地阐明了业务经费对拓展市场的重要性，拿出翔实的数据，展示业务部门的业绩和潜在发展机会，以图在透明的事实面前，让财务部门无可辩驳。财务部门则态度强硬，搬出各项规章制度，坚称自己严格遵守流程，试图为自己的行为辩护。

这样的对峙让会议室一度剑拔弩张，双方各执一词，争论不断。张贵民在这种气氛中始终保持冷静，尽量让双方理性沟通，而不是激化矛盾。

经过多次交锋与协商，在事实和数据的压力下，财务部门不得不正视业务部门提出的问题，承认自己在审批上的不合理之处，最终同意放宽对业务经费的审批。随着财务"松绑"，业务员们的经费问题终于得到了有效缓解。

三位元老或许曾以为，凭借他们在鲁南制药的资历与威望，可以轻而易举地掌控这位年轻的继任者。然而，张贵民始终坚守原则，不为资历和特权所动，这一态度出乎元老们的意料，甚至让他们感到愤怒。

一次董事会结束后，张贵民和董事会成员们一起在食堂餐厅包间吃饭，三位元老趁机试探地问道："现在企业效益越来越好，董事会成员的待遇能不能提高点？"张贵民只是微微一笑，委婉地表示不行。然而，这并没有让元老们打消念头，后来他们一而再，再而三地提出提高自己待遇的要求，每次都被张贵民拒绝。一位元老提出要更换新车，张贵民坚决地予以回绝："换车可以，但要拿出与之相匹配的贡献。资格老不能成为理由，我们要对得起那些拼命工作的人。"这番话犹如一记重锤，直接敲在了元老们的心头，也表明了张贵民对特权和贡献的态度：不看资历，只看业绩。

作为贴身秘书，李宝杰敏锐地察觉到了元老们的情绪变化，于是特意提醒张贵民："董事会成员一共有5个，三位元老是一个阵营，张理星是新同志。万一三位元老联手，即使张理星站在你这边，也只有两票。如果真发生什么'宫廷戏'，局面会很被动。"

几位元老的不满情绪在心中逐渐积累，他们暗中拉帮结派，试图扭转现状。

集团办公室主任徐炳南注意到，原本在公司很少聚在一起的几位元老，这段时间却频繁地相互邀约，一起聚餐，私下的交流显得格外神秘。

与此同时，负责市场业务的王义忠成了三位元老重点拉拢的对象，他们不断在下班后或周末"约谈"王义忠。王义忠感觉到事态严重，意识到这些约谈背后或许隐藏着一场蓄谋已久的权力之争，他深知其中的利害关系，只能拼命推辞。但即使如此，他依然经常被元老们"围攻"，精神压力一度逼得他几近崩溃。有一次，实在不堪重负的王义忠甚至冲进张贵民的办公室，无奈地说："要不你把我换掉吧，实在做不下去了。"王义忠百思不解，明明赵志全已经在遗嘱中明确了大家的职位，为何还要这样拉帮结派，而不是团结一致把工作做好？

与此同时，一些原本效忠于元老的中层管理者也开始出现消极怠工的迹象。以前积极投入工作的他们，现在连上班都懒得来公司，只在需要签字或处理重大事项时才露面。公司里，气氛变得紧张而诡异，明显的派系分裂开始浮出水面。

一股不安的情绪弥漫在员工心中。"山雨欲来风满楼，黑云压城城欲摧"，大家隐隐感觉到一场风暴即将到来。随时可能迸发的冲突火花，让每一个员工都感受到了空气中的紧张气息。

生，还是死？

冬天的寒风虽然刺骨，但它也是激发新生的呼唤。

到了2016年下半年，张贵民面临的情况更加严峻。一方面，他在内部提出的各种改革政策难以执行下去；另一方面，一系列行业新政策出台，让鲁南制药的处境愈加艰难。

其中，影响最大的政策主要有四个：一是2015年2月国务院办公厅印发的《关于完善公立医院药品集中采购工作的指导意见》；二是2015年5月，习近平总书记在主持中共中央政治局第二十三次集体学习时，提出加强食品药品安全监管要四个最严，即"最严谨的标准、最严格的监管、最严厉的处罚、最严肃的问责";三是2015年10月原国家卫生和计划生育委员会等五部门联合印发的《关于控制公立医院医疗费用不合理增长的若干意见》;四是2016年3月国务院办公厅发布的《关于开展仿制药质量和疗效一致性评价的意见》。

四份政策文件,犹如对医药行业连续投下的四枚震撼弹。政策的意思很清晰:监管必然会更加严格,药品价格必然要大幅下降,生产效率必然要大幅提升。

那段时间,张贵民反复研读华为技术有限公司创始人任正非的文章《华为的冬天》,其字里行间流淌着的危机感与忧患意识,让他仿佛看到了鲁南制药在寒冬中挣扎求生的身影。

"生,还是死?这是个问题。"英国剧作家莎士比亚著名戏剧作品《哈姆雷特》的这句经典台词不停在他脑海中回荡,提醒着他眼前的危机和抉择。

2016年10月,在参加完鲁南制药一年一度的集体婚礼后,张贵民立刻召开董事会,提出公司经营的改革方案。然而,三位元老中的两位明确反对,另一位则弃权,方案最终被搁置。

会议结束,张贵民感到浑身无力,仿佛被逼到了悬崖边,进退两难。他甚至想去聘请职业经理人来接管鲁南制药,自己撒手不管。然而,每当他想到赵志全临终托付的重任,想到在市场一线拼搏的业务员,想到在生产线上默默奉献的工人,以及那些对鲁南制药抱有期待的患者,他的心中又升起了一股责任感和斗志,他告诉自己必须迎难而上,放手一搏。

2016年12月10日,集团办公室下达了一则引人注目的通知——召开集团全体管理人员大会。五百多人齐聚一堂,会场内弥漫着紧张而压抑的氛围。张贵民站在台上,沉默了一分钟,没有说话。这一刻的寂静让人忐忑不安，每个人都感受到一股紧迫的气息。张贵民的眼神坚定而锐利，仿佛随时都要拔出一把利剑，斩开眼前的困境。

▲ 2016 年 12 月 10 日，张贵民召开未来三年公司经营形势分析会

会议大屏幕缓缓打开，张贵民要报告的题目赫然映入眼帘——"医药行业政策变天，2017 我们怎么调整"。

八年后的今天，当我们重读这份报告，依然能感受到张贵民当时的怒气与决绝，那是一种被逼到悬崖边的危机感，更是一种绝不妥协的信念。

张贵民开门见山，直指医药行业政策的急剧变化，尤其是医保控费和集中采购给医药行业带来的巨大冲击。他坦言，集中采购的最低价中标机制可能会成为对鲁南制药的致命一击。鲁南制药一贯坚持"最高质量，最优价格"，从未参与过低价竞争。如果为中标而拼价格，企业的优势将荡然无存；但如果不参与，产品就可能被公立医院市场所淘汰，失去最大的市场渠道。

为了让大家清楚地认识到鲁南制药在低价竞争中的劣势,张贵民举了明星产品欣康为例。欣康原本售价 50 元,但在集中采购后被迫降至 24 元,这已经是鲁南制药能够承受的最低价格了。然而,即便降到了 24 元,价格依然没有优势,因为市场上有一家品牌的同种药品的零售价仅为 10 元。以鲁南制药当时的生产和研发成本,这样的低价是无法实现的。

紧接着,张贵民又举了一个具体的实例来佐证。他提到,北京某医疗单位曾来临沂洽谈某种药品的合作。鲁南制药经过内部核算,提出的出货价格是每支 7.5 元,这已经是公司的底价,无法再降。然而,令张贵民震惊的是,对方告诉他,某制药公司给出的报价仅为每支 1.5 元,而且还有进一步降价的空间。

张贵民在报告中继续剖析企业的成本劣势,尤其指出了人工成本的剧增对鲁南制药造成的压力。早期,公司能够养活大量员工,主要得益于低廉的用人成本。2000 年时,鲁南制药的员工平均工资仅约 1000 元,而到了 2016 年,这一数字已涨至约 5000 元,加上医保、社保等其他支出,整体工资成本几乎是 2000 年的 8 倍。

然而,在工资成本攀升的同时,企业的生产效率却没有与之同步提升。

为让管理层更清楚地意识到差距,张贵民引用了头部药企恒瑞医药的数据进行对比。2015 年,恒瑞医药的员工总数比鲁南制药仅多 400 人,但其产量和营收却都达到了鲁南制药的 1.5 倍。更为严重的是,抛开研发和业务人员不算,鲁南制药在其他部门的员工人数竟然是恒瑞医药的 2 倍。在人均年产值上,恒瑞医药每名员工平均创造了 300 万元的产值,而鲁南制药的这一数字仅为恒瑞的 1/3。

不过,在如此严峻的对比中,张贵民也找到了唯一值得自豪的亮点:

鲁南制药的市场业务员表现优异，竞争力强于对手。数据表明，鲁南制药的业务员人均销售额约为 200 万元，而恒瑞医药的业务员人均销售额仅为 170 万元左右。张贵民对业务团队的全力以赴表示了充分的肯定，他特意在报告中留下一页空白，并表示："业务团队已经拼尽全力，我对他们无话可说，无话可批评。"

张贵民的语气很快又变得沉重起来，最令他痛心的是车间的生产效率。他指出，2012 年，国内某知名药企的冻干粉针车间平均每人每天可以生产 3250 瓶，而鲁南制药生产的注射用欣康在 2016 年的效率却仅为每人每天 1230 瓶，不到对方的 1/3。

这样的巨大差距让张贵民感到愤怒而无奈："请你们看看自己的能力！"他加重了语气，丝毫没有给生产部门留情面："这些数据都是网上可以查到的，不是我瞎编出来的。各位车间主任去看一看，对比一下，别成了笑话还不自知！"

早在 2015 年，张贵民就开始要求车间主任们减员增效。然而，他得到的回应却是："一个人也减不动，现有的人都不够用"。这种安于现状、贪图舒适的心态，让张贵民深感忧虑："很多人就图人多舒服，但舒服往往意味着慢性死亡。"

更让他感到痛心的是，一些车间主任在年底绩效报工时的时候，竟然公然造假。会议现场，张贵民声音里透着失望和愤怒："看你们报工时，我就很悲哀。为什么？造假！大家不要玩虚的，玩到最后会玩死自己。靠弄虚作假永远也赢不了未来！"

张贵民的情绪越发激动，声音高亢，几乎是在现场发脾气：

"我们员工群体，可以说是临沂文化层次最高的群体。员工中，本科以上的占到百分之六七十，硕士达到百分之十几，博士数量有几十个，但你们却干着最低效率的工作。这是谁造成的？就是在座的各位管理者！你们用着最好的资源，干着最差的活，简直就是谋杀！"

"哪怕我们十年磨一剑，就能赢得未来。我们不怕慢工出细活，但问题是大家在磨剑吗？大部分人都不磨剑，而是在磨洋工。"

他停顿了一下，似乎在平复心中的怒火：

"对不起，年后研发人员首先裁掉20%。裁掉哪些人，项目负责人自己权衡，公开公正。下不了决心，要讲人情，那就自己去车间。不要事情不做，却冠冕堂皇地拿着工资！"

张贵民用最直接的、毫无掩饰的愤怒，向所有人传递了一个信息：效率改革势在必行！

这番话，犹如暮鼓晨钟，敲响了鲁南制药推进改革的序曲。

"鲁南风波"

> 人生如画，起伏跌宕方显精彩。
> 生命如歌，抑扬顿挫更显韵味。

元老们的不满，最终还是演变成了一场惊心动魄的"鲁南风波"。

2017年2月19日，三位元老齐聚北京，召开了一次秘密会议，目的是提议召开董事会罢免张贵民。回到公司，他们便开始动员其他高管。

3月2日上午,张理星从新时代药业到临沂医院看牙病。回程路上,他突然接到一位元老的电话,让他立即前往集团参加董事会。

张理星心生疑虑:集团办公室并未发出任何会议通知,这次"突袭"会议为何如此突然?疑问虽多,但他来不及细想,只能火速赶回公司。

回到集团,张理星发觉会议地点并不是在平时的会议室,而是在其中一位元老的办公室。往日熟悉的走廊,此刻却仿佛是通向未知的迷宫。会议桌前坐着的除了自己,只有三位元老,缺席者恰恰是张贵民,也就是说,董事会的成员已悉数到场,张贵民孤身被排除在外。这让张理星心中警铃大作。

三位元老没有丝毫寒暄,直截了当地向张理星抛出了"剧本":"我们为此事已筹谋半年之久,目的只有一个,那就是在3月12日召开董事会,将张贵民彻底逐出鲁南。现在,就差你签字画押,这出大戏便可正式上演。"这场暗流涌动、酝酿已久的阴谋,至此终于露出了狰狞的面目。

张理星愣住了,他此前虽然隐约察觉到三位元老对张贵民心存芥蒂,暗藏不满,却万万没有料到他们竟已暗中策划到了如此地步,竟要上演一场"逼宫篡位"的闹剧。面对摆在眼前的这份充斥着阴谋气息的文件,他内心陷入了前所未有的剧烈挣扎:如果签字,无疑是彻底背叛张贵民,与其恩断义绝;如果拒绝签字,则必然会与这三位势焰熏天的元老彻底决裂,甚至会因此得罪整个董事会,前途尽毁。就在他进退维谷、举棋不定之际,三位元老再次以不容置喙的强硬姿态逼迫道:"你签也得签,不签也得签。你签了可以继续留在董事会,不签就啥也不是。"语气冰冷,仿佛没有丝毫回旋的余地。

这一刻,集团办公室的徐炳南透过窗户,恰好看到了张理星与三位元老在一起。他察觉到这非比寻常,第一时间向张贵民报告了情况。张贵民觉得这个情况不正常，便拨通了张理星的号码，张理星的电话刚一响起，就被三位元老强行挂掉。在三位元老的压力下，张理星最终选择"以退为进"，无奈地签下了自己的名字。

签完字，张理星感到无比惶恐，深知自己已经卷入了一场巨大的权力纷争。他离开办公室后巧遇在食堂就餐的张贵民，两人急忙找了个借口走进车内，迅速关上车门，张理星将刚才发生的一切毫无保留地告诉了张贵民。

张贵民听罢，虽然内心震动，却没有表现出惊慌，脸色依然冷静，他快速地分析了当前的局势："他们现在提议3月12日开会，还有10天。"张贵民补充道，他早已得知北京秘密会议的内容，并做了一定的准备，只是没想到三位元老的动作如此迅速。

意识到形势严峻，张贵民决定当天下午立即前往临沂市委汇报情况，争取获得上级的支持。与此同时，张理星也不敢有一丝怠慢，开始焦急地拨打赵志全妻子和女儿的电话，试图获取他们的表态。电话一遍又一遍地拨出，却无人接听。紧张等待了两天后，赵志全的女儿终于在3月4日拨回电话："全力支持张贵民同志的工作。"

3月6日，一位元老找到了时任总经理助理刘忠，毫不避讳地告知了他们计划罢免张贵民的企图，并希望得到他的签字支持。刘忠听罢心中震惊，立刻坚定地拒绝了签字的要求。与此同时，时任新时代药业财务部门负责人刘长城也感受到了巨大的压力：三位元老多次施压，企图逼迫他交出财务印鉴。

3月7日一早，阳光透过窗户洒在张贵民的办公室。沐浴在阳光中的他，心中变得愈加坚定：是时候发起反击了。他决定召集几位自己信任的高管商议对策。

为了避免被三位元老察觉，张贵民没有用自己的电话，而是借用外甥的手机，通知几位亲信前往临沂城邦商业广场召开紧急会议。张理星、刘忠、刘长城等核心高管悉数到场。在会上，张理星主动站出来，当众宣读了一份声明：撤回他之前在罢免文件上的签名，并公开表态坚决拥护赵志全遗嘱，支持张贵民的工作。张理星的这一声明，背后也得到了赵志全妻子和女儿的全力支持。

三位元老得知这一消息后，气急败坏，破口大骂张理星出尔反尔。面对元老们的质问，张理星也毫不退让，回击道："你们做的事，之前完全没透露任何消息。北京会议不知道，之前各种计划我更不知道。你们不过是在利用我董事会成员的身份签个字罢了。"元老们顿时哑口无言。

下午，张贵民以迅雷不及掩耳之势，迅速采取行动，以董事长身份发布了一份正式公告：免去四名副总经理的职务，其中就包括三位元老。

这一反击，犹如一记精准而果决的重拳，正中三位元老的要害，瞬间击溃了他们精心筹划的阴谋。他们原本妄图罢免张贵民，将其赶下权力之巅，却万万没有料到，最终反倒被张贵民釜底抽薪，彻底剥夺了他们在公司内部的实际权力，沦为了有名无实的空壳。

为挽回败局，三位元老竟然聘请了保安团队，打算强行闯入公司将张贵民架走。张贵民也不甘示弱，马上通知保卫部严阵以待，并且下令禁止三位元老进入总部和新时代药业。

张贵民一招免职令，让三位元老措手不及、无力反击。但张贵民自己也辗转反侧，担心三位元老会采取更激烈的行动对付自己。他的脑海中，不断浮现出各种可能的突发状况。

次日清晨七点，困倦不堪的张贵民突然想到公司公章的安全问题。他紧急拨通了科研办公室孟凡波的电话，声音沙哑且急促地问道："公章还在不在?"孟凡波被这突如其来的询问弄得一头雾水,不知道到底发生了什么事,立刻跑到公司办公室查看保险柜。打开柜门,看到公章完好无损地放在原处,孟凡波松了一口气。确认公章安全的那一刻,张贵民才稍微放下心来。

张贵民马上着手召集新时代药业中层以上干部开会,打算将公司近期发生的事情开诚布公。

早上八点半,会议召开。偌大的会议室里,坐满了各个部门的负责人,每个人的神情都透着一丝迷茫。张贵民站在讲台上,沉静片刻,用嘶哑的声音向大家讲述公司近日发生的波折,以及元老们对领导权的争夺。虽然他的语气平静,但其中透露出的危机感,让在场的每个人都感受到了事态的严重性。

会议结束后,张贵民成功地暂时稳定住了局面,但他知道风波并未完全平息。那段时间,张贵民几乎足不出户,日夜坚守在办公室。最难受的时候,他会背诵《心经》,会唱鲁南制药厂厂歌,试图在信仰和集体的力量中找到慰藉。

"鲁南风波"绝非鲁南制药发展历程中一段不堪回首的"黑历史"。正如现集团副总李宝杰所言,一个企业恰恰因为这些有起有落的经历,才显得更有魅力。从短期来看,这或许是一场风波。但从长远来看,它却是一次洗礼,一次重生。天下之事,"物有甘苦,尝之者识;道有夷险,履之者知",没有经历这些的人,大概体会不到其中的价值。

在企业的成长历程中,波折不断,多是常态。"鲁南风波"表面上是一次元老与新掌舵人间的权力角逐,实则是企业文化与治理格局的深层洗礼。张贵民在激烈博弈中,以智慧与果断稳住了局面,不仅守护了赵志全的遗嘱,还在企业内部重塑了信任与纪律,彰显出新领导人不让步、不退缩的担当与魄力。

舒尔佳之争

逆风而行,方能看到常人看不到的风景。

决策的力量,不在于迎合大众,而在于看清趋势。

2017年,张贵民力排众议做出了一个决策:在中央电视台投放舒尔佳奥利司他胶囊的广告。

舒尔佳是鲁南制药2014年底推出的一款减肥药,也是国内第一款获得国家食品药品监督总局(CFDA)批准上市的OTC减肥药。2015年12月底,该产品在北京举行的第十七届中国专利奖颁奖大会上获得中国专利金奖。张贵民坚信舒尔佳能成为市场的爆款。

早在2015年,鲁南制药就为了给舒尔佳找到更好的广告词,开启了一场别开生面的"'舒尔佳'广告语征集活动"。活动吸引了来自22个省市的117名参与者,最终收到了951条符合条件的广告语。

虽然活动在网络上掀起了一阵不小的波澜,但公司内部对舒尔佳的推广却并不是都看好。大部分员工认为,减肥药市场早已饱和,各类非OTC减肥产品充斥市场,新产品的机会渺茫。此外,业务员多年来的主攻方向是医院和经销商,并不直面消费者,但减肥药是面向终端消费者的产品,因此业务员对此感到手足无措。在初期,很多业务员对推广舒尔佳有强烈的排斥情绪,甚至直接给张贵民发信息,断言舒尔佳难以打开市场。

为了推动销售,张贵民要求所有业务员和管理人员每月必须完成一定的销售任务,完不成就要扣绩效。面对这一规定,业务员们更加抵触。那些对舒尔佳彻底丧失信心的人,干脆通过自掏腰包,买来放在家里,只是为了完成任务。

就是在这样的质疑声中，张贵民还是决定投入几千万元在央视投放广告。

此举让许多员工不解，领导层对此也有分歧。一些业内人士认为鲁南制药做减肥药是不务正业，拉低了企业的档次。

与此同时，张贵民还启动了贝特智能化工厂的建设，总投资高达六七亿元。有人甚至恶意揣测，认为他借建厂和打广告之名中饱私囊。更有一些极端言论，对他进行人身攻击，造谣诽谤。

集团宣传部部长刘玉民回忆起当时的情景，仍然愤愤不平。他非常肯定地表明，舒尔佳广告投放的每一笔开支都清清楚楚，容不得半点污蔑。

面对这些质疑与攻击，张贵民虽然心有委屈，但并不想多过多地回应。大音希声，强者以沉默对抗喧嚣。

投放舒尔佳广告不仅是为了拓展新产品线，也是为了弥补企业利润的下滑。由于处方药无法通过广告做宣传，加上国家医药集中采购政策的推行，处方药的利润越来越少。如果鲁南制药不寻找新的利润增长点，生存就可能成问题。而减肥药顺应社会发展需要，具备广阔的市场潜力。

市场不会辜负每一个拥有远见的逐梦者。

尽管最初饱受质疑，但舒尔佳的成功最终证明了张贵民的远见卓识。广告投放的第一年，舒尔佳的原料出口量便突破 20 吨，国内各大药店纷纷出现了对舒尔佳的抢购潮，线上电商销售也势如破竹，舒尔佳成为鲁南制药旗下的明星产品。

2018 年 1 月，在一次公司管理人员会议上，张贵民满怀欣喜地表示：

"舒尔佳的增长势头迅猛，已经成为我们最畅销的产品。这就是市场需求，不是说有人反对，市场就不需要了。好产品终究会被市场认可，不以某些人的主观意志为转移。"

到2021年,舒尔佳年销售额突破10亿元,稳居鲁南制药电商销售前列,在首荟商城线上销售更是占到商城总销售额的40%。在2023年"618"购物节期间,舒尔佳销量同比增长18.6%,而其他品牌同品类产品的销量却普遍下滑了30%到50%。

舒尔佳的成功让张贵民对大健康领域的发展前景充满信心。鲁南制药自主研发的药妆品牌"晓平"刚刚起步,就取得了年销售额千万元级别的成绩,显示出巨大的增长潜力。这些产品不仅丰富了鲁南制药的产品线,也为企业开拓了新的利润空间。

▲由鲁南制药冠名的央视《中国中医药大会》第二季于2024年12月6日开播

为了进一步扩大广告投放,张贵民多年来持续热衷于冠名各种健康类节目。鲁南制药先后冠名了央视《职场健康课》《中国中医药大会》、凤凰卫视《凤凰大健康》、山东电视台《健康山东》等多档节目。

张贵民对此有两层考虑:

首先,他看重的是健康节目的观众群体。他认为这些观众关注健康,有着天然的需求,是精准的潜在客户群体。这种有针对性的营销,能使广告的转化率更高。

其次,这些健康节目邀请的嘉宾大多是医学界的权威专家,他们分享的健康知识具有极高的可信度和极大的影响力。鲁南制药不仅在节目中推广产品,更巧妙地将这些权威专家讲述的健康知识点剪辑成短视频,供医药代表与医生交流时使用。当医药代表拿着这些专业短视频与医生对话时,专家的知识背书为鲁南制药的产品增加了分量,拉近了与医生的距离。

选择凤凰卫视作为合作伙伴,是张贵民布局鲁南制药国际市场的重要一步。凤凰卫视在海外华人中拥有广泛的影响力,通过这个窗口,鲁南制药的品牌形象和产品信息得以传递给更多海外华人,为公司的国际化发展打下了坚实基础。

电商进化

适者生存,变者长存。

正是进化的力量,让事物得以不断迈向更高的层次。

舒尔佳的成功,实际上是张贵民在鲁南制药进行的一次电商进化探索。

最初,舒尔佳的推广团队仍然试图沿用过去熟悉的销售模式,即销售代表到医院推销。然而,减肥药在医生群体中的接受度并不高,医院渠道的推广屡遭冷遇。在传统的销售策略受阻后,张贵民以敏锐的商业嗅觉看到了线上销售的潜力,决定将这款减肥药推向电商领域。

2016年,张贵民决定将舒尔佳交由郁杰、刘方亮等人负责。通过电商渠道开拓新市场,方发现线上销售才是舒尔佳真正的舞台。事实上,在鲁南制药开始官方线上销售舒尔佳之前，已有部分销售业务员在个人网络平台售卖舒尔佳，并且销量不错。

张贵民指派新媒体中心临时负责鲁南制药的电商运营工作。2016 年 8 月，鲁南制药正式在京东开设了线上店铺。不过，初始阶段的运营主要委托第三方——京东大药房代运营。

"电商 1.0 阶段"以试水和探索为目标，虽没有完全掌握线上销售的主动权，但其积累的运营经验为后续的电商模式转型打下了基础。

2017 年，鲁南制药的电商运营从新媒体中心独立出来。在广东市场打拼多年的高立军本是电子商务专业毕业的，得知此情况后，毅然申请回总部加入电商团队。

随着上一任电商负责人的离职，高立军正式接手电商团队。高立军上任后，开始重塑团队，推动鲁南制药电商从代运营向自运营的模式转型。代运营虽然帮助鲁南制药完成了初期的电商布局，但对企业长期发展来说，掌握主动权至关重要。

2018 年，鲁南制药在天猫开设了官方旗舰店，正式开启自运营模式，标志着鲁南制药进入电商 2.0 阶段。

在电商自运营的探索中，张贵民的全力支持为电商团队的发展提供了强有力的后盾。他不仅亲自参与电商活动和行业会议，还带领团队走访京东和阿里巴巴，与两大电商巨头签署了战略合作协议和商业计划合作协议，为鲁南制药拓展线上业务铺平了道路。

最让高立军印象深刻的，是鲁南制药团队与阿里健康团队的商谈。2018 年 6 月，炎热的夏日似乎为这次非凡的合作增添了一丝紧张感。为了确保这次合作顺利推进，鲁南制药一行人提前一天便抵达杭州。作为电商平台巨头，阿里巴巴通常在合作中占据强势地位，但这次会面却格外不同，阿里健康给予了鲁南制药最高规格的接待，CEO以及几位高层领导全程参与了交流与签约仪式。

在这场充满诚意的交流中，双方探讨了未来的战略合作计划，并最终达成了2000万元销售目标的协议。对仍在电商领域探索的鲁南制药来说，这无疑是一个巨大的挑战。结果让双方都感到惊喜：仅一年时间，鲁南制药便超额完成销售任务，实现了3500万元的销售额。

随着电商业务的迅速发展，2019年鲁南制药电商板块升级为独立的部门，2021年进一步升级为电商运营中心。这一系列组织架构的调整，反映了张贵民对电商战略的高度重视和对未来互联网市场的信心与期待。

新冠疫情的暴发加速了医药行业线上销售的潜力释放，也让曾经质疑电商发展方向的人意识到张贵民当初决策的正确。受疫情影响，医药代表无法到医院进行销售和沟通，药品的线下销售一度陷入低谷，而鲁南制药的电商销售却逆势而上。2020年1月至同年3月，鲁南制药的电商销售额较上一年同期增长了3倍，显示了强劲的销售能力和市场适应力。

张贵民深刻认识到，电商打破了传统医药销售的时间和空间限制，实现了药品与患者之间的直接连接。在"云端"实现点对点、端到端的价值传递，不仅能够满足患者对药品的及时需求，也能够更高效地将企业产品送达消费者手中。线上模式在疫情期间的成功，让鲁南制药的电商发展得到了更多的内部认可。

随着首荟大药房在临沂市场的铺开，鲁南制药的线下连锁药店网络逐渐形成。凭借这个连锁药店体系，公司具备了在线上独立建立医药平台的资质。2021年，"首荟商城"小程序正式上线，标志着鲁南制药进入了电商3.0阶段。

▲ 鲁南制药首荟大药房

首荟商城是针对医疗保健领域，集药师咨询、线上处方、线上购买、配送到家、健康社区等专业化服务为一体的互联网电商平台。除了医药产品，商城上的福利专区还与麦德龙、大润发等大型超市合作，引进质优价廉的生活必需品，并提供比线下超市更实惠的价格和更快速的配送服务。

在首荟商城的账户钱包中，鲁南制药为员工充值了节日福利礼金，员工可以在商城内自由选择商品，享受专属优惠。这一举措，不仅提高了员工的参与感，也为商城的运营带来了内在流量的支撑。

首荟商城不仅服务公司员工，还服务老客户。

为了积极推广首荟商城小程序，鲁南制药所有出售的药盒上都印有商城的小程序码。无论患者在哪里购买鲁南制药的产品，都可以通过扫码进入商城，方便快捷地再次购买。公司还为此开通了微信和支付宝等外部支付功能，进一步提升了用户体验。通过这种方式，鲁南制药精准聚焦老用户，打造私域流量池，实现了线上和线下的深度融合，在电商领域创造了属于鲁南制药的新模式。

除了产品销售，首荟商城的另一个重要功能是提供在线咨询服务。新媒体中心的客服团队通过平台提供 24 小时咨询服务。

首荟商城的战略规划是先覆盖临沂本地市场，再逐步向外辐射。临沂三区九县拥有1200多万人口，本地生活服务就是一个巨大的市场。成功做到这一步后，首荟商城将向更广泛的区域辐射，逐步扩展至全国。

电商运营中心自成立以来，已在京东、天猫、拼多多、抖音、快手、小红书等平台开设了店铺，在各平台的评奖中屡获佳绩，成为各类颁奖典礼的常客。例如在2023年的天猫销售排名中，舒尔佳在生活方式类排名第一，安神补脑液在补益类产品中排名第二，荆防颗粒在中药感冒药中排名第三，鲁南制药官方旗舰店排名为前五名。2023年4月，第11届中国医药互联网大会在南京召开，鲁南制药集团荣获"2023医药互联网创新企业奖"。

舒尔佳的成功、"晓平"药妆和医药电商的崛起，都证明鲁南制药在战略转型中所付出的努力和所冒的风险是值得的。品牌焕新、渠道下沉、精准营销的综合施策，将消费者、医生、媒体和专家资源进行有机整合，最终构建起"信任—认知—购买"的良性循环。正是在这样的创新驱动下，鲁南制药不但为当下的困局找到了出路，更为未来的腾飞搭建了广阔舞台。

迎来稳定时代

企业的真正敌人，并非来自外界的竞争者，而是内部潜伏的内耗。
只有卸下内耗的重负，才能奔向高速增长的坦途。

2018年，鲁南制药的产值与销售收入双双突破百亿元大关。

从1968年建厂到2018年，鲁南人用了整整50年的时间，终于实现了营收超百亿元的梦想。赵志全在2005年就曾描绘过"百亿梦想"，这个梦想在张贵民的领导下，终于在 13 年后得以实现。这一数字，对鲁南制药来说意义非凡。

面对如此耀眼的成就，张贵民并没有沉溺于喜悦和自满，而是以一种清醒的姿态将其视为鲁南制药扬帆远航的新起点。他始终铭记赵志全生前谆谆教诲的"零点行动"精神——以归零的心态面对过去，将每一天都视作新的征程，重新出发，永不止步。

在 2019 年 1 月底的一次会议上，张贵民提出了"三个最"的市场战略，即"做最好的产品，提供最好的服务，达到最佳的疗效"。他将市场视为企业的核心命脉，明确表示要优先保障业务部门的资源配置，要求所有管理层降低个人享受，将更多的资金和精力投入到市场中。他强调："管理人员出差，因陋就简，吃住够用就好。"这一举措明确了公司的导向：市场永远排在第一位，业务员则是这条生命线的守护者。

在这次会议上，张贵民用了一组简洁明了却极具震撼力的数据，清晰地勾勒出了鲁南制药蕴藏的巨大市场潜力。他提到，公司药品欣康目前已进入全国近 26 000 家医院，而其他大部分产品的市场覆盖还不到 5000 家，甚至像脉络舒通丸这样的产品，仅仅覆盖了 3000 家医院。如果公司其他产品都能像欣康一样实现广泛的市场覆盖，鲁南制药的整体销售额有望实现近七倍的增长。

基于此，张贵民提出了"压强原则"，即集中资源、密集投资、饱和进攻重点产品，并以此来拉动全线产品的销量。聚焦之光，才能穿透迷雾；合力之拳，方能击破壁垒。在他的规划中，这种以重点带动全局的策略，将使企业的市场增长具备更大的潜力和更强的持续性。

张贵民深知，只有让管理层深入市场，真正了解一线的需求与挑战，企业才能更好地应对市场的变化。他鼓励高管们主动申请到市场一线去磨炼，无论个人业务成绩如何，更重要的是亲身体验业务员的艰辛，切实理解"面向市场、读懂市场、满足市场"的深刻意义。在他的要求下，人力资源部门将业务一线经历作为晋升干部的硬性要求：没有经过一线历练的人将无法晋升为高级管理人员。

在张贵民的"业务首位意识"引领下，鲁南制药的市场导向和战略执行力得到了进一步强化，使公司在2019年创下了123亿元的营收新高，稳步向更大的目标迈进。

然而，在营收一路高歌猛进的同时，"鲁南风波"余波未了，网络上的谣言时不时地冒出来，冲击着鲁南制药的声誉和张贵民的个人生活。

网络上有些别有用心的人，散播关于公司资金链断裂的谣言，试图诋毁鲁南制药的声誉。网络上的流言终究只是少数人在利益纠葛下进行的攻击，而大多数人内心深处都有自己的判断。那些蓄意抹黑的言论，虽然在表面上激起了些许波澜，但并未动摇鲁南制药内部的根基。普通员工们在这些风波中更加关心的，依然是自己的薪资和生活，张贵民为他们创造的稳定增长的收入，足以让他们心生安定。风雨再大，也吹不垮信任的堤坝，公司稳如磐石，员工安心向前，这也是张贵民为鲁南制药筑起的坚固防线。

不过，张贵民内心清楚，要彻底巩固自己的领导地位、掌控这家企业，还需要一个真正能一锤定音的契机。

2019年8月，鲁南制药的党代会换届选举即将到来。

在此之前，三位元老中的两位一直占据着党委委员的重要位置，而他们的影响力对公司未来的发展仍存有潜在的掣肘。经过多次沟通，两位元老最终同意退出党委委员的职务，逐步淡出企业的权力中心。作为和解条件，公司也做出了让步，承诺在他们退出后，继续给他们保留副总经理的工资待遇，同时为他们每人购置一辆新车，保障他们的晚年生活。这场和解，为鲁南制药的内部矛盾画上了一个相对平稳的句号，为企业重新凝聚力量、推动下一步发展奠定了基础。

对于这次换届，中共临沂市委、市政府高度重视。这家背负着"时代楷模"赵志全遗志的企业，其稳定发展不仅关乎企业自身，更关系到临沂地区经济的繁荣和社会的和谐。

2019年5月，中共临沂市委专门派了"红领书记"进驻公司[○]，指导、帮助鲁南制药党委换届的筹备，从党建入手解决董事会成员纠纷。"要提高政治站位，讲政治、顾大局……"，时任市委组织部副部长王立军的话语掷地有声。

8月9日，临沂市委决定成立鲁南制药换届工作指导组，由市委组织部牵头，市纪委监委、市委网信办、市公安局以及兰山区委等部门抽调人员组成，旨在帮助企业党组织班子顺利过渡。

很多员工都感叹，市委、市政府如此重视一个企业党委的换届，这在过去实为少见。

经过半个多月精心筹备，8月27日，鲁南制药党代会如期召开。赵志全的夫人龙广霞及215名党员代表齐聚一堂，共同见证了这一历史时刻。

会上，张贵民全票当选为新一届党委委员，在随后召开的第一次党委会上，又全票当选为党委书记。

这一结果并不意外，但其背后的意义非同寻常。如果说当年赵志全的遗嘱是将企业一把手的职位传递给张贵民，那么，这次市委、市政府的正

○ "红领书记"这一概念最初由山东省临沂市提出，是指由政府或党组织选派的干部，到非公有制企业或社区担任重要职务，以加强党建工作，促进企业发展和社会进步。

式确认，全体党代表的公开投票，让张贵民从继承者真正成了领航者。

会后，张贵民收到了一条来自刘忠的短信："真正属于你的时代来临了，祝贺你！"张贵民的回复言简意赅："大家都继续加油！"这简短的对话，映射出张贵民内心的沉稳，他知道，未来的道路依然充满挑战。

2020年1月15日，公司三位元老同日到公司出席了两场重要活动，一场是2019年度工作总结表彰大会，另一场是当晚举行的2020年春节联欢晚会。三位元老、赵志全夫人龙广霞女士分坐在张贵民的两侧。这一场景，无疑宣布了"鲁南风波"告一段落，鲁南制药终于迎来了稳定发展的时代。这不仅展示了一个企业在突破自我后，如何克服内外挑战、实现转型升级的智慧，更深刻揭示了在追求卓越的道路上，理性与激情、传统与创新交织的复杂路径。

客观来说，虽然在张贵民接手鲁南制药后的四年间，企业取得了突飞猛进的发展，但"如果没有'鲁南风波'的内耗，企业营收早就超越300亿元了"，李宝杰这句话，既是对过去的惋惜，也是对未来的期许。历史的车轮滚滚向前，行业的契机从不等人，过去的遗憾已经无法挽回。古人言："古今多少事，都付笑谈中。"

张贵民曾在一次内部会议上动情地说道：

"我差点辜负了赵总。如果在2017年的那场风波中，我选择了离开，那么这个结果唯一能证明的就是赵总选错了接班人。今天，我无怨无悔，因为我没有辜负赵总的信任。"

这番话，透露着他内心的深深自责与自我释怀。那场风波让他经历了前所未有的艰难抉择，但也正是在那段痛苦的时光里，张贵民真正找到了属于自己的使命。在商业世界里，有一种特殊的时刻，它不是企业营收的巅峰，不是市场份额的领先，而是一个继任者真正找到自己声音的瞬间。正如奥地利作家茨威格在《人类群星闪耀时》中所写："一个人最大的幸福莫过于在人生的中途，富有创造力的壮年，发现自己此生的使命。"

在某种意义上，那场风波并没有打垮张贵民，反而成为他人生中的一场重塑。企业的传承，从来都不是一纸遗嘱那么简单，它是一场漫长的修行，是对先行者精神的重新诠释，更是自我使命的深度觉醒。在这条充满荆棘的道路上，有人迷失在前辈耀眼的光环之中，止步不前；有人深陷于眼前的蝇头小利之中，难以自拔；然而，总有一些真正的勇者，他们能够在阵痛中完成凤凰涅槃般的华丽蜕变，在外界的重重质疑中坚定不移地沿着自己的方向前进，最终成就一番伟大的事业。

第七章

寒冬暖阳

我们工作的目的就是解决问题。

让解决问题的人升职,让制造问题的人让位,让抱怨问题的人"下课"。

——张贵民

公司的人才、资金、技术等资源要素都要向市场倾斜,眼睛要始终盯着客户,为客户提供更多更好的超值服务。

——张贵民

...

风波过去,张贵民迎来了更加艰难的挑战:新冠疫情的暴发、一致性评价风暴、医药集采的重压接踵而至。医药行业进入前所未有的寒冬。

面对复杂多变的市场环境,张贵民通过在药品集中采购中的决策智慧,在中药领域开辟新天地,以及通过全过程成本控制、价值重塑等一系列举措,让鲁南制药转危为安,焕发新生,带领企业在行业寒冬中迎来暖阳。在此过程中,如何平衡新与旧、变与守、严厉与温情,并将鲁南制药从家长制管理逐步引向现代企业管理制度,考验着张贵民的管理智慧。

医药集中采购,跟还是不跟

战略性耐心是一种蓄势待发的从容,是不被眼前风波扰乱的坚定。
谋定而后动,知止而有得。

从 2015 年《关于完善公立医院药品集中采购工作的指导意见》发布开始,张贵民便意识到药品集采对企业的潜在影响,因此一直密切关注政策动向,未雨绸缪。药品集中采购不仅涉及价格压缩,更涉及企业的市场准入、药品供应能力和生产成本控制,这些都对企业的战略规划和经营管理提出了更高的要求。

不过在 2018 年之前,药品集中采购政策虽然一直在不断演进,但整体进程较为缓慢,集中采购更多地停留在地方试点的阶段,真正大规模、全国性的集中采购行动仍未启动。

药品集中采购表面上看似只是简单的买卖交易,实则是一场牵涉甚广、错综复杂的利益博弈,是对药品价格体系、质量标准以及整个供应链条进行的一次深刻反思和彻底革新。其核心逻辑是通过"以量换价"这一市场法则,切实减轻广大患者的用药负担,即以庞大的采购量为筹码,迫使药品价格大幅度下调。政府将分散的药品采购量进行打包和整合,形成巨大的集中采购规模,以此作为与制药企业进行价格谈判的重要筹码,力图以巨大的潜在市场份额换取尽可能优惠的药品价格。而对制药企业而言，为了能够在激烈的竞争中脱颖而出，成功获得集中采购中标资格，就不得不大幅度降低药品价格，以确保其产品能够顺利进入全国范围内各大医院的用药目录，继而保住乃至扩大市场份额。2018年，新成立的国家医疗保障局接管了药品采购招标工作，从省级集中采购到全国统一集中采购的大幕正式拉开。国家组织集中采购重点针对通过一致性评价⊖的药品。

2018年7月，时任国家医保局局长胡静林在上海开展工作调研，正式表态要通过集中采购机制，推动药品价格的下降。2018年8月3日，几位省市药品招采、医保的负责人被召集至北京，聆听国家医保局对全国性药品集中采购方案的构想。10天之后，医保局马不停蹄，再次于上海召开会议，详细讨论集中采购的操作细节。

大幕徐徐拉开，一场行业巨变正悄然酝酿。11月15日，《4+7城市药品集中采购文件》在上海阳光医药采购网正式公布。采购目录共31个品种，多为慢性病用药和常见用药。组织药品集中采购试点的范围包括了4个直辖市（北京、天津、上海、重庆）和7个副省级城市（沈阳、大连、厦门、广州、深圳、成都、西安）共11个城市，因此简称为"4+7"。这个消息迅速在行业内引发了轩然大波。

十二月，寒风凛冽。

上海此刻成为整个中国医药行业乃至资本市场的绝对焦点。来自全国各地的各大制药企业的代表们齐聚于此，所有人无不屏息凝神，静候着"4+7"集中采购试点中选结果的最终揭晓。最终，在纳入采购目录的31个通用名药品中，有25个中选，纳入集中采购范围，中选价平均降幅高达52%，其中最高降幅更是达到了96%。

⊖ 一致性是指仿制药需要和原研药在质量、疗效等方面达到等效。

兵临城下,考验的是将帅的智慧与勇气。在当月的鲁南制药总经理办公会上,张贵民忧心忡忡地发出感叹:

"按照'4+7'试点的降价幅度,哪怕一个营收达百亿元的企业,也可能瞬间被腰斩至50亿元。这可不是打个对折就能平衡的局面,因为即使价格被压到了一成以下,仍然会有更便宜的厂家来抢夺市场。"

张贵民接着沉重地说道:"这已经给整个行业未来的价格走势做出了示范。在这样的市场格局下,我们还能凭什么去竞争?"

会议室陷入一片沉默。张贵民的担忧是切实而迫在眉睫的。过去几年,鲁南制药虽然业绩斐然,但面对集中采购带来的行业新秩序,昔日的辉煌显然难以保障企业未来的平稳前行。竞争将变得更为残酷。

根据张贵民的推理,集中采购带来的价格下降,或许将在鲁南制药引发一系列连锁反应:利润下降、市场份额萎缩、员工工资下调。这些可能对企业造成巨大冲击,更可能影响到员工的生计。

鲁南制药的瑞舒伐他汀钙片就是一个鲜明的例子。该药是降血脂药物。根据IQVIA数据,心血管系统相关药品构成2018年中国第二大药品市场。据米内网数据,2017年中国公立医疗机构瑞舒伐他汀钙片终端销售额中,鲁南制药一家独占13.70%,京新药业13.37%。加上其他非公立医院的渠道销售,鲁南制药该药品一年的正常销售额在10亿~12亿元。然而,在2018年的"4+7集中采购"中,浙江京新药业以21.8元/盒(10mg*28片)的价格,降价76%中标了瑞舒伐他汀,这意味着其他企业在当年几乎失掉了这11个城市的瑞舒伐他汀市场。由此,鲁南制药当年几乎失去了10个亿元左右的营收。

面对国家药品集中采购政策，张贵民 2019 年在一次内部会议上提出了两条应对策略：

第一，"以我为主"。张贵民明确表示，鲁南制药不与其他厂家进行价格上的近身搏杀，始终坚持"能降就降，不能降的坚决不降"的原则。盲目降价往往意味着牺牲药品质量与利润空间，得不偿失。以瑞舒伐他汀钙片为例，在 2019 年的集中采购中，三家中标的企业虽然以极低价中标，但全年销售额却未能突破 1 亿元，而鲁南制药避开集中采购，聚焦其他市场，反而实现了 4.3 亿元的销售额。

第二，"以静制动"。集中采购的中标结果执行期为两年。在此期间，鲁南制药可以选择按兵不动，静观其变。所谓"知止而后有定，定而后能静，静而后能安，安而后能虑，虑而后能得。"张贵民敢于以静制动的底气，来自鲁南制药丰富的产品线。正如他所说："如果因为我们的药品报价高而未中标，也不是天大的事，不妨碍我们销售其他产品。"即使某个药品没中标，也不会对鲁南制药的整体销售造成影响。与其在低价赛道上争得头破血流，不如专注于差异化产品和服务，开拓新的市场空间。

面对国家推行力度空前的集中采购政策，鲁南制药内部不少人认为一旦能够成功中标，就意味着可以获得极其可观的药品销量，因此纷纷建议公司积极参与集中采购并争取中标。事实上，当时的绝大多数竞争对手也都秉持着类似的观点，并为此付出了巨大的努力。相比之下，张贵民所采取的策略就显得格外与众不同，甚至可以说是特立独行，这让行业内的其他企业完全摸不着头脑，也让鲁南制药内部的许多员工感到难以理解，甚至还被一些人错误地解读为"消极对待国家集中采购政策""消极对待药品一致性评价工作"。

事实证明，张贵民的"以静制动"策略并非消极对待，而是一种巧妙的"以时间换空间"的策略，是在等待更恰当的时机重拳出击。这种战略上的耐心，让鲁南制药避免了陷入价格战的激烈消耗，也为未来积蓄了更强的竞争力。

2022年7月，第七批国家药品集中采购规则发生变化。这一轮集中采购不仅关注价格，还特别考量了同品种中最高价与最低价的比值，力求在价格合理性的基础上，平衡药品的临床价值与供应保障能力。

这种"适度性"的规则调整，让企业在价格战中有了喘息之机，鲁南制药获得了更多理性参与竞争的空间。此后，鲁南制药积极参与竞争，争取更多中标机会，同时大力提升产品的一致性评价，确保在新一轮集中采购中占据更为有利的市场地位。总体看来，中国药品进入了集中采购常态化、制度化，医保、医疗、医药协同发展和治理的新阶段。

真正检验一位企业家卓越与否的试金石，是看其能否在看似被迫转向的关键十字路口，依然能够保持清醒的头脑和坚定的信念，审时度势，果断地走出一条属于自己的独特道路。真正具有大智慧的领导者往往会选择高瞻远瞩、退一步海阔天空的战略，他们懂得以时间换取更大的发展空间，以长远的战略眼光换取企业更为持久的生命力。

全成本控制

去冗存精，轻装上阵。

简洁是终极的复杂。

在这个时代，效率已然成为企业生存的核心要素。然而，真正的效率革命，从来都不是简单的裁员降本，而是对企业经营理念的重塑与革新。

就像一位能工巧匠，不仅要懂得精简工具，还要懂得如何让每一件工具都发挥最大效用。这是一门平衡的艺术，考验着企业家在降本增效与员工福祉之间找到最佳平衡点的智慧。

鲁南制药在积极参与药品集中采购时，低价格、低利润仍是其面临的巨大难题。

2020年5月，张贵民给管理层做了"转型之路"主题集中培训。他在其中谈道：

"今年4月，维康达已经全线失守，集中采购我们没有中标，年销售额18亿元的维康达已经从销量排行榜前十名中消失。在多重'剪刀差'的挤压之下，我们如果再不主动进行变革和转型，不主动提高自身的竞争力、不主动寻找市场增量，等待我们的只有出局。"

"质量必须高，价格必须低，服务必须好，而且客户需求必须迅速响应"，张贵民将其称为企业的"底线生存逻辑"。"成本为王"的时代已经来临，企业做不好全成本控制就不会有生存空间。

张贵民决定，推行以效率为中心的新经营理念，启动全成本控制。

减员无疑是一项艰难且充满挑战的任务。鲁南制药最高峰时曾拥有超过18 000名员工，这个数字在企业内部被引以为豪，却也是巨大的包袱。

减员分为两种方式：一种是"主动减员"，即由人力资源部门对公司岗位进行全面梳理、评估，剔除一部分与公司要求不相符的员工，而对能够通过换岗继续发挥价值的员工，则予以保留。另一种减员源自员工的"主动流失"。部分员工对企业利润下降导致的薪资缩水感到不满，尤其是刚刚毕业的年轻人，在面对工资不达预期的情况时，会选择辞职，另谋高就。

通过这一系列的调整，到2024年底，鲁南制药的员工人数降至13 000人以下。以新时代药业的25车间为例，减员之前有七八十名员工，减员后仅剩二十多人。当然，这其中离不开设备自动化的提升、生产技术的进步。

减员只是张贵民提升效率的起点，他的目标是让留下的员工效能倍增。为此，他提出了"三五四"原则：三个人干五个人的活，拿四个人的钱。这个原则的核心是通过合理分工和效率激励，提升工作效率，让工资和福利不降反升。在新冠疫情期间张贵民发现，只有过去三分之一或一半的员工到岗时，公司依然能正常运转，他意识到人效提升的潜力巨大。

减员增效后，张贵民将改革目光投向了生产线，开启了一场以自动化、智能化为核心的效率革命。机械臂精确无误地完成着曾经需要大量人力做的重复劳动，过去需要几十名工人操作的生产线，如今几个人便可以掌控。

欣康片生产线的改造就是其中的代表性案例：旧设备每天的产量只能达到 110 万到 140 万片，而新设备的引入，将这一数字提升到 600 万到 900 万片。

为了让生产线在最短时间内实现最大产能，张贵民提出了"最大批次量""最短批工时""最短生产周期"的三大效率原则。过去那种小批量、分散式的生产任务，被他要求尽量集中，一次性完成，以最大限度地提升效率和产能。

以往，工人们可能一周上五六天班，但实际的工作量并未饱和。尽管在车间工作，却很悠闲。如今，为了遵循"最大批次量"的原则，生产被要求集中进行，一旦机器启动，就意味着要在一定时间内满足相应的工作量，甚至可能需要加班加点，以确保集中在最短时间内完成任务。任务完成后，工人们则进入待命状态，等待下一批次的集中生产。这样一来，员工们每周可能只需要工作 4 天，剩下的 3 天可在家休息。

张贵民强调："省下来的时间，员工可以用来学习或陪伴家人。"他这一番话，清楚地传达了效率革命的初衷——不仅是为了提高公司的生产力，更是为了让员工拥有更合理的工作和生活时间。在生产效率提升的同时，企业成本也大大降低，实现了企业和员工的双赢。

为了充分利用生产线产能，鲁南制药鼓励车间积极联系有代加工需求的企业。当生产线闲置时间较长时，可将其临时用于为其他企业代工生产，最大限度地利用资源。

张贵民将提高生产效率作为生产车间的核心考核指标，每年的指标都会适度提高，若车间未能完成指标，员工的工资就会受到影响。这种"奖优罚劣"的考核机制，有效激发了员工的积极性，让整个生产车间始终保持高效运转的状态。

张贵民对成本效率的要求，不仅针对生产车间，对研发和市场业务部门同样如此。

他对研发团队提出了一个看似苛刻的要求：谨慎开发市场上已有的同质性产品。倘若某个药品已经被许多公司生产，便不宜立项。因为即便这类产品最终开发出来，也难免陷入残酷的价格战。同质性产品的研发在他看来是一种低效的行为，他鼓励团队尽可能寻找那些独特、有竞争力的产品，特别是其他药企难以生产，或者研发难度极高的产品。只有在这种情况下，产品才可能拥有定价话语权，避免陷入低价竞争的困境。

在张贵民的指导下，研发团队进行了"断舍离"式的调整，许多开发已久、已具有一定基础的项目被果断放弃。研发人员将精力、时间和资金集中在更具挑战性、更有市场前景的项目上，全力攻克技术难关。

在市场业务板块，鲁南制药对业务员的薪酬制度进行了一系列改革，用激励来提升业务效率。公司规定，业务员在指标范围内完成任务，可以提成销售额的5%；若超额完成，超出部分可提成11%。在此基础上，再乘以不同职级业务员的提成系数，叠加4500元的基本工资。与此同时，未完成任务的业务员，工资会随之减少。此外，公司引入半年一次的奖金制度，缩短了奖励周期，增强了激励效果。

以往，业务员的奖金计算仅依据年度销售额，但自 2021 年起，回款金额也被纳入考核标准。换言之，产品售出并不等于完成，只有货款真正回笼，才被视为达成了销售业绩。相应地，生产、质量、安全、环保等部门的薪酬与车间产量挂钩，被称作"产量工资"。然而，自 2021 年起，这些部门工资的 60% 与公司的整体销售业绩挂钩，被称为"效益工资"。这样一来，若公司的整体销售业绩好，员工奖金增加；若业绩不佳，员工奖金也会相应缩水。

在这些改革举措的推动下，鲁南制药的全成本控制能力得到极大提升。从生产线到研发、市场开拓，每一个环节都得到了精益求精的优化。

中药的东风

顺势而行，如帆借风，一叶轻舟亦可横渡沧海。

以柔之力，化千钧为无形。

鲁南制药最初以中药起家，但到了 20 世纪 90 年代，中药在企业的产值占比已微乎其微。在赵志全去世前，鲁南制药的年销售额达到 50 亿元，其中中药的份额不足 10%。这并不意外，因为全国各大医院的医生多为西医出身，开药时会自然而然地首选化学药品（简称化药）。医院对中药的需求不过是一条涓涓细流，与化药的滔滔江水难以匹敌。

张贵民长期深耕化药研发领域，对中药的关注相对较少。然而，当集中采购政策的推行开始对鲁南制药的化药业务版图造成前所未有的巨大冲击时，他敏锐地意识到：长期以来支撑医药行业高速发展的化药市场的黄金时代或许已经接近尾声。2015年,张贵民果断地提出了"大力发展中药"的战略转型方向,决心重振中华医药的瑰宝,让岐黄之术在新时代焕发出更加夺目的光彩,真正实现薪火相传,生生不息。

恰在此时,国家层面吹起了中药发展的"东风",张贵民的战略与之不谋而合。

2015年12月18日,习近平总书记在致中国中医科学院成立60周年的贺信中明确指出:"中医药学是中国古代科学的瑰宝,也是打开中华文明宝库的钥匙。"他强调,要切实把中医药这一祖先留给我们的宝贵财富继承好、发展好、利用好,在建设健康中国、实现中国梦的伟大征程中谱写新的篇章。贺信内容在中医药界及社会各界引起了强烈反响,掀起了学习中医药的热潮。2016年2月,国务院印发了《中医药发展战略规划纲要(2016—2030年)》,这标志着中医药发展上升到了国家战略的高度。

根据时任国家卫生和计划生育委员会副主任、国家中医药管理局局长王国强在2017年四川省中医药健康产业发展推进大会上提供的数据,2016年,中药工业规模以上企业的主营业务收入超过8600亿元,占全国医药工业近1/3。

国家对中医药政策的加码,行业中中药营收规模的不断上升,进一步坚定了张贵民发展中药的决心。他随即采取了"三管齐下"的策略:恢复老品种、研发支撑、提升产能,全方位推动鲁南制药中药板块的升级和壮大。

鲁南制药在中药领域曾拥有众多产品,但因各种原因,不少品种一度停产。例如,健本®人参固本口服液自1994年获批后,一直未大规模开发。2017年,鲁南制药决定重启该产品的生产,目前该产品的年产值已达数亿元。截至2024年,鲁南制药已经恢复了29个品种的中药再生产,包括归脾合剂、人参固本口服液等,同时还获批1个中药新药,即首荟通便胶囊，鲁南制药在市场上展现出强劲的竞争力。

如今，鲁南制药已拥有多达 85 个中药产品的生产批号，其中 1/4 是市场稀缺的独家品种，堪称企业在中药领域的"独门秘籍"。独家产品数量的多少，不仅直接体现了一个企业在研发方面的雄厚实力和创新能力，更意味着该企业在相应的药品和剂型上拥有了无可比拟的市场竞争优势和绝对的主动权。这些独家品种无一不蕴藏着巨大的市场潜力，极有可能一跃成为市场上备受追捧的爆款产品，为企业带来丰厚的回报。

在中药研发的支撑方面，鲁南制药积极加强与学术机构的合作，以加速中药创新。2022 年，鲁南制药与上海中医药大学、黑龙江中医药大学联合申报了"经方与现代中药融合创新全国重点实验室"，并于 2023 年 3 月获得科技部批准。该实验室将以中医理论为指导，聚焦经方，将现代科学技术融入中医药学原理，为现代中药的创新提供全新的技术与方法。这一实验室的建立基于鲁南制药早在 2010 年成立的"中药制药共性技术国家重点实验室"，该实验室致力于中药制药过程中的提取分离、制剂和质量控制等关键问题，开展基础研究及技术研发。

▲鲁南制药经方与现代中药融合创新全国重点实验室

目前，鲁南制药的中药新药研发项目约有 20 个，这将为企业未来中药产业规模的扩大提供强有力的支撑，进一步巩固其在中药领域的领先地位。

扩大产能是鲁南制药中药战略的又一重要支柱。2018 年 3 月，鲁南制药斥巨资建设鲁南厚普中药产业提质增效项目。项目一期工程总建筑面积达 17.2 万平方米，可实现年提取中药材 2 万余吨，年产口服液 10 亿支。2022 年 9 月 12 日，国内首家中药口服液条包生产线在鲁南制药正式投产。这条全数字化生产线实现了中药提取、包装、码垛、入库等环节的全程自动化控制和操作。项目一期工程总投资 6.9 亿元，按照自动化、数字化的要求设计施工，是鲁南制药"大力发展中药"战略的重要载体。

这条生产线设计了超过 8000 个控制点位，数字化程度高达 95%，实现了药材生产的全流程自动化控制。这条生产线还聚焦中药口服液包装改革，与四川省食品药品检验检测院等单位协同攻关，让小儿消积止咳口服液成为国内首家获批将复合膜包材应用于终端产品的实例。由此，鲁南制药也成为全国率先在中药行业生产了袋装口服液的药企。将小儿消积口服液做成软包装，能使每瓶口服液的成本降低一毛钱，更重要的是节省灯检工序，减少了人工成本，减少了对社会资源的消耗。自此，袋装口服液逐渐成为行业标配，许多制药厂家纷纷跟进。

此外，在这条生产线上，单条全自动液体条包灌装生产线灌装速度高达 660 袋 / 分钟，最大年产能达 3 亿袋以上，处于国际领先水平。国内首创的条包灭菌系统，实现了液体条包产品灭菌的全自动化生产，可同时实现 40 万袋产品灭菌。

在张贵民的带领下，鲁南制药紧紧抓住国家大力扶持中医药发展的历史性机遇，乘势而上，实现了中药产业的飞速发展和产值的显著增长。数据胜于雄辩，印证了这一成就：2018 年，中药在鲁南制药总销售额中所占的比重不足15%，尚处于起步阶段；而仅仅过了一年，到2019年，鲁南制药的中药销售额便如同井喷般增长至19亿元人民币，其中单品销售额突破亿元大关的中药品种更是多达五六种，市场表现可谓异常亮眼。此后，鲁南制药的中药产业继续保持着强劲的增长势头，2020年和2021年分别实现了43.9%和53.4%的惊人增长率。即使到了2022年和2023年，鲁南制药的中药产值依然能够连续稳定地保持在30%以上的较高增长水平，展现出了强大的发展韧性和市场竞争力。时至今日，中药产值已经占据鲁南制药整体业务的半壁江山，成为企业发展的重要引擎和战略支柱。

随着《中医药振兴发展重大工程实施方案》《中药品种保护条例（修订草案征求意见稿）》等文件的出台，中医药传承创新发展迎来了历史性的发展战略机遇期。这些政策为中药创新、临床应用、质量控制和文化康养等领域提供了发展空间，也为中药保护品种享有市场独占期提供了更直观的支持。这些都将为鲁南制药的进一步高速发展提供重要的政策基础。

不过，从企业经营的角度，鲁南制药大力发展中药可能还有更深层的考量。所谓"明者因时而变，知者随事而制"，在市场风云变幻之际，掌舵者只有审时度势，方能让企业立于不败之地。

一致性评价和集中采购政策出台后，化药价格迅速下滑，利润空间大幅缩水。如果没有张贵民提前布局的中药板块，鲁南制药的营收恐难继续维持在百亿元以上。可以说，大力发展中药的战略既是对国家政策的响应，也是企业为应对市场变化所做的主动调整。中药的研发与市场拓展，既满足了市场对民族药品的需求，也为企业提供了新的增长点。

企业的发展，从来都不是孤立的个体行为，而是与国家战略同频共振的协奏曲。当整个行业还在惯性中前行时，真正的企业家往往能够从国家战略的细微变化中，预见产业发展的方向。他们深谙一个道理：在新时代，最大的商业机遇与国家战略同行。

张贵民尽管对中药的未来保持乐观，但也清醒地认识到，中药的发展仍然任重道远。他坦言，如果市场上没有一款销售额突破百亿美元的中药产品，就意味着中药还没有完全被社会所认可。他期待鲁南制药能够突破这个瓶颈，为民族工业争得荣誉，为中医药的国际化发展贡献力量。

价值重塑

> 制胜之道不在于价格低，而在于价值高。
> 卓越的品质，才能赢得持久的市场信赖。

一致性评价政策的出台，宛如一场突如其来的行业风暴，瞬间席卷了整个中国制药行业，鲁南制药自然也无法置身事外。

这项政策明确要求，所有参与国家药品集中采购的国内仿制药，其质量和临床疗效必须与原研药达到完全一致的标准，以此来确保中国患者能够享受到与国际先进水平相媲美的治疗效果。对许多制药企业而言，这项政策的实施无异于一次"生死考验"，意味着企业中大量的在研项目都将面临推倒重来的命运。

根据全新的评价标准，鲁南制药此前耗费数年心血、投入巨资进行的一百多个研发项目，被迫从头再来。而要重新启动并完成这些项目，则可能还需要付出同样漫长的五六年，甚至更长的时间周期，才能最终将产品推向市场，供患者使用。面对如此巨大的挑战，鲁南制药的研发人员倍感痛苦和煎熬，张贵民更是深感责任重大。然而，他们也深知，这是中国制药行业转型升级过程中一道无法回避的考验，也是企业走向高质量发展道路上必须勇敢面对的严峻挑战。道阻且长，行则将至；行而不辍，未来可期。

即使是通过了一致性评价的优质仿制药，在刚刚上市时也常常会遭到患者的误解和质疑，甚至会被一些不明真相的患者错误地认为是"假药"。这是因为，根据国家相关部门的新规要求，所有通过一致性评价的仿制药，在其外包装上都必须醒目地标明"仿制药一致性评价"字样。许多患者由于缺乏对相关政策和专业知识的了解，在看到这一标识后很容易将"仿制"二字与"假冒伪劣"联系在一起，先入为主地认为自己购买的药物是质量低劣或以次充好的"假药"，从而产生抵触情绪，甚至心生愤怒。

鲁南制药的全时空客服热线经常会接到来自各地患者的质疑、投诉和指责，他们言辞激烈地声称公司是在欺骗消费者，销售假冒伪劣药品。面对患者如此强烈的情绪，鲁南制药的客服人员秉持着专业的职业素养和高度的责任心，耐心细致地倾听。

当患者充分发泄完心中的不满和疑虑后，客服人员耐心地向他们解释说明：通过一致性评价的仿制药绝非"假药"，更不是质量低劣的代名词，事实上，这些仿制药在药品质量、临床疗效以及安全性等方面，都达到了与原研药完全一致的标准，甚至在某些方面还具有一定的优势，并且通常在定价上更加亲民，能够有效减轻患者的经济负担。客服人员还会进一步解释说，外包装上标注的"仿制药一致性评价"字样，恰恰是该药品通过了国家药品监管部门严格一致性评价的权威证明，是药品质量和疗效的有力背书。

鲁南制药近年来在一致性评价方面取得了令人瞩目的成绩，截至

2024 年 10 月 31 日，集团合计有 106 个产品通过或视同通过一致性评价。当然，一旦这些仿制药品进入医药集中采购序列，利润就会被极大压缩。面对不断压缩的利润空间，张贵民心中一直盘旋着一个关键的问题：鲁南制药的转型方向究竟在哪里？

在他看来，企业的转型有两个可能性：向上或向下。为了企业的长远发展，鲁南制药必须选择向上转型，摆脱低价竞争，向"品牌高端化"迈进。一致性评价将大量仿制药制药企业推向了产业链的最低端，这与鲁南制药追求高质量发展的目标背道而驰。低价策略固然能在短期内解决一部分销售问题，但从长远看，这是一条充满风险的道路，无法承载鲁南制药对品牌高端化的追求。

尽管近几年中药得到了越来越多的认可，销售量也稳步增长，但其利润率并不高。如果企业没有足够的利润，便无法持续进行研发投入，创新将无从谈起；而没有创新，鲁南制药就无法在市场中保持优势地位，最终可能被逐渐淘汰出局。

客观来看，中国药品的品牌价值和产品质量与欧美国家的药品相比，仍存在一定的差距。随着社会的发展，人们对药品质量的要求只会越来越高。为了在中国制药行业中长久立足并取得更大的突破，鲁南制药必须坚定不移地走品牌高端化的发展道路。

按照张贵民的规划，未来鲁南制药至少要确保其 80% 的产品都属于高端产品，实现"二八定律"。然而，品牌高端化并不意味着所有产品都要走高价路线，而是要用高附加值的产品带动、支撑低附加值的产品生产。

要实现品牌高端化，张贵民提出了两大核心要求：高质量的产品和高质量的服务。他希望在产品和服务这两个层面上，打造出难以替代的差异化价值，形成鲁南制药在市场中的独特竞争力。

张贵民将目光投向了中药的品质。他深知，中药受到质疑的根本原因不仅在于诊疗的准确性，还在于药材本身的质量。中药材的药性与自然环境息息相关，土壤、水源、气候等生长条件都会影响药材的疗效。然而，现代农业的快速发展给中药材的品质带来了不利影响。种质退化、产区迁移、追求高产导致品质下降，化肥和农药的滥用进一步削弱了中药材的药性，并直接影响其临床疗效。

优质中药材被称为"道地药材"，素有"非道地药材不处方，非道地药材不经营"的说法。张贵民强调：

> "鲁南制药用的药材必须是道地药材，还必须以合适的价格采购。好的药材从来不便宜，而最便宜的药材往往是最差的。"

然而，要采购到高品质的道地药材绝非易事，中药材市场价格波动巨大，特别是优质药材的价格经常虚高。为此，张贵民要求采购团队时刻关注市场行情，选择最佳时机采购药材。他多次强调：

> "在药材市场价格波动中，找到合适的采购节奏至关重要。我们要避免买到价格虚高的药材，确保在质量和成本上都能够占据优势。"

在实现品牌高端化的道路上，张贵民提出了一个关键理念——价值重塑。这一理念旨在为那些存在利润倒挂情况的老产品开拓更多适应证，重新定价，并以道地药材确保产品的功效。这样不仅维护了消费者的利益，也保障了企业的利润空间，可谓一举两得。

有些鲁南制药的老产品利润低，甚至出现亏损。如公司的经典产品——荆防颗粒，此前一盒的价格为18元，但随着原料价格持续上升，成本已经超过售价，意味着卖得越多反而亏损越多。为了维持低价策略，一些企业可能选择偷工减料，用劣质材料替代优质材料。这种做法，虽然可能带来一时的收益，但长远看却损害了品牌声誉与市场前景。

鲁南制药依托"经方与现代中药融合创新全国重点实验室"等科研平台，融合现代科技与传统中医药理论，为产品价值重塑提供强有力的研发支撑。

鲁南制药通过价值重塑，对多款老产品进行重新定位和开发，不仅扭转了产品亏损局面，还提升了产品竞争力和品牌价值。例如，荆防颗粒的研发团队发现，该药品除了能够治疗感冒，还具有治疗湿疹、解酒，以及美容养颜、延年益寿的功效。在新的产品定位下，产品价格从原本的18元一盒提升至50多元一盒。令人欣喜的是，尽管产品价格有了明显的提升，但其市场销量却不降反升，实现了大幅度的增长，这充分反映出中国市场对高品质、高附加值中药产品的强劲需求。

鲁南制药进行价值重塑的另一典型案例是脉络舒通丸。由于动物药等中药材价格的持续上涨，导致该药的售价无法覆盖成本。但由于市场一直有需求，公司一直维持着亏本经营的状态。实施价值重塑战略后，鲁南制药对该药进行了重新塑造，采用了质量更高的药材，价格也相应有了一定提升，从而得以维持药品适度的利润水平，保障市场供应。

在近年来中药材原材料价格大幅上涨的市场大环境下，价值重塑这一极具智慧和远见的策略，不仅有效地帮助鲁南制药维持了其中药产品应有的合理利润，确保了企业在激烈的市场竞争中能够持续盈利，保持稳健的经营态势，而且也巩固了鲁南制药在中国医药行业百亿营收企业阵营中的稳固地位。

由此可见，价值重塑不仅是商业策略上的转变和调整，更是鲁南制药对产品卓越品质和广大消费者切身利益的始终坚守和庄严承诺。它通过切实的行动和显著的业绩向整个行业和社会清晰地展示了，所谓"品牌高端化"，其本质就是通过持续不断的创新和不遗余力的价值提升，最终为广大的消费者提供更加优质、更加高效、更加安全的产品和更加贴心、更加专业的服务，从而实现企业与消费者、社会之间的多方共赢。

研发人员收入不能少

> 你的职责是平整土地，而非焦虑地度过时光。
> 你做三四月的事，到八九月时自有答案。

现代商业环境下，研发不仅是企业保持竞争优势的核心驱动力，更是推动行业进步和社会发展的重要引擎。然而，研发工作的高风险、高投入以及长期回报的不确定性，常常使得一些企业在面对短期赢利压力时，选择削减或忽视这一关键环节。

在鲁南制药的发展历程中，研发人员一直享有很高的地位。从赵志全到张贵民，对研发的重视与投入始终如一。

早在2005年，赵丽丽博士决定随丈夫加入鲁南制药的当年，公司就为刚入职的博士提供税后8000元／月的薪酬待遇。因为赵丽丽有做过博士后的经历，赵志全更是直接将她的待遇提高到税后10 000元／月。

赵丽丽的主要研究领域是微生物发酵中的细胞培养，该领域研发周期长且资金投入巨大，大多数企业难以承受这样的高风险。在鲁南制药处于新时代药业建设时期、面临巨大财务压力时，赵志全依然选择对赵丽丽进行不计成本的支持。

有一次，赵丽丽与张贵民、刘忠三人共同向赵志全汇报一个投资额高达三千万元的项目。如此巨大的投资规模，哪怕是对财务状况良好的企业而言，都需要三思而行。赵志全在听取汇报后，几乎没有任何犹豫，果断拍板："就做这个项目，不要犹豫，钱我来负责解决。"

张贵民接掌鲁南制药后，延续了赵志全对研发的重视态度，并进一步赋予相关部门更大的自主权。在他的领导下，鲁南制药的研发工作没有被条条框框所束缚，而是在开放与信任的氛围中稳步前行。

张贵民极少干涉项目的具体细节，无论是立项、进展，还是研发过程中所遇到的问题，他都尽可能放手让研发人员去自主探索。这样的做法不仅给予了研发团队自由的空间，也激发了他们的创造力与主动性。而对于研发所需的设备、仪器和技术，张贵民都会毫不吝啬地全力支持，即使这些投入可能会对公司的运营成本带来一定的压力，他也毫不犹豫。

在鲁南制药，研发人员的待遇明显高于其他员工。在集团内部有一个众所周知的共识：贡献突出的研发部门的普通员工，其工资水平也往往高于其他部门的部长。

除基础工资外，鲁南制药还会基于一种被称为"硬币"的积分制度来对研发人员进行评估与激励。研发工作属于高度创造性的脑力劳动，无法像生产线上的工作那样单纯依靠产量来衡量。因此，研发人员的"硬币"积分不仅通过完成项目节点累积，还可以通过创新生产工艺、解决工艺合规问题、降低成本或提升质量等多种方式获得。每当研发人员集齐一定数量的"硬币"，他们的工资系数就会相应提高，进而获得更高的报酬。

张贵民在为研发部门设计激励机制时，要求人力资源部门充分考虑研发工作的特殊性。相较其他部门，研发的工作周期往往不可预测——有些项目可能在短期内就能看到成效，而另一些项目则可能要耗费数年甚至更长的时间。例如，在化学合成领域，一天可能完成一个反应，但在生物领域研究，则可能需要经过漫长的时间才能获得某个成果。因此，张贵民与人力资源部门共同制定了一套针对研发部门的相对复杂而灵活的绩效考核体系。

这套体系不仅充分考虑了不同研发方向的工作周期，还划分了多个考核节点：从项目申报、小试、中试、质量研究，到工艺验证，甚至临床样品的申报，每一个节点都可以成为研发人员积累"硬币"的依据。这样的激励制度，不仅有效激发了研发人员的创造力和积极性，也保证了能够对每一个研发成果和进展进行认可与奖励。

近年来，生物制药领域炙手可热，资本的涌入让这个圈子充满了诱惑。鲁南制药的研发人员，尤其是生物制药方向的精英，成了各大医药公司争抢的人才。

程主任是赵丽丽实验室的一位核心骨干，他在专业上技术过硬，勤奋好学，因此收到了不少外部公司的高薪邀请。当他向赵丽丽透露自己想要离职的念头时，赵丽丽立刻找到张贵民汇报。张贵民听后没有丝毫犹豫，迅速提升了程主任的待遇。这个及时的举措，让程主任感受到了公司的重视与关怀，最终选择留了下来。随后，程主任在鲁南制药的一款新药上市中发挥了重要的作用。

2013年，翟立海硕士毕业后加入鲁南制药，但随后他意识到自己需要在前沿领域进一步深造，决定脱产攻读博士学位。在与赵志全沟通后，赵志全不仅大力支持，还承诺在他读博期间提供学费和生活补助，只是要求学成后回公司。在翟立海攻读博士期间，赵志全去世，张贵民坚守公司承诺，继续为翟立海提供资助。2016年，翟立海完成博士学业后重返鲁南制药，他在药物结晶和晶型研究领域的专长正好与国家对一致性评价的政策要求相吻合。

翟立海与张贵民就药物研发方向进行了深入探讨，一致认为无论是仿制药还是创新药，未来必须加强对药物结晶和晶型研究领域的投入。张贵民毫不犹豫地决定为翟立海建立实验室，并给予全方位的支持。实验室项目总投资高达1亿元，其中4000万元为国家经费，企业需要自筹6000万元。面对实验室所需的资金和设备，张贵民始终坚定不移，给予最大力度的支持。实验室的筹建恰逢公司内部"鲁南风波"之际，张贵民身处压力之中，却始终向翟立海承诺："你只需要安心搞研发，其他事务我来处理。"

鲁南制药对研发的持续投入达87亿元。无论市场竞争多么激烈，利润空间如何被压缩，鲁南制药从未放弃对研发的投入。正因如此，鲁南制药如今有多个研发项目正进入收获期。张贵民上任十年来，鲁南制药累计获批产品139个（制剂79个，原料60个），过评（视同过评）品种数增加至72个，还有62个新产品正在评审。

研发要贴合市场

人勤春来早，只有走到田地中去，才能看到柳树发芽。

唯有贴近市场，才能实现创新与需求的无缝衔接。

张贵民深谙"实践出真知"的道理，认为企业的研发不应止步于实验室的理论研究，还必须着眼于生产出具有市场竞争力的产品。

与高校和研究机构侧重基础理论、追求学术成果不同，企业研发的生命线在于时间和市场——研发周期过长、产品滞后，都会威胁到企业的生存。时间如流水,市场如风云,稍纵即逝,变幻莫测,研发若无法在短时间内转化为经济效益,企业可能在成果落地前就陷入困境。

在商界,有人认为只要给足研发人员经费和时间,就一定能够研发出惊艳市场的产品。然而,现实总是无情地提醒我们,实验室的灯光再亮,也照不亮市场的迷雾;专利证书再多,也不一定能换来市场的认可。在中国乃至全球的商业史上,不乏那些技术领先却最终市场溃败的案例。它们的失败,不在于研发投入不够,不在于人才储备不足,而在于将研发与市场割裂开来,让创新成为一座离市场越来越远的孤岛。

在张贵民的构想中,鲁南制药的研发评价模式须从"成果型"转向"市场型",研发的目的不是单纯地实现技术突破,而是让技术被市场接受,产生商业价值。他强调,研发成功的标准,是产品投入市场,经过消费者和患者的检验,真正实现效益。

在一次研发战略会上,张贵民毫不掩饰他对"成果型"评价模式的不满:

> "很多研发人员离市场有多远?遥不可及。很多人只关心学术,不关心市场需求。企业要的是市场价值,而不是一堆奖状。"

奖杯可以陈列,但价值却需创造;荣誉虽光鲜,但只有效益才实实在在。张贵民举了个例子:若开发出一种新药,实验室数据表现出色、理论报告完美,但上市后无人问津,或因成本过高、疗效不明显而被淘汰,那么这对企业来说,就是彻头彻尾的失败。研发只有通过了市场的检验,才能算得上成功。

因此,张贵民要求将研发与市场紧密结合。立项时先考虑市场需求和前景,确保每个项目都能顺应市场方向,且在研发过程中不断调整,避免与市场脱节。同时,定期筛查研发项目,快速推进优质项目,脱离市场需求的项目要被推迟或停掉。张贵民希望鲁南制药的研发能够走在市场前沿，确保每一步都"走到田地中去"，抓住真正的机遇。

在研发项目的选择上，鲁南制药从不局限于国内市场，而是以全球视角为导向。张贵民深刻意识到，医药行业的竞争早已突破了国界，国际市场和国内市场之间的界限也日趋模糊。只有站在全球市场的高度，才能在这个竞争激烈的行业中赢得一席之地。

为了让每一个新项目都能立足市场、具有前瞻性，张贵民在对研发团队进行改革时，专门成立了一支约20人的团队，他们的任务是追踪全球药物研发的最新进展，并深入研究国内外市场的需求和竞争格局。无论是国外新药的申请注册，还是国内药品的研发动向，这个团队都要紧密跟踪。如果他们发现某个国外新药正在申请注册，而国内企业刚刚开始研发同类产品但尚未形成规模，鲁南制药便会迅速做出决策，采取"快速追随"策略，针对市场需求做差异化的竞争布局。这种全球视野和敏锐的市场嗅觉，帮助鲁南制药在激烈的医药市场中始终保持着战略上的主动性和研发上的高效性。

在张贵民的研发理念中，"疗效"始终是研发的核心目标。他强调："疗效不在于新奇特，而在于把病治好。"药之本质，在于疗效；医者仁心，贵在治愈。他反复告诫业务员和研发团队，一定要直面患者的反馈，其中最关键的问题是："用了我们的药，管用吗？"

对于鲁南制药当前研发部门的市场化成果，张贵民并不完全满意。他认为，尽管现有的药品可以支撑公司目前的发展，但长远来看，未来一定要依靠源源不断的新产品支持市场。主管市场部的副总经理王义忠也曾坦率地表示："希望研发部门未来能够主动给业务团队提供有竞争力的新药，而不是让业务员天天为明年卖什么药而操心。"

为了让研发更贴近市场，张贵民一直鼓励研发人员与医院和患者保持直接联系。即便无法亲自到场，研发人员也可以通过线上交流的方式，深入了解患者的真实需求、药物的实际疗效，以及市场的动态。只有亲自接触患者，研发人员才能真正明白什么样的药物是市场需要的。

为了加强研发与市场的紧密联系，鲁南制药推出了独特的"市场对赌"机制。该机制的核心在于将研发项目的成败与其带来的市场效益直接挂钩。针对药品研发中的重点课题，项目组通过内部竞标来立项，研发人员可以根据自己的兴趣和专长，灵活地组成团队。这种机制既打破了传统研发体系中僵化的层级制度，也赋予了研发人员更大的自由度和动力。

在这种"对赌"机制中，每当项目组解决了某个关键研发问题，公司会给予其可观的奖励。当新药成功上市后，研发人员不仅可以得到丰厚的奖金，还能按销售额或利润获得提成。在此奖励的影响下，越来越多的研发人员将目光从实验室投向市场，将研发成果与实际效益紧密挂钩。

这种创新激励机制，颇有乐高集团（LEGO Group）创意众包模式的影子。2008 年，乐高推出了一个众包项目，后来发展为乐高创意社区（LEGO Ideas），员工和消费者都可以在社区中分享自己的创意。一旦某个创意获得商业化机会，创意者就能获得产品销售收入 1% 的提成。凭借乐高的全球销量，这种收益往往是可观的，也激发了源源不断的创意。

研发与生产多年来一直存在一道无形的"墙"，墙的两侧，是彼此渴望却又隔绝的两个世界。研发人员专注于实验室的理论研究，而生产人员忙于车间的实际操作，彼此之间缺乏有效的沟通。这种隔阂导致研发成果的转化效率低下，也使生产工艺的改进受限。

为了打破这道"墙"，张贵民自 2018 年开始，在车间引入了"技术副主任"这一岗位。最初，这个职位在新时代药业试点设立，随后逐步推广到厚普和贝特两个厂区。技术副主任的职责，是在生产过程中充当研发与生产的桥梁。一方面，他们帮助研发人员深入了解实际生产流程，为研发提供真实的生产反馈；另一方面，他们协助生产人员优化工艺流程，推动技术创新，确保研发成果顺利转化为生产力。

这种安排让研发人员和生产人员能有更多对话的机会，研发不再停留在理论阶段，而是通过生产转化为可实际操作的工艺。与此同时，生产人员也能从研发的创新中受益，提升效率和产品质量，实现研发与生产的无缝衔接。

尽管鲁南制药在推进研发市场化方面进行了不少成功的探索，吸引了大量高学历人才，成果丰硕，但张贵民深知医药行业的研发成果在面对市场时往往存在着巨大的不确定性。

药品研发周期长、技术更新快、市场需求变化多端，这些都使得研发成果的商业化前景变得难以预测。张贵民曾在一次内部会议中坦言："我们现在投入的研发，等到研发的产品真正问世时，市场是否还需要它们，我们并不能确定。"他特别提到了基因工程技术的例子，基因治疗的发展可能会颠覆人们对传统药物的需求，未来的治疗手段可能通过基因改造直接治愈疾病，而不再依赖于传统的药物。这对制药企业而言，是一个巨大的挑战，甚至有可能成为颠覆性的危机。

张贵民并非杞人忧天。全球医药行业正处于技术变革的关键阶段，基因治疗、免疫疗法、人工智能等前沿技术的迅速发展，正在逐步重塑整个医疗体系。传统的药物研发模式和周期，也正遭受着前所未有的挑战。不过张贵民始终坚信，只要鲁南制药不墨守成规，紧跟科技进步的步伐，及时调整战略，灵活应对，不断创新，就一定能够在未来的市场竞争中占据一席之地。

苦劳与功劳

无果的努力,终究只是一场心血的空耗。

镜中花,水中月,一触即散。

鲁南制药曾在内部展开过一场颇有意思的辩论,主题颇具深意:"论'没有功劳也有苦劳'",探讨"辛勤付出"和"实际成就"之间的关系。

在辩论中,员工们激烈地探讨了工作中的苦劳是否应该得到回报。对很多人来说,工作中的付出和努力似乎理应得到认可。然而,这道辩论题的实质则在于:若工作中的"苦劳"无法转化为有价值的"功劳",那么这种付出究竟是否值得推崇?

《尚书·周书·周官》中说:"功崇惟志,业广惟勤",意思是取得伟大的功业,是由于有伟大的志向;完成伟大的功业,在于辛勤不懈地工作。"志"是方向,"勤"是路径。这句话,并没有对"勤"后没有达成"志"进行评价。

在最后的辩论总结环节,张贵民以一种更加务实和富有洞见的视角,掷地有声地阐述了他的核心观点:

> "倘若工作中的苦劳无法转化为功劳,那么苦劳便不值得提倡。汗水若不结晶,终是虚度。如果将鲁南制药集团比作一个人,其五十多年的发展历程,是功劳与苦劳交织的历史,但必然是功劳远超苦劳,否则鲁南制药就没有今天。"

张贵民的这一精辟论断,不仅在辩论现场引发了强烈的共鸣和深刻的反思,更像一把犀利的剑,直指那些曾经在企业的历史功劳簿上留下过浓墨重彩的一笔，如今却对企业的发展毫无贡献，甚至成为企业前进阻力的员工。

之前赵志全在管理企业时，采取的是家长制的风格，视员工如亲人，也希望他们把企业当作家。在他去世前的一两年间，曾有传言称某大国企拟以 70 亿元收购鲁南制药，条件是裁减一半员工。这与赵志全的初衷背道而驰，他无法接受。

赵志全时代的鲁南制药，虽然是一家民营企业，却呈现出浓厚的国企风格。公司斥巨资为员工修建家属院，并无偿分配给员工居住，甚至连日常的水电费用都由公司全额承担。这种类似于"大家庭"式的、充满温情和关怀的福利待遇，无疑极大地提升了员工的生活幸福感和工作舒适度，同时也显著增强了企业内部的凝聚力和员工对企业的归属感。然而，我们必须清醒地认识到，这种慷慨大方的福利政策背后，也意味着日益沉重的企业运营负担。尤其到了张贵民接手时，这种负担更是格外沉重，难以为继。

张贵民接手后，为提高家属区的物业管理水平，鲁南制药开始引入第三方物业公司，并向住户收取物业管理费。这本是合理的举措，然而不少员工，尤其是退休员工，纷纷表示不满，他们认为，这笔费用应由公司承担，而非由自己支付。物业费的收缴工作因此困难重重，进展缓慢。

物业费争论只是冰山一角，其背后反映出的是一种"羊性"文化的滋长。家长制的管理模式让员工变得习惯被庇护，逐渐失去了奋斗精神。一些员工开始认为公司理应承担他们生活中的一切，而忽视了企业的生存与发展需要每个人的付出。员工过度依赖公司的心理，削弱了其危机意识和责任感。

在薪酬方面，鲁南制药曾长期倾向于"平均主义"。在这种制度下，研发人员、生产技术人员及行政人员的收入相差无几，形成了一种被员工普遍认同的平均分配理念。这种制度在一定程度上避免了薪酬差距导致的内部矛盾，符合"不患寡而患不均"的普遍心理，营造了和谐稳定的工作环境，有助于增强团队凝聚力。凝聚力增强后，培养了员工的忠诚度，员工不会因薪酬差距而产生离职意愿。多年来，鲁南制药呈现出一种罕见的现象，即许多员工将"忠诚"二字深深融入骨髓，甚至形成了一种难以动摇的职业信仰。"落其实者思其树，饮其流者怀其源。"有些员工即便在鲁南制药工作了三四十年，职位始终较低，但他们从未产生过离职的念头。互联网事业部负责人郁杰曾言："我生是鲁南人，死是鲁南死人。"像他一样同样有忠诚度的员工，在公司并不鲜见。

但常识告诉我们，平均的温度，无法锻造钢铁。时代的车轮不可阻挡，怀念"平均主义"的氛围给张贵民的变革带来了极大的阻力。在他刚刚开始尝试推行以绩效为导向的考核制度时，许多习惯了过去平均分配的老员工，不会主动去关注和深入思考那些绩效突出的员工创造的实际价值和背后所付出的巨大努力。每一次张贵民试图推动企业管理制度向更加现代化、更加科学化的方向迈进一步时，来自企业内部守旧派的反对和质疑总是此起彼伏。

为了解决企业的"历史问题"，张贵民投入了大量精力来平衡各方利益。他将这些视为典型的"内耗"。他明确表示，希望公司能做到"多劳多得，早劳早得，晚劳则不得"。

在现代企业管理中，内耗是最难察觉但又最具破坏力的"隐形杀手"。张贵民曾在全体管理人员大会上直言："公司发展绝不能被内耗所拖累。内耗如同车辆空踩油门而无法启动。"他的这番话生动地揭示了内耗对企业发展的负面影响：当内部摩擦与矛盾不断，团队的凝聚力被削弱，生产力也难以得到有效释放。只有消除内耗，企业才能装上高效的引擎，快速前行。

张贵民始终认为，员工的声音是企业发展的宝贵财富，但他也强调：声音需要有意义，不能成为发展的阻碍。他鼓励员工通过公开渠道反馈意见，凡是有助于企业发展的建议，公司都会虚心接受，决不搞"一言堂"。在他推行的管理方式中，民主与集中相结合的原则是先充分发扬民主，再进行集中决策，但一旦形成了决策，就要全体员工全力以赴地贯彻执行。他明确反对在民主讨论阶段保持沉默而在决策后提出异议的行为，这种"事后诸葛亮"的行为在他看来是对企业的不负责任。

张贵民坚信，企业必须对每个人的价值做出真实评价，那些只讲苦劳不讲功劳的日子，必须成为过去。对他而言，功劳与实绩是员工获得奖励和提升的唯一依据，任何提前邀功或未完成工作就要求奖励的行为，都是他不赞成的。他常常强调，不会提前承诺职位或荣誉，而是相信"水到渠成"——只要员工完成了应尽的工作，荣誉和奖励自然会随之而来。

商业世界的残酷法则在于，它绝不会因为你付出了多少辛勤的汗水而产生丝毫的感动，更不会因为你熬过了多少个不眠之夜而给予任何的怜悯和同情。一部优秀的企业发展史，从来都不是一部仅仅记录奋斗历程的简单编年史，而是一部波澜壮阔的价值创造史。

任何一家成功的伟大企业，其内在的基因都必定深深地铭刻着这样一条颠扑不破的铁律：价值创造永远高于一切！任何所谓的付出和努力，都必须是有明确的方向指引、有清晰的目标驱动、最终能够产生切实可见的成果和产出的有效付出和努力；任何所谓的奋斗和拼搏，都必须是能够实实在在地转化为市场价值的有效奋斗和拼搏。这些绝不是漫无目的、盲人摸象式的盲目耕耘，而是深思熟虑、运筹帷幄式的智慧播种。只有这样，才能在商业的残酷竞争中赢得最终的胜利。

从家长制到平台制

一花一世界，一叶一菩提。
控制边界的消融，个体价值得以彰显。

从承包经营到病重的岁月里，赵志全就像一个大家长。他为了鲁南的发展披肝沥胆，威望无人能及，仿佛是一座令所有员工仰望的高山。员工们都习惯了他威严与仁爱并存的双重面貌，许多人在他面前如同孩子，无条件地顺从并依赖他。鲁南制药在他的带领下飞速发展，但也形成了极为浓厚的"人治"色彩。

赵志全将更多的精力放在外部，以市场发展带动企业发展，却忽略了内部的规范化管理。内部制度建设的滞后，成为一颗埋在丰收土地下的隐患种子。

张贵民上任后，他一方面肩负着拓展市场、应对外部环境剧变的重任，另一方面也不得不着手解决内部管理中积累已久的问题，刮骨疗伤。在2017年9月的一次讲话中，张贵民明确指出：

> "在经营方面，赵总展现了深邃的智慧，带领企业达到了一个高度。但在管理上，鲁南制药的管理方式仍较为粗放，下一步的改革目标是补齐管理上的短板。"

在张贵民的眼中，经营与管理的区别在于：经营主要面向市场，其核心在于追求"效益"最大化；而管理侧重企业内部，关注的是"效率"最大化。效益与效率两者相辅相成，彼此支撑。一个优秀的企业，既需要在市场上赢得效益，又需要在内部实现高效的管理，保持两者之间的动态平衡，实现经营与管理的完美融合。

与赵志全时代的家长制管理风格相比,张贵民的管理风格更注重激发员工的自我驱动力。他为员工提供平台和成长空间,让他们能够发挥所长,并引导他们从追求物质转向精神层面的成长。他希望每个员工都成为"价值创造者",不断提高自己的能力和思想境界。用一个或许不太恰当的比喻,赵志全时代的鲁南制药就像一棵参天大树,赵志全是粗壮的树干,为枝叶提供养分,也决定着它们的生长方向;而张贵民更像一股清风,唤醒每一根枝条的活力,让它们自主寻找阳光。

正如法国哲学家卢梭所说:"人是生而自由的,但无处不在枷锁之中。"企业在发展过程中,始终需要找到自由和约束之间的平衡。张贵民深知,随着企业规模的扩大与经营管理复杂性的增加,制度化管理才是保障企业长远发展的关键。要实现鲁南制药的转型升级,就必须摒弃传统家长制的管理模式,建立科学、规范、高效的管理体系,"让公司的发展从'能人驱动'转为'机制驱动',实现持续稳健成长。"

张贵民着手改革,从劳动合同、用工管理到请假制度等各方面,逐步建立了一套现代化的人力资源规范体系。此前,鲁南制药的人力资源部门并没有被称为"人力资源部"或"人力资源中心",而是有着带着计划经济色彩的名字——"劳动人事科",直到2004年,这一部门才更名为"劳动人事部"。

公司内部常有人开玩笑说:"全国把人力资源叫'人事'的组织只有两个,一个是鲁南制药,一个是中国人民大学劳动人事学院。"这种略带戏谑的调侃,透露出部门名称中传统与现代的断裂感。这种"断裂",也正是张贵民急需弥合的部分。

这个看似有些"传统"的部门名称背后,折射出的是其职能上的局限性——主要负责与财务部一起核算员工薪酬、社保,办理入职、退休、解聘等手续,而对人才的选拔、培养、激励等重要的管理工作却涉足甚少。

在赵志全时代，企业的人事任免权集中在他一人之手，所有职能部门的人员基本都由他亲自选拔，直接向他汇报。这种方式虽然确保了赵志全对公司的绝对掌控，但也带来了一些问题：部门负责人对人事任免的权力有限，难以树立足够的权威，进而难以充分调动员工积极性。而且，将人事任免权集中在一人手中，在判断员工能力和潜力时可能存在片面性，影响了人才的合理配置与发展。

到了2019年，鲁南制药对这一机制进行了重大改革，将"劳动人事部"正式更名为"人力资本中心"。这一更名不仅仅是名称的改变，更是管理理念的升级，意味着公司开始将"人"视为最重要的资本，真正践行了张贵民所强调的"人力资源是第一资本""人是最宝贵的财富"理念。

在此理念下，员工不再只是执行者，而是被视为企业发展的核心资本。张贵民希望通过这一变革，打破原有家长制管理带来的限制，赋予各部门更多的人事权力，使人才配置更加合理，也让员工更有动力和归属感，从而激活组织内每一个"资本"的潜力。

▲鲁南制药集团人力资本中心揭牌仪式

随着人力资本中心的成立，鲁南制药的人力资源职能迎来了全面拓展，尤其在培训体系方面有了质的飞跃。

此前，公司除了法规类和生产线岗前培训，很少进行其他方面的培训。员工的发展和技能提升基本依赖日常工作中的自我积累。

新时代药业人力资源部部长王金彬曾在2009年向赵志全提议，企业的人力资源综合能力与企业发展的要求存在差距，建议与山东大学合作开展培训项目。然而，赵志全的回应是："你把我的讲话学好就行了，何必在外面请人。"人力资本中心的吴振涛也回忆道，如果向赵志全提出外出培训的想法，赵志全会直接反问："鲁南不够你学吗，非得到外面学？"

张贵民接手鲁南制药后，对培训工作高度重视，并大力推动多元化、系统化的培训制度。针对不同层级和岗位，鲁南制药逐步建立了完善的培训体系，旨在全面提升员工的能力素质，使之与企业发展相匹配。

自2018年起，张贵民每年都会围绕企业发展的不同阶段，亲自授课，为管理层提供主题鲜明的培训。他的授课主题涵盖了企业战略、组织管理、领导力等多个方面，从"认知进化"到"转型之路"，从"价值共生"到"内生力量"，再到"爱与美好"和"穿越周期"。这些培训不仅提升了管理者的领导能力，也让他们对公司的战略目标有了更加深刻的理解，为战略落地提供了坚实的支持和推动力。

如今鲁南制药还与泰山管理学院联合开展了实战MBA项目，积极鼓励员工参加各种外部培训。同时，公司通过集中采购的方式为员工购买优质课程资源，确保员工获得全面而实用的学习机会。如今，鲁南制药依托线上线下，构建起了员工成长矩阵，分级打造了学习型组织，针对业务队伍的"业务尖兵"等培训项目也在持续推进和强化。

2020年，国家在技能人才评价制度方面进行了一项大胆的改革，即国家退出职业资格评价，将培训评价权交给企业。为此，人力资源社会保障部专门印发了《关于支持企业大力开展技能人才评价工作的通知》，鼓励企业积极开展自主评价与培训工作。

在这项政策的推动下，鲁南制药于 2020 年 11 月成立了"临沂千荟职业培训学校"，致力于对健康管理师、公共营养师、营销员、互联网营销师、新媒体运营师等多个领域的人才进行培训。

这所职业学校不仅服务于鲁南制药的内部员工，还向社会开放，旨在培养更多技能人才。千荟职业培训学校的师资力量以鲁南制药的内部精英为主，其中不乏博士、硕士及高级职称人员，能够为学员提供高水平的专业指导。此外，为满足新时代药业员工的培训需求，鲁南制药在费县当地成立了"新时代费县远志职业学校"。两所学校犹如桥梁，连接了企业和社会，使更多人有机会接受专业培训，提升职业技能。

赵志全的家长制管理，带来了鲁南制药的初期辉煌，而张贵民的平台赋能，则为企业的未来发展奠定了更为稳固的基础。两者的更替，不仅是管理风格的变化，更是企业应对时代变迁的必然选择。

第八章

鲁南蓝图

企业的进化，有一个"新"与"旧"的问题。哪些需要创新，哪些需要守旧，要分清。但整体是从"旧"中走出来，去迎接"新"。

——张贵民

高层干部要确保公司做正确的事，会因势利导，要保证进攻方向是正确的，节奏是稳妥的，作战资源是最优的。中层干部承上启下，要打破部门本位主义，要走到现场去发现和解决问题。基层员工必须服从流程、规则、组织纪律，把事情做得简单、高效、正确。

高层有决断力，中层有理解力，基层有执行力，各司其职，才能攻无不克。

——张贵民

…

张贵民的终极梦想，是构建一个全人类的"健康世界"。

从构建立体化的研发体系、塑造强大的质量文化，到优化药品结构布局、聚焦重点产品，再到推动数字化创新，以及打造有温度的企业文化，每一步都彰显着鲁南制药对人类健康的执着追求。

开放式研发体系

开放，是打破壁垒，拥抱多元，是共生共荣，也是生生不息。

赵志全高瞻远瞩，极其重视"产学研"深度融合的创新模式，致力于构建一个"以企业为主体、科研院所为支撑、市场为导向、产品为核心、产学研相结合的医药创新体系"。

早在 1987 年，他刚接任厂长之职，便以前瞻性的眼光主动与山东中医学院（现山东中医药大学）建立了战略合作伙伴关系，充分依托沂蒙山区丰富且优质的道地药材资源，经过潜心研发和不懈努力，最终成功开发出国内首创的新型中药制剂——银黄口服液，为企业赢得了极高的声誉。这款凝聚着智慧和汗水的新药一推向市场，便迅速赢得了广大消费者的青睐和好评，投产后迅速实现了年产值高达 3000 万元，利税超过 1200 万元的骄人业绩，使原本陷入困境的郯南制药厂重获新生。

1989 年，鲁南制药又与山东省医药工业研究所联手，成功研发了氯唑沙宗和鲁南欣康，这两款产品随后成为鲁南制药的核心产品。

1998 年，鲁南制药被科技部认定为"国家重点高新技术企业"，并被国家经济贸易委员会、财政部、国家税务总局和海关总署联合认定为"国家重点企业技术中心"。

1999年，鲁南制药与华东理工大学联合成立了鲁华生物技术研究所，后来在华东理工大学建成鲁华生物技术研究所大楼，这种校企合作，极大地提升了公司的研发实力。

2001年，鲁南制药获批设立"博士后科研工作站"，这进一步吸引了高层次人才，为公司持续创新和发展提供了动力。2002年4月，公司继续深化产学研合作，与山东大学联合成立"山大鲁南超临界流体技术研究所"和"山大鲁南天然药物研究院"。同年，鲁南制药与罗马尼亚企业达成技术合作协议，并与美国公司签署合作合同，企业的国际化研发布局也初见端倪。

2010年，鲁南制药与上海医药工业研究院联合建立"鲁南制药—上海医工院联合实验室"，进一步拓宽了产学研合作的广度与深度。

对技术研发和科技创新的极致追求早已深深地融入了张贵民的血液。事实上，在赵志全领导鲁南制药时期，企业奠定的众多重要的科研基础，其背后的主要推动者和实际完成者正是张贵民。张贵民也因此获得了诸多国家级的荣誉称号和权威认可，例如，他成功入选了备受瞩目的"国家百千万人才工程"，并先后荣获了"国家有突出贡献中青年专家""国务院政府特殊津贴""全国优秀科技工作者""泰山产业领军人才""山东省杰出工程师""山东优秀发明家"等一系列重量级的荣誉称号，这些荣誉不仅是对他个人杰出才华和卓越贡献的充分肯定和高度赞扬，更是对他长期以来在科技创新领域辛勤耕耘和默默奉献的最好褒奖。

上任后，张贵民提出了要建设"开放式的研发体系"，他在2016年的一次会议中指出：

> "我们必须充分利用并管理外部的高端资源，必须有效利用外部资源而不仅限于依靠自身。仅仅依靠自身资源，难以支撑企业发展的宏伟目标。研发既要依赖内生增长，又要与外部资源协同增长。只有建立开放的研发体系，我们的研发才能真正变得强大。"

鲁南制药的科研部门专门组建了一支由高素质人才组成的专业研究团队，负责时刻密切关注全球学术界最新的研究动态和发展趋势，并从中敏锐地捕捉和甄选出具备发展潜力的研究方向，以便与相关的科研机构开展深入的研发合作。张贵民始终秉持着开放合作、互利共赢的理念，他希望在严格遵守保密协议的前提下，最大限度地吸纳来自各方的优秀科研力量，通过与国内外顶尖的科研单位建立紧密的合作关系，充分利用其既有的宝贵科研成果，从而有效地缩短新药的研发周期，并不断改进现有产品的性能和生产工艺。

为了实现这一宏伟目标，鲁南制药先后与意大利、罗马尼亚、美国、加拿大等国的多个知名科研院所，以及国内 100 余所重点高等院校和科研机构建立了长期稳定的战略合作伙伴关系，构建起一个覆盖全球、互联互通的研发网络。这种具有国际视野、多维度、多层次的开放合作模式，不仅使鲁南制药能够始终在新药研发的最前沿领域保持着领先地位和强大的竞争力，更为企业在科研成果的产业化和商业化方面带来了巨大的竞争优势和战略先机。

鲁南制药还积极向各大高校捐赠，投桃报李，赢得了高校在产品研发和人才培养方面的广泛支持。公司先后与华东理工大学、华中科技大学、山东大学等高校合作开办了 3 个研究生班，选拔优秀大学毕业生进行深造。此外，公司还与青岛科技大学合作开办了专升本班，为提高员工的文化水平和科研能力提供了有力支持。同时，鲁南制药还与北京大学、山东大学、南京大学、中国人民大学等高校共同设立院长培训班，面向医院管理者和医生，提供培训和进修机会。这一系列的合作举措，使得公司在高校中积累了深厚的人脉和资源，打造了一支强大的科研队伍。如今，这支队伍拥有 60 余名博士、1700 余名硕士，研发人员占企业职工总数的 10%。在这支人才队伍中，不乏"国家百千万人才工程"入选者、"国务院政府特殊津贴"专家、"泰山学者"

和"泰山产业领军人才"，显示出鲁南制药在人才培养方面的卓越成就。

在研发投入方面，张贵民始终保持着清晰的战略眼光。他深刻地认识到，任何一项具有突破性的研发项目，都必然伴随着大量的资金、人力和时间等资源的持续投入，这是一个需要长期坚持、耐心积累的过程。只有通过持续的量变，才有可能最终实现质的飞跃和根本性的突破，而研发成果只有最终转化为具有强大市场竞争力的产品，才能真正称得上是成功的研发。反之，如果研发成果无法有效地实现市场转化，那么前期投入的巨大资源就只能沦为一种巨大的消耗和浪费，没有任何实际意义。因此，张贵民特别强调，在与外部科研机构开展合作的过程中，务必要密切关注科研成果的实际转化率，并将其作为衡量合作成效的重要标准，以此来确保企业的每一分研发投入都能够真正为企业带来切实可见的市场优势和长期的发展动力。在鲁南制药，研发投入大约占全年营收的10%，这一比例在同行业中处于较高水平。

如今，鲁南制药以国家认定企业技术中心、博士后科研工作站为主体，搭建了国家手性制药工程技术研究中心、哺乳动物细胞高效表达国家工程实验室、经方与现代中药融合创新全国重点实验室等研发平台，形成了一个以博士、硕士为骨干的创新研发团队。

▲鲁南制药建设的5大国家技术研发平台

▼ 鲁南制药建设的 11 个省级技术研发平台

序号	平台名称	批复单位	批复时间
1	山东省手性药物工程技术研究中心	山东省科技厅	2005
2	山东省中药制药新技术重点实验室	山东省科技厅	2009
3	山东省手性制药技术创新中心	山东省科技厅	2020
4	山东省中药制药共性技术工程实验室	山东省发展和改革委员会	2020
5	药物新制剂研发山东省工程研究中心	山东省发展和改革委员会	2022
6	山东省生物制药行业技术中心	山东省经济贸易委员会	2005
7	山东省药物国际化工程实验室	山东省发展和改革委员会	2019
8	山东省复杂注射剂工程技术研究中心	山东省科技厅	2018
9	山东省博士后创新实践基地	山东省人力资源和社会保障厅	2019
10	山东省企业技术中心	山东省发展和改革委员会	2020
11	山东省蛋白类药物工程实验室	山东省发展和改革委员会	2019

近年来，鲁南制药先后承担了研究课题 400 多项，其中国家科技支撑计划、国家 863 计划、国家 973 计划、国家重大新药创制专项、国家火炬计划、国家重点新产品计划等项目 50 多项，120 项科技成果通过专家鉴定，45 项达到国际先进水平，61 项达到国内领先水平；获科学技术奖 131 项，其中国家技术发明奖 1 项、国家科技进步二等奖 7 项、山东省科学技术奖 22 项。

如果有机会去鲁南制药的展厅参观，你也许会被展厅内琳琅满目的专利技术证书所震撼。据悉，截至 2024 年底鲁南制药已申报国内、国外专利申请 3699 件、授权 2156 件，其中在张贵民执掌的十年间，企业申请专利 2988 项、获得授权 1809 件，占比分别达到了 80.8%、83.9%。鲁南制药共登记著作权15 890件，已获证书14 975件，被认定为全国版权示范单位。鲁南制药历史上，累计申请商标4533件、获得注册商标4078件，其中在张贵民执掌的十年间申请商标3071件，确权商标持有量2718件，位居山东省制造业民营企业第2位，全国榜单第32位，被认定为"国家专利运营试点企业""国家知识产权示范企业"。在张贵民执掌鲁南制药的十年间，企业连续十年入选中国医药工业百强榜，连续三年位列山东民营企业创新能力100强首位，企业位居2023全国民营企业研发投入500强第117位、民营企业发明专利500强第60位，荣获第七届中国工业大奖、第六届山东省省长质量奖。

▲鲁南制药部分专利展示墙

除了与科研机构进行开放式合作，张贵民还提出了与医院建立院企合作的构想。他认为通过与医院合作，才能更好地了解需求，了解患者的临床反应。

为更好地推进院企合作项目，鲁南制药与临沂市红十字会共同设立了

"志全博爱基金",作为该合作项目的执行平台。基金的设立不仅是为纪念赵志全董事长,同时也是为了确保院企合作项目执行的公开透明。

▲张贵民参加志全博爱基金管委会会议

在落实院企合作项目的过程中,鲁南制药设立了院企审核委员会。项目初期,鲁南制药会派专员与医院洽谈合作,达成合作意向后,再提交审核委员会讨论,以确保项目合规性和公司的利益,最终决定项目的实施。截至2023年,鲁南制药已与1500多家医院达成院企合作。

"三命"质量哲学

炮制虽繁,皆是心念所求。

品味虽贵,皆为品质所生。

在质量管理方面,赵志全与张贵民有着明显的风格差异。赵志全并非研发出身，对于产品质量的具体细节较少亲自过问，而是将更多精力放在企业战略和市场开拓上。而张贵民的研发背景让他对产品质量有着更为深入的理解与执着，"药品就是人品，做药就是做人，做好人就必须做好药"成为他常挂在嘴边的话。

在张贵民的质量哲学中，质量关乎三种生命：一是关乎患者的生命，二是关乎企业的生命，三是关乎员工的生命。

张贵民的"三命"质量哲学，构成了一个以生命为核心的质量管理框架，它不仅体现了企业的社会责任，还包含了对企业长远发展、员工福祉的深刻思考。药品质量将患者、企业、员工的利益紧密联系在一起，形成了一个相互依存的有机整体。

企业的长远发展和壮大，离不开产品的核心竞争力，而这种竞争力的源泉正是产品的质量。倘若药品质量得不到保障，即使企业暂时获得盈利，也终将因信任的流失而走向衰亡。尤其在当今网络媒体高度发达的环境下，任何一起舆情事件都可能让企业陷入信誉危机。质量失守不仅危及企业的声誉，也直接威胁员工的生计和工作安定，正如张贵民所说："企业的运营必须建立在稳定和安全的基础上，不能让员工整日提心吊胆地工作"。因此，保障药品的质量既是企业对市场和患者的责任担当，也是对员工利益的庄重承诺。

作为救治病患的工具，药品的任何微小瑕疵都可能对患者造成不可逆的伤害，甚至危及生命。为了强化药品的质量管理，张贵民强调全员要在高度严苛的标准下，做到100%的合规，这是企业必须坚守的底线。张贵民对GMP（药品生产质量管理规范）的要求非常严格，强调无论员工对GMP理解深浅，都必须毫不犹豫地贯彻落实。在他的管理理念中，GMP不仅是一套制度，更是一种深入人心的行为准则。所有员工都需要通过严格的培训，使 GMP 成为其标准化的操作程序。对于质量控制的每个环节，所有员工都必须按时、按顺序、不折不扣地执行，就像机器人一样精准无误，不允许任何差错：

> "如果车间无法做到 100% 合规，则宁可暂停生产，彻底整顿，直到问题完全解决。倘若鲁南制药因为飞行检查不合格而被责令停产，那企业的信誉何在？公众的信任又从何谈起？"

近年来，国家对药品质量的监管日益严格。每年，国家级、省级和市级的抽检批次多达数百次，任何一批产品质量抽检不合格，都会面临处罚。若产品被认定为不合规，罚款金额通常为药品价值的 10 至 20 倍。除经济价值外，处罚对品牌的负面影响更是不可估量。在这样的背景下，合规问题就显得更为重要。

在鲁南制药的早期，由于产品种类较少，质量管理工作由质检科负责。随着产品种类的增加以及中药生产的逐步恢复，质检科升级为质量管理部。2019 年，质量管理部部长柏学东被提拔为总经理助理，这也是张贵民上任之后第一个从质量系统提拔的领导班子成员。这一动作，彰显了张贵民对质量管理工作的高度重视。

质量管理部下设质量保证和质量控制两个部门。质量保证负责生产现场的监督管理，质量控制则负责对中间产品和成品进行检验，确认产品是否合格。质量管理部的岗位与生产技术部的岗位不能兼任，任何人不能随意批准不合格的产品通过检验，即使是总经理也无权干涉。

鲁南制药的每个车间都有多个 QA（Quality Assurance，质量保证员），负责各个车间的现场质量监督，包括取样检测、监督生产过程，以及处理和反馈质量问题。在中药生产过程中，QA 还需对原药材的品质、农药残留、重金属含量和二氧化硫等指标进行现场监控。在车间员工的认知中，车间主任和班组长可以不在现场，但QA绝不可缺席。此外，鲁南制药每年都会邀请外部审计机构对公司进行检查，内部也会每年开展两次自查。

鲁南制药赋予了质量管理部员工充分的权力，他们在检查过程中一旦发现任何问题，都有权立即终止生产。

这种理念与日本丰田汽车公司有着惊人的相似。丰田的生产线上，任何员工只要发现问题，无论多么微小，都有权暂停整条生产线，待问题解决后再恢复生产。

现鲁南制药厚普公司质量管理部部长窦希波曾提到一个细节：中药制剂在灌装入瓶后需要进行高温消毒，要求在100摄氏度的温度下持续30分钟。但有时因为蒸汽不足，消毒时间可能会缩短一两分钟。尽管这一偏差不会直接影响药品的使用，但鲁南制药的QA决不允许这种情况存在，必须严格按照标准重新消毒。

为了进一步确保药品质量的稳定与提升，减少人工检查可能出现的主观性，鲁南制药还引进了大量高端专业仪器设备，每台设备都价格不菲。

在质量文化建设方面，鲁南制药推行了一系列活动，全面培养员工的质量意识。每位员工都需要进行质量保障宣誓，并接受层层递进的培训，从班组级到部门级再到公司级，确保质量理念深入每一个岗位和流程。这些培训不仅有完整的档案记录，还附有照片、录像，形成规范化、可追溯的体系。

在质量活动月期间，公司会组织技能竞赛，从各个岗位中选拔出质量管理优秀者并给予表彰。同时，公司会征集员工的质量规范标语，将其制成横幅悬挂在企业的各个角落，营造出浓厚的质量氛围。质量分析会和警示教育会更是常规会议，通过深入剖析相关案例，制定切实的预防和纠正措施，确保发现与解决问题。

值得一提的是，鲁南制药还大力推行"互检文化"。各车间、班组之间常态化地进行相互检查和监督，不仅要发现问题，还要提出行之有效的改进方案，并在相关部门认可后落实执行。这种机制带来了不小的压力，但也正是这种压力锤炼出车间在关键时刻从容应对的能力，确保企业整体运作的高效稳健。

因鲁南制药厂区较多，产品品类繁杂，涉及化药、中药和生物制药，之前存在下属各子公司的质量管理标准不统一的问题。为解决标准统一性的问题，张贵民提出了构建集团一体化质量管理体系的战略构想，使鲁南制药的质量管理更加系统化、规范化。这一体系从源头开始，对供应商进行集中评选、管理与审计，确保供应链质量的稳定可靠。

在完善质量管理体系的同时，张贵民还倡导建立集团质量人才库，以确保质量检查的独立性和客观性。通过从人才库中随机抽取专家，对各子公司进行不定期的检查和督导，鲁南制药确保了质量管理体系的有效运行。

一系列的严格措施使得鲁南制药的药品质量一直处在行业前列。张贵民提到过一个典型的案例：鲁南制药生产的二甲双胍缓释片，其疗效几乎与原研药一致，且质量明显优于其他竞争厂家。在对比检测中，某竞争对手的同类产品需要服用 8 片才能达到原研药 1 片的效果。这种质量优势得益于鲁南制药在研发、原料采购、生产等各个环节的严格把控。在原料选择上，鲁南制药选用了与原研药相同的供应商，并且所有关键辅料均为进口产品。张贵民强调，鲁南制药始终坚持"疗效优先"的原则，就算成本增加，也绝不牺牲产品质量。

三个"1∶1"

> 执一而偏，终将失衡。
> 兼顾并重，方得圆满。

2019 年，在鲁南制药集团党代会上，张贵民正式提出了"千亿鲁南"的宏伟目标。对于大多数人来说，这个目标似乎遥不可及，因为前一年鲁南制药的营收才首次突破 100 亿。

对老一辈的鲁南人而言，这一情景让人不禁想起了 32 年前的那次"豪言壮语"。

1987 年，年仅 30 岁的赵志全承包了郯南制药厂，并立下誓言："用 4 年时间，完成年产值 1000 万元、利润 120 万元。"当时郯南制药厂的账面净资产不过 19 万元，利润几近为零，这样的目标让人难以置信。但 4 年后，鲁南制药的产值不仅达到了 1000 万元，还突破至 2500 万元，利润超过 200 万元，远远超出赵志全的承诺。

在张贵民看来，这一目标并非无稽之谈："其实这个千亿规模并不大，折成美元才 140 多亿美元，而国际大药企的营收早已超过千亿美元。"

在具体实现路径上，张贵民后来提出了三个 1∶1 战略：化药与中药 1∶1、院内与院外 1∶1、传统市场与广阔市场 1∶1。也就是说，大力发展中药，中药的营收占比要达到一半；大力拓展渠道，传统的医院渠道外的营收占比要达到一半；大力拓展电商等非传统市场，在广阔市场端的营收占比要达到一半。

在化药方面，鲁南制药的欣康、维康达、快力、鲁南力康、君尔清、君迪等产品具备巨大的市场潜力。张贵民提出，欣康和维康达的销售目标是突破 50 亿元，而鲁南力康、君尔清和君迪的销售额则要超过 10 亿元。快力作为一款在疗效和产品质量上优于市场同类产品的药品，其保守销售额预期可达 20 亿元。尼松、瑞旨、平奇、鲁南恒康、力创、瑞舒等新产品已在市场上崭露头角，展现出强劲的发展势头，这些产品都具备年销售额突破 10 亿元的潜力。此外，奥美、益君宁、平欣、复欣、瑞舒欣等产品也蕴含着巨大的市场空间，前景不可估量。

中药方面，鲁南制药目前拥有银黄口服液、心通口服液、小儿消积止咳口服液、柴银口服液、参芪降糖颗粒、脉络舒通丸、普济痔疮栓等品种，这些产品效果显著，市场反馈良好。尽管国家对中药新药的审批极为严格，每年通过的数量不超过 20 个，但鲁南制药在这一领域取得了显著的成绩，截至 2024 年底，已获得天麻眩晕宁颗粒、化滞柔肝颗粒、当归补血颗粒等 9 个中药复方的批准。

实际上，张贵民后来对"化药与中药 1∶1"的说法进行了调整，认为生物制药也应该占一个重要位置，实现"化药∶中药∶生物制药＝1∶1∶1"的格局，从"两条腿走路"到"三足鼎立"。目前多位生物制药领域的博士已在鲁南制药工作了约 20 年，他们的研发成果即将进入收获期，目前瑞舒宁®重组甘精胰岛素注射液和申力达®聚乙二醇化重组人粒细胞刺激因子注射液两个生物药已经上市，利妥昔单抗预计在 2025 年上半年上市。目前企业在研的生物制品 1 类新药达到 24 个，其中 9 个进入临床阶段。未来，每年公司都会有生物制品上市，这些产品在国际市场上具备 50 亿美元的销售潜力，上市后将大大丰富公司产品线，增强企业的长期发展动力。

除此之外，鲁南制药还积极投入高端制剂的研发和生产。高端制剂由于其技术壁垒较高、研发难度大、资金投入巨大，往往难以被其他企业轻易仿制。目前鲁南制药在该领域的多个项目正在稳步推进，其中已有一项提交临床试验申请，并有多个产品处于临床申报准备阶段。这些高端制剂也将成为鲁南制药未来发展的重要增长点。

原料药的供应能力是制剂低成本的关键保障。截至 2023 年，鲁南制药申报的原料药品种数量接近 100 项，位居全国前十。公司在宏观战略上强调将原料药与制剂联产的项目打造成具有竞争力的产业链，不断提升原料药的竞争力，以确保制剂生产的成本优势和市场竞争力。鲁南制药已经在临沂的郯城化工园区取得了用地，将建设一个专门生产原料药的工厂，致力于原料药的市场化运作。随着批量生产规模的进一步扩大，鲁南制药正将原料药生产作为企业发展的重要方向。

鲁南制药过去一直未设立自己的兽药生产厂，其生产的相关原料通常会供应给其他兽药厂使用。在兽药领域，鲁南制药拥有两款主要产品：一款是克拉维酸钾类抗生素，另一款是用于动物手术的全身麻醉药剂，且鲁南制药是国内这两类原料的最大供应商。近年来，随着养宠物群体的不断壮大，鲁南制药也开始着手建立自己的兽药厂。

此外，鲁南制药还计划拓展产品线，生产包括驱虫药、美容产品、减肥产品以及宠物食品在内的多元化产品，以满足日益增长的市场需求。

在销售渠道上，赵志全时代几乎都在押宝公立医院渠道。张贵民认为，随着国家政策的不断调整，单一依靠医院渠道对药企的发展是危险的。

医院渠道可以分为公立和非公立两个主要部分。公立市场不仅涵盖市区的大型公立医院，还包括乡镇卫生院、社区卫生服务中心等基础医疗机构。非公立市场则包括民营医院、私人诊所及零售药店等，这一领域每年有数千亿元的市场规模。许多患者可能会在大型公立医院接受诊疗，但在后续的药品采购阶段，常常会选择在家附近的卫生院或药店购买同样的药品，因此医院外的购药渠道不能忽视。

张贵民上任后，要求业务团队在确保原有医院的基础上，再实现向下渗透，能够全面覆盖线下的各类销售渠道，最终实现院外渠道的销售比重向医院看齐。这不仅便利了患者，也为产品的广泛覆盖提供了有力保障，有效提高了产品的市场渗透率和可得性。这反映出张贵民对各级市场的深刻理解和精准布局，不仅关注主流医疗机构，还注重发掘基层医疗和零售渠道的潜力，确保产品在整个医疗服务链中的无缝连接。

所谓广阔市场，是指除传统药品渠道外的一切可能的渠道，其中最重要的就是线上渠道和国际市场。鲁南制药这些年除了大力在各大电商平台发力，更是上线了自己的"首荟商城"小程序，与线下的首荟连锁药房实现联动。这一全渠道覆盖模式使得消费者不仅能够在医院购买鲁南制药的产品，还可以通过网络平台和线下药房等多种渠道便捷购买药品，从而实现线上线下的无缝衔接与整合，提升了消费者的购买体验和企业的市场竞争力。国际业务方面，鲁南制药严格遵循各国法规体系的要求，确保所有产品通过相应的认证程序后再上市销售，从而保障企业在国际市场的合规性与竞争力。

聚焦重点产品

产品如刀锋，聚焦才有穿透力。

战略如弓，拉满才能一击必中。

张贵民为鲁南制药的发展规划了两大核心聚焦战略：其一是紧紧围绕核心业务进行聚焦，确保企业的资源和精力不被分散；其二是集中力量打造重点产品，以点带面，实现突破性发展。

张贵民曾专门对日本的百年长寿企业进行过深入细致的研究和剖析，并从中得出了一个重要的结论：那些能够历经岁月洗礼、基业长青的企业，往往都能够始终专注于自身的核心业务领域，绝不会轻易涉足与主营业务无关的其他领域。正是基于这一深刻的洞察和认知，鲁南制药始终坚定不移地坚守制药这一核心主业，即使进行业务拓展，也最多会延伸到与制药行业密切相关的医疗器械和保健品等领域。无论外部市场环境如何风云变幻，鲁南制药都始终如一地保持战略定力，绝不会将宝贵的精力和资源分散到与制药无关的行业中去。

在产品层面的聚焦上，张贵民清醒地认识到，尽管鲁南制药目前规模庞大，但企业的资源依然有限。与其分散资源在大量的产品线中，不如选定少数几个战略性产品，集中资源投入，最大化其市场表现，形成压倒性竞争优势。正如《吕氏春秋》所言："壹引其纲，万目皆张"，一旦这些重点产品在市场上站稳脚跟，持续吸引新消费者并保持稳定的市场占有率，企业便可逐步减少对它们的资源投入，将精力转向其他战略发展领域。

顺益舒®首荟通便胶囊和启达力®荆防颗粒（合剂），便是张贵民选定的两款战略产品。他相信，这两款产品的市场表现将对鲁南制药实现"千亿营收"目标起到决定性的推动作用。

在张贵民的战略蓝图中，顺益舒®首荟通便胶囊不仅是一款中药产品，更是一款契合中国老龄化社会需求、极具市场潜力的产品。这款产品有能力在未来创下100亿美元，甚至200亿美元的销售奇迹。

鲁南制药厂区显眼的广告牌上写着"治未病，从首荟开始"。起初，这句话让很多人困惑，误以为是"治胃病"，质疑鲁南制药这样一家大企业为何犯如此低级的错误。然而，这并非误写，而是张贵民为推广顺益舒®首荟通便胶囊所提出的"治未病"理念。"治未病"不同于"治已病",它强调对"未来之病"的预防理念,这一理念可以追溯到2000多年前的《黄帝内经》。《黄帝内经》中提出:"是故圣人不治已病治未病,不治已乱治未乱。"这句话深刻地阐明了一个道理:医术最高明的医生并非仅仅擅长治疗已经发生的疾病,而是更加善于在疾病尚未发生之前就采取有效的预防措施,从而使疾病根本没有机会发生。

张贵民以其敏锐的洞察力深刻地认识到,在全球范围内日益严峻的人口老龄化趋势的大背景下,"预防胜于治疗"这一古老的医学理念必将成为未来整个健康产业发展和演变的核心方向和指导原则。

他之所以大力提倡和积极推广"治未病"这一健康理念,也源自他对中国社会长期以来存在的诸多问题的长期观察和深入思考。"看病难、看病贵"是长期以来一直困扰着中国广大人民群众的突出社会难题,由于优质医疗资源的相对短缺和分布不均,患者在就医过程中常常面临着挂号难、住院难、床位紧张等诸多实际困难。在这些医疗问题背后,张贵民深刻地意识到,老百姓频繁生病,实际上与他们日常的生活方式和整体的生活质量有着极其密切的关联。绝大多数人往往只关注"治已病",即在疾病已经发生之后才被动地寻求治疗,而长期忽视在健康时期就进行积极的预防和保健,从而导致一旦身体出现任何不适症状,往往就已经错过了最佳的干预和治疗时机,最终只能无奈地进入"已病"的状态。张贵民坚信,只有从根本上转变传统的健康观念,积极主动地管理自身健康,并在日常生活中就高度重视对疾病的预防,才有可能从根本上有效地缓解乃至最终解决长期困扰中国社会的"看病难、看病贵"问题。

在这一理念的引领下,鲁南制药将预防医学作为公司未来发展的重要方向,积极布局"治未病"领域,着力研发相关产品线。具体到顺益舒®首荟通便胶囊这款凝聚着鲁南制药研发团队智慧和汗水的明星产品，其市场定位早已超越了单纯治疗便秘的传统范畴，上升到了一个更高的层次和维度，即通过全面、系统地调理和改善人体肠道的微生态环境，从根本上增强人体的自身免疫力和抵抗力，从而有效地降低多种潜在疾病发生的风险。更重要的是，通过鲁南制药研发团队的不懈努力和技术攻关，顺益舒®首荟通便胶囊成功地颠覆了长期以来在人们头脑中根深蒂固的"中药见效缓慢"的传统观念，该药品以其在现代医学临床应用中所展现出的快速、显著且确切的疗效，有力地证明了中医药在现代医学体系中同样可以发挥极其重要的作用，改变了整个市场乃至社会公众长期以来对中医药的某些片面和刻板的印象。

张贵民心中的第二款潜力产品便是启达力®荆防颗粒（合剂），其市场规模有望突破百亿元。

为了向外界展示启达力的独特魅力和研发实力，鲁南制药在厂区内专门修建了一个面积达4000平方米的超大规模的启达力健康文化馆，并于2023年正式启用。该馆不仅展示了启达力的研发历程与技术创新，还全面呈现了产品的核心功效及其在防治疾病中的突出贡献。展馆将现代科技与传统中药文化有机融合，通过多媒体互动设备、产品模型及相关医学文献的展示，使参观者充分了解鲁南制药在推动中药现代化进程中的坚定决心与丰硕成果。这种立体化的展厅体验，生动地呈现了启达力在疾病预防、治疗中的独特作用，彰显了企业对中药产品的信心和对未来市场的期望。

启达力®是荆防颗粒（合剂）的商品名，起初每年的销售额并不高，且销售区域主要集中在临沂。然而，突如其来的新冠疫情，却让"沉睡"30多年的启达力突然迎来了巨大的价值爆发。

▲ 2023 年投入使用的启达力健康文化馆内景

研发团队在梳理中医药防治病毒性肺炎的相关文献时发现，古方荆防败毒散可作为疫区群体性预防用药，而启达力®荆防颗粒（合剂）正是荆防败毒散的原方现代制剂。荆防败毒散首载于明代张时彻的《摄生众妙方》，历经近 500 年的流传和验证，历代医家从切身经历的实践中，给予了它极高的评价："四时感冒之神剂""瘟疫通治剂""温病初症，未知端的，先以荆防败毒散治之"。启达力作为荆防败毒散的现代化制剂，凭借其在预防及治疗上的突出效果，在新冠疫情期间迅速得到了市场的广泛认可。

为了进一步明确启达力在新冠病毒防治中的作用，鲁南制药的研发团队不遗余力地开展调研，带着启达力深入拜访了国内多所知名中医药高校，如山东中医药大学、河南中医药大学、重庆医科大学、南京中医药大学、北京中医药大学、辽宁中医药大学和上海中医药大学，与中医药专家学者交流，逐步加深了对启达力这一经典名方的了解和研究。

在与中医药专家的沟通交流中，鲁南制药逐渐发掘了启达力在其他临床应用上的潜力：不仅能够治疗感冒、预防瘟疫，还对牙痛、乳腺结节、皮肤疾病、头痛身痛等多种症状具有显著疗效。鲁南制药集团药理中心近期还在抗血栓、治疗肺结节、缓解肿瘤等方面对启达力开展了多个动物实验，都取得了良好的效果。这些多重功效的逐步发现，进一步丰富了启达力的临床应用价值，为其未来的市场推广奠定了坚实基础。

作为启达力的坚定推广者，张贵民不仅坚持亲自服用启达力，还积极向周围人群宣传产品的优势。在推动启达力的市场推广时，他将自己的微信名改为"张贵民（启达力，提高免疫力）"，以此通过朋友圈传递产品信息，提升品牌的知名度。

2023年12月底，由启达力®荆防颗粒（合剂）冠名赞助的央视《中国中医药大会》第一季正式开播，启达力的名字随着节目的播出走进了亿万观众的视野。据统计，该节目全网曝光量达52.7亿次，央视频播放量超过4426万次，户外线下曝光量高达1.5亿次，海外媒体报道覆盖的受众超2000万人。通过冠名这档节目，启达力迅速提升了品牌知名度，进一步巩固了其在中医药市场中的地位。

自研数字化

> 一双合脚的草鞋，胜过一双不合脚的金履。
> 病症不同，药方各异。

数字化已然成为当今社会不可逆转的趋势，它如同洪流般滚滚向前，推动着各行各业的深刻变革。在这场变革中，不少企业却陷入了"为数字化而数字化"的误区，脱离实际需求，"如莲花不着水，日月不住空"。虽然投入巨大，却未能收获预期的效果。

作为《中国制造 2025》规划的重点领域，医药行业的数字化水平相较其他行业仍显薄弱，整体尚处于起步阶段。在张贵民看来，鲁南制药推进数字化的核心逻辑在于从数据中获取效益，增强内外连接。他认为，现代企业的发展关键在于效率，数字化则是提升效率的关键手段。

与市场上普遍采用第三方平台或二次开发来推动数字化的路径不同，鲁南制药选择了一条更具挑战性的道路——自主研发。这种方式虽然难度更大，却能更精准地契合企业的实际需求，实现真正的量身定制。

在组织架构上，鲁南制药建立了双轮驱动的数字化建设团队：信息中心负责内部数字化建设，包括财务、库存、销售、质量、人事、生产等数字化系统的开发维护；IT 研发中心则专注外部数字化建设，打造电商系统和新闻发布平台等对外窗口。

鲁南制药的数字化征程始于 1993 年引入用友财务软件，而真正的转折点是 1995 年开始自主开发财务软件。这一决策开启了企业自主研发的新篇章，其后相继开发了销售、人事、档案等系统。1998 年 7 月，信息中心的成立和 MRP Ⅱ（Manufacturing Resources Planning Ⅱ，制造资源计划）的研发，标志着企业数字化建设进入新阶段。

步入 21 世纪，鲁南制药开启了以 ERP（Enterprise Resource Planning，企业资源计划）为核心的信息化建设新征程。以财务核算为基础，逐步构建起涵盖基础数据、采购、库存、质量、CRM（Customer Relationship Management，客户关系管理）、人事、设备、档案等在内的全方位信息化体系。

随着移动互联时代的到来，鲁南制药于 2015 年构建了融合 OA

（Office Automation，办公自动化）与 ERP 功能的综合信息化平台，实现了管理流程的数字化转型。其后又推出移动版 OA 系统，进一步提升了办公效率和灵活性。

2016 年，鲁南制药的数字化建设再次迎来了新的变化。在刘方亮的带领下，IT 研发中心应运而生。从组建开始，团队就毅然决定延续自主研发的传统，开启了新一轮数字化探索之旅。

作为团队的开山之作，CHP 销售管理平台（Check，Help，Plan）不仅让销售管理透明化、高效化，更为后续的数字化建设积累了宝贵经验。

秉持着服务社会的理念，IT 团队随后搭建了"健康之初"科普媒体平台。这一平台汇集了鲁南集团执业药师和新媒体团队的专业力量，通过免费分享健康知识，让企业的社会价值得到了更充分的体现。

2020 年的新冠疫情，成为鲁南制药加速数字化转型的催化剂。疫情期间，大量业务从线下迁移至线上，信息化系统深度融入集团各个环节，"云上鲁南"综合管理平台也应运而生。作为鲁南制药数字化管理的总枢纽，该平台将分散的系统进行有机整合，成为员工日常工作中不可或缺的得力助手。

到了 2023 年，IT 研发中心的数字化版图已然成型：以"云上鲁南"为统领，结合 CHP 销售管理平台、"健康之初"科普平台、"首荟商城"和"启达力云学院"等四个平台，构建起了全方位的数字化生态系统。加上信息中心的不懈努力，一个涵盖 ERP、移动端 OA、CRM、MES（Manufacturing Execution System，生产管理系统）、QMS（Quality Management System，质量管理系统）、WMS（Warehouse Management System，仓储管理系统）、DMS（Document Management System，文件管理系统）、TMS（Teaching Management System，培训管理系统）等在内的全方位数字化体系全面建成。

如今，IT 研发中心与信息中心犹如企业数字化建设的双翼，协同配合，为鲁南制药打造了一套既扎实可靠又灵活全面的数字化系统平台。这一平台不仅提升了工作效率和管理透明度，更在对外传播、生产管理、质量控制、电商营销等方面发挥着重要作用，为实现"千亿鲁南"的宏伟蓝图提供了强有力的技术支撑。

不过，鲁南制药的数字化转型推进过程并非一帆风顺。其中最大的挑战，莫过于打破各部门之间的"数据壁垒"。由于数字化转型涉及公司内部多个部门的数据互联互通，数字化团队需要协调各部门进行数据共享。而公司各部门长期以来形成的独立"信息城堡"，让他们对共享数据十分谨慎甚至抗拒，数字化进程几乎陷入僵局。

面对这一局面，张贵民决定亲自出面协调。他深谙"治病必求其因"的道理，首先召集各部门负责人开诚布公，直面问题。为了确保工作顺利推进，张贵民还亲自深入调研，找出各部门在工作中的痛点与信息断层问题。在此基础上，他建立起跨部门协同机制，搭建起沟通的桥梁，扫清了数字化转型道路上的绊脚石。如今，鲁南制药已建成一座覆盖全集团的云数据中心，不仅实现了各部门、子公司之间的数据互联互通，更为企业的大数据分析提供了坚实基础。

在这场数字化转型中，团队本身也经历了一次蜕变。起初，这支以 IT 专业人才为主的队伍，虽有扎实的技术功底，却因缺乏其他岗位的实践经验，往往陷入"技术至上"的误区。他们设计的流程不够接地气，面对业务部门的需求，也常常以"技术无法实现"为由推诿搪塞。

为此，张贵民对数字化团队提出了两个核心指导原则："可以实现"和"让我来"。"可以实现"要求团队不再推诿任何部门提出的需求，不论难度如何，都应积极探索解决之道；"让我来"则代表了一种主动服务和靠前服务的精神，要求团队不仅要回应需求，还要主动走到一线去，为其他部门提供贴身的技术支持。

鲁南制药的数字化团队并未将目光局限于企业内部，而是将服务触角延伸至外部合作伙伴。特别是在与医院的合作项目中，数字化团队化身技术使者，为医院的数字化建设提供专业支持。这种超越传统供应商角色的创新合作模式，不仅为销售业务开辟了新渠道，更增强了鲁南制药在医疗行业的合作黏性，让企业的影响力得到了显著提升。

此外，张贵民将目光投向了更广阔的市场空间，鼓励将内部数字化成果进行市场化转型。

对鲁南制药未来的数字化方向，张贵民强调，数字化转型应当贯穿企业全价值链，从研发设计、生产加工，到经营管理、市场服务，构建起涵盖云计算、分布式存储、数据仓库、云盘等多元化服务的完整生态系统。这不仅要打破各个环节之间的壁垒，还要着力提升员工的数字技能和数据管理能力，最终形成数据驱动的智能决策体系。鲁南制药的数字化战略不仅着眼于提升企业自身的运营效率，更致力于带动整个产业链上下游的协同发展。在张贵民的愿景中，鲁南制药的数字化建设将跨越企业界限，成为推动整个医药产业数字化升级的重要力量，谱写一曲产业数字化转型的新篇章。

放眼国际

世界是一本书，那些走不出去的人只读了一页。

心有天下，天下才有你。

尽管鲁南制药地处山东临沂，却始终拥有开阔的国际视野。

早在设计公司标识时，赵志全便将企业的国际化理念深植其中。在鲁南制药的商标中，字母"LN"紧紧环绕着地球，象征着企业面向全球市场、参与国际竞争的雄心壮志与长远愿景。

早在 2003 年 5 月，赵志全就已经明确提出要推动鲁南制药迈向国际化，并成立了国际经济贸易办公室，专门负责国际市场的调研及开拓。该办公室还承担了对外事务的管理，包括技术交流、接待外宾，以及为公司员工办理护照、签证等事务。

▲鲁南制药的标识

刘炳光被任命为这个新成立办公室的负责人，那时的他原本是一名在生产车间工作的技术人员，通过技术创新降低生产成本，曾是他的理想所在。当赵志全向他宣布这个决定时，他的内心充满了疑惑与抵触情绪。毕竟，这不仅是一项与他专业背景相差甚远的任务，而且赵志全并未给他配备任何下属，甚至连一个固定的办公室都没有，他只能在不同部门之间寻找临时工位办公，如同"打一枪换一个地方"的游击队员。

刘炳光向当时还是中试车间主任的张贵民诉苦，张贵民的一番话驱散了刘炳光内心的迷雾。张贵民直言不讳地告诉他："你应该接受这个挑战。虽然你在车间的工作得心应手，技术出众，未来很快会升任车间主任，但如果想要更大的晋升空间，你觉得机会有多大？车间的岗位毕竟有限，职业生涯可能会在主任这个位置上停滞不前。相比之下，国际经济贸易办公室是赵总亲自设立的全新部门，作为创始成员，你将拥有前所未有的发展空间。"

张贵民的冷静分析让刘炳光豁然开朗。当天下午，他就回复赵志全：

"赵总，我服从组织安排。"

担任国际经济贸易办公室主任的刘炳光，首要任务便是调研鲁南制药产品的国际市场状况，包括中国相关药品的出口现状、全球价格走势及主要竞争对手等。每隔几天，他就需要将调研结果向赵志全汇报。最初，因为不熟悉业务，刘炳光时常产生放弃的念头。对此，赵志全特意写下了12个字勉励他："边干边学，不断提高，任重道远"，他嘱咐刘炳光要有耐心，逐步摸索前行。

鲁南制药早期生产的原料药，主要供给自产自销的制剂产品。赵志全敏锐地意识到，应该让原料药走出公司，打入更广阔的国际市场。同时，他也开始考虑从国际市场引进原材料，降低生产成本。克拉维酸钾成为他的重点目标，因为当时鲁南制药是国内最大的克拉维酸钾使用企业。彼时，公司通过国内贸易公司采购克拉维酸钾，价格高达3300元/公斤，尽管价格后来有所下降，但仍维持在2800元/公斤的高位。

国际经济贸易办公室成立后，刘炳光绕过国内贸易公司，直接从欧洲进口克拉维酸钾，将价格压至2300元/公斤。虽然成本有所降低，但仍未达到公司预期，若能实现自主生产，价格预估可控制在1000元/公斤左右。于是，刘炳光精心挑选了一名博士、一名硕士和一名本科生组成专业团队，前往罗马尼亚学习克拉维酸钾的生产工艺。回国后，团队迅速展开中试实验，取得成功后便投入大规模生产。2006年，鲁南制药正式投产克拉维酸钾，该产品迅速成为公司核心产品之一，产能跃居全球首位。

该产品的国际市场销售工作，由刘炳光负责的国际经济贸易办公室承担。2005年1月，国际经济贸易办公室升级为"国际业务部"，标志着公司国际化进程进入了一个新阶段，展示了鲁南制药的国际化野心。

在鲁南制药决定将克拉维酸钾推向国际市场时，市场上已存在两家竞争对手,占据了先机。为了在激烈的竞争中取得突破,刘炳光一开始采取了低价策略,试图通过价格优势迅速打开市场。然而事与愿违,这一举措引发了对手的价格跟进,导致克拉维酸钾的市场价格迅速下滑。

随着价格战的白热化,三家企业的利润空间迅速被压缩,甚至连基本的生产成本都难以覆盖。如果亏损状况持续下去,不仅鲁南制药,其他两家企业也将面临不得不停产的窘境。克拉维酸钾原料出口量的80%集中在印度市场,如果无法解决印度市场的价格问题,整个国际销售计划势必难以为继。

经过不断沟通与磨合,大家都意识到价格战带来的生存问题。从2016年开始,克拉维酸钾的市场价格保持了持续的稳定。鲁南制药凭借出色的生产能力,逐步成为这一市场的重要参与者,每年向印度出口超过1000吨克拉维酸钾混粉。

随着国际药品市场对质量和合规性的要求日益严格,鲁南制药在2017年成立了国际药品研发中心,专门致力于自有制剂产品的海外认证与注册工作,以推动公司制剂产品进入全球市场。在该中心的成立大会上,张贵民明确指出:

> "质量管理和运营标准必须始终保持统一,不能将国内与国际市场分为两个独立的体系,这是不可分割的整体。我们秉持'健康世界,走向世界'的理念,就不能有双重标准。有人认为在非规范市场可以采取较为宽松的策略,这种观点是完全错误的。不论是高度规范的市场,还是相对宽松的市场,我们都应当坚持相同的高标准。"

此言既彰显了鲁南制药对全球市场的远大抱负,也为企业未来的发展设定了更高的行业规范与道德要求。自国际药品研发中心成立以来,截至2024年10月,鲁南制药累计获得国际制剂批件51个,原料药批件52个,

18个产品正在法规市场接受评审，70多个产品正在非法规市场接受评审。

面对欧美市场苛刻的药品管理标准，鲁南制药分别在2021年、2024年成功通过了美国的FDA认证和欧盟的GMP检查。这些认证是鲁南制药进入美国、欧盟市场的重大突破，也是公司在国际市场拓展方面迈出的坚实一步。七氟烷吸入剂和瑞舒伐他汀钙片剂发运美国市场，推动公司国际化进程迈上一个新台阶。在新时代药业内，经常可以看到来自非洲的审计官，他们是质量审计的专业人员，会在厂区内进行数日的考察，严格检查生产质量规范。这些审查标准甚至高于国内要求，一旦未能通过审查，药品将无法出口。令人自豪的是，鲁南制药多次顺利通过了这些严格的国际审查。

为了更好地适应全球化发展和市场需求，2022年，鲁南制药将国际业务部升级为国际贸易公司，成立山东金珂国际贸易有限公司，实行独立核算，推动公司由自产自销向全球贸易的转变。除了销售公司自有产品，国际贸易公司还具备代理销售其他企业产品的资质。鲁南制药的国际业务连续10年实现正增长，10年间共实现销售收入85亿元。按照公司的规划，国际贸易公司以"原料药出口向制剂出口转型""有人的地方就有鲁南制药的产品"为工作目标，未来将成为鲁南制药千亿营收中的一个重要板块。

有温度的鲁南

浮生若梦，唯有真情永恒；红尘滚滚，唯爱不染纤尘。

世间温情，最抚人心。

如果说鲁南制药是一幅画，那么温情无疑是它最柔美的底色。

走进鲁南制药，你会发现这里的温情不需要刻意去寻觅，而是自然而然地流淌在每个角落。鲁南制药的温情，体现在一对对双职工脸上洋溢着的幸福笑容上，回荡在家属幼儿园孩子们天真烂漫的欢声笑语里，定格在一年一度的集体婚礼上新人们幸福感动的泪光中，也渗透在一线工人生病时来自企业和同事们的真切关怀和温馨问候里，更具象化为夏季酷暑时那一袋清凉解暑的绿豆汤，以及冬季严寒时那一件温暖人心的羽绒服。在鲁南制药这个大家庭里，温情是连接每一位员工情感的牢固纽带，诠释着"造福社会，创造美好生活"的企业宗旨。

在不少企业中，员工之间建立恋爱关系通常是不被公开鼓励的，甚至会受到各种或明或暗的限制和约束，究其原因，主要是因为企业管理者普遍认为，员工之间的恋爱关系可能会在一定程度上影响工作效率，而且还可能因为感情问题引发各种矛盾和冲突，从而对企业内部正常的工作秩序及和谐的工作氛围造成不良影响。然而，鲁南制药却以前瞻性的眼光和开明的态度，采取了一种截然不同的管理策略和人性化的关怀措施。鲁南制药不仅充分尊重和支持员工之间正常的恋爱自由，而且还极力鼓励和支持双职工家庭的建立和发展。为了切实帮助双职工家庭解决实际生活中的各种困难和问题，鲁南制药专门为他们量身定制了一系列贴心周到的福利保障措施，例如，优先为双职工家庭分配住房，并为他们的子女提供极其便利和优质的教育资源。

鲁南制药不仅在厂区内建有环境优美、设施完善的幼儿园，而且还在附近专门为公司员工的子女设立了红旗小学，即使是那些尚未在本地购房的员工，他们的孩子也可以进入这所学校接受良好的教育。鲁南制药为员工们创造了一个安心、稳定的工作和生活环境。

▲张贵民与集团幼儿园的老师们座谈

鲁南制药之所以支持双职工家庭，背后有着一定的历史原因，尤其是与公司在20世纪90年代的业务拓展方式密切相关。

在那个时期，鲁南制药为了能够迅速有效地拓展全国市场，对派往外地进行业务拓展的业务员制定了极为严格的纪律要求，其中就包括一项明确的规定，即严禁业务员在外地谈恋爱，主要是高层担心恋爱关系可能会分散业务员的专注力，甚至还可能因为感情方面的原因选择留在外地发展，而不愿再返回公司继续工作。当时的业务员也都严格遵守公司制定的各项纪律和规定，即使在外地遇到异性主动示好或表达爱意，他们也会保持适当的距离，避免发展出恋爱关系。那时长相帅气的李宝杰在跑湖南市场时，常遇到年轻姑娘主动向他表白爱意，而他每次都只能以略带歉意而又坚决的口吻回复对方："厂长规定我们不能谈恋爱，对不住了！"

由于业务员常年在外，回临沂的机会非常有限，婚姻问题成了一个难题。为了帮助这些为公司奔波的业务员解决个人问题，时任厂长的赵志全动员公司年长的女职工担任媒人，为业务员介绍合适的对象。如果牵线成功，介绍人和新人还能获得 2000 元的奖励，这就激发了员工在"牵线搭桥"方面的热情。这种内部介绍和撮合，使得公司双职工家庭的比例大幅增加，也极大地提高了员工队伍的稳定性。

对此，李宝杰曾打趣道："我的妻子是公司'分配'的，房子也是公司'分配'的，我的一切都离不开公司的'分配'。"李宝杰在济南求学四年，又在湖南工作四年，随后将一生的职业生涯奉献给鲁南制药，形成了深厚的"鲁南情结"。李宝杰表示："我对公司怀有深厚的情感和无限的热忱，愿意为公司的发展奉献毕生精力，这绝非一句空话。"

1999 年，鲁南制药首次为员工举办了集体婚礼，此后每年举办这一活动成为惯例。不论参与者的职务高低，赵志全和张贵民总会出席，为新人送上最真挚的祝福。如今，公司的数字化应用中还设立了"缘来是你"栏目，为员工提供线上婚介渠道。

▲ 2019 年，张贵民出席鲁南制药集团集体婚礼

鲁南制药对员工的关怀延伸到生活的方方面面，体现出企业深厚的人文关怀。

在员工生病时，工会会及时安排探望和慰问；如果员工家庭遇到困难，公司也会协调相关部门伸出援手，给予实际支持。在早些年，当女员工因为力气小无法自行搬运沉重的煤气罐时，公司后勤部门的工作人员还会主动承担起将煤气罐安全送至员工家中的任务。员工之间的关系也像家人一样亲密无间，无论是谁家有红白喜事等重要的人生大事，团队成员都会积极主动地前来帮忙操办。公司甚至还会安排车辆统一接送，最大限度地方便大家前往，从而让员工真正感受到企业大家庭的温暖和关爱。

相比赵志全给人的威严感，张贵民给人的更多是温和感。张贵民的微信签名"谦谦君子，温柔如玉"，正是他性格的真实写照。在公司，很少有人见过张贵民动怒，尤其是在普通员工面前。

张贵民要求服务中心不仅要丰富菜品，满足员工需求，还要为家属区提供服务。考虑到很多员工面临在下班后辅导孩子作业的难题，张贵民提议集团开设周末课堂，组织研学活动，帮助家长培养孩子的良好习惯，减轻他们的负担。

张贵民高度重视"孝"文化的建设，认为孝顺是每个人最基本的道德底线。他常常语重心长地告诫员工，不能在给父母生活费时吝啬，更不能等父母主动开口索要。这种对父母的关怀和尊重，不应是被动的，而应该是发自内心的情感流露。张贵民不仅在言辞上强调孝顺，还在行动上积极推动在公司文化中融入孝道教育，正在筹建的"孝文化馆"便是这一理念的具体体现。他希望通过这样的平台，让那些不懂得孝敬父母的人能够经常反思自己的行为，学习并内化这种传统美德。

人力资本中心的吴振涛曾回忆，自己的父亲因突发脑溢血住院时，恰巧被张贵民遇到。张贵民没有袖手旁观，一直陪着他到中午 12 点，展现出他对员工家庭的关怀。若有同事的父母患病，张贵民还会利用自己在医院的人脉资源，主动帮忙联系专家，尽力为员工家庭排忧解难。

在与员工的沟通中，张贵民始终强调真情实感，认为没有温度的关怀是虚假的。他主张管理人员应放下架子，采用见面、聚餐等方式，倾听员工心声,帮助其疏导情绪,解决他们的实际问题,提倡"用柔性的方式解决员工的刚性问题"。正如维珍集团创始人理查德·布兰森(Richard Branson)所说:"照顾好你的员工,他们就会照顾好你的客户。"张贵民也相信这点。

曹守敬是新时代药业科研楼一名普通的电工,平时不善言谈,但提起张贵民对自己的关怀却有说不完的话。曹守敬说:"张总从来没觉得我是个电工,就对我不尊重。"一次临近下班时,有一台机器配件出现故障,张贵民亲自打电话请他加班维修。维修完毕后,曹守敬错过了回市区的末班车,正发愁如何回家时,却发现张贵民还在楼下等他,准备亲自开车送他回家。这种关怀不仅仅是形式上的关心,而是渗透到具体行动中的温暖。

▲丰富多彩的企业文化活动

然而，张贵民对待家族内的亲戚却是另外一番态度。即使是通过正常途径和公平竞争进入公司的亲戚，也从未得到过任何形式的特殊照顾或优待，反而会受到比其他员工更加严格的要求和更加严苛的考核。正因为如此，张贵民的亲戚们在工作中遇到各种职业发展方面的问题时，往往都不愿意主动向他求助。因为他们深知，即使求助也未必能够得到任何实质性的帮助，反而还有可能会因为工作上的不足或失误而遭到他更加严厉的批评和指正。

尽管如此，张贵民仍觉得自己做得不够。他曾在 2024 年 2 月 1 日写下一篇充满自省的反思文章，其中坦言：

"31 年间，我见证了临沂的巨大变迁，更见证了鲁南制药的快速发展，但扪心自问，自己做得好吗？坐到今天的位置已近十年，总感到自己才疏学浅，力不从心，很多事情拿不出最优的解决方案。对员工的关心还远远不够。每次看到员工对我尊敬的表情，我都在想自己值得他们尊敬吗？我其实并没有为他们做什么，只是因为我在这个位置上。"

这篇文章，深刻展现了张贵民作为企业家的自省和谦卑态度。极少有企业家敢于公开反思自己的不足，而张贵民的这种坦诚与内省，不仅令人感动，更为鲁南制药的企业文化注入了真实的力量。

《左传·庄公十一年》写道："禹、汤罪己，其兴也勃焉；桀、纣罪人，其亡也忽焉。"这句话的含义是，禹和汤通过反省自己，带领国家迅速兴盛，而桀和纣则因推诿责任、怨怪他人，导致其王朝迅速覆灭。张贵民的坦诚与自省，使得他在领导企业时，始终保持清醒。

构建人类健康世界

若得世人无疾苦，宁教药铺满尘灰。
但祈苍生尽康健，甘令华佗作散客。

健康，是人类永恒的追求，也是所有生命体最根本的需求。彻底摆脱疾病的困扰，让人类能够真正地享有健康幸福的生活，更是无数伟大医者和仁人志士毕生矢志不渝的崇高梦想。

2016年，张贵民高瞻远瞩地提出了"鲁南制药，健康世界"这一宏伟口号。短短八个字，不仅清晰地传递出他内心深处想要构建一个全球共享的健康世界的雄心壮志和远大抱负，更充分展现了他作为一名杰出企业家的责任担当和家国情怀。为了切实有效地实现这一宏伟目标，他为鲁南制药精心规划了四条清晰而明确的发展路径：第一，坚持不懈地进行创新，不断研发出更加安全、有效的新药和全新的治疗方法，从根本上提升人类应对疾病的整体治疗水平和能力；第二，始终不遗余力地推动医疗公平的实现，推动医疗可及性的提升，力求让高质量的药品和医疗服务能够惠及更多生活在低收入地区和偏远落后地区的人群，真正实现人人享有基本医疗保障；第三，通过强有力的企业文化建设和精神引领，充分激励和鼓舞每一位鲁南人将"健康世界"这一崇高目标作为自身奋斗的终极目标和前进的不竭动力；第四，通过多种形式的宣传和教育活动，不断增强广大民众的健康预防意识，使"治未病"这一重要的健康理念深入人心，并切实地贯彻到每个人的日常生活当中。

张贵民的童年岁月在郯城的农村度过，那里医疗资源匮乏，村民们常因无法得到及时的治疗而陷入无助的痛苦。幼小的他，亲眼看到乡亲们在疾病面前的脆弱与无奈，这段经历深深烙印在他的心底，成为他日后投身医药事业的根本动力。张贵民始终坚信，鲁南制药所研发和生产的每一款产品，以及所取得的每一次技术突破和创新，都意味着将会有更多的人因此而获得更加及时、有效和优质的治疗，都在为构建"健康世界"添砖加瓦、积蓄力量。

在努力解决全球医疗资源分配不均、积极推动医疗公平这一重大社会议题方面，鲁南制药始终秉持着一个明确而坚定的目标，那就是通过与各方力量不断深入合作和携手努力，最终将健康真正地确立为每一个地球公民都应该享有的基本人权和普世权利。

为了切实有效地推动这一崇高目标的实现，鲁南制药不仅在经济发达、医疗资源相对集中的地区积极进行业务拓展和战略布局，而且以高度的社会责任感和使命感，积极主动地开拓和深耕那些医疗资源相对匮乏及落后的偏远地区市场，力求最大限度地扩大优质医疗资源的覆盖面，提升其可及性，确保更多的人能够及时获得必要的医疗服务和健康保障。在面对突发的公共卫生危机时，鲁南制药也总是第一时间行动，通过捐赠药品、提供医疗援助等方式贡献力量。张贵民曾在一次公开演讲中坚定地说："我们的目标，是在全球范围内推动健康事业的发展，让每一个人都能享有健康的生活。"

为了在企业文化的深层次构建和传播"健康世界"的宏伟理念，鲁南制药在其精心设计的企业标识和富有象征意义的企业文化树中，都巧妙地融入了相关的核心元素和深刻内涵。在鲁南制药的企业标识下方，两条舒展飘逸的绿色柳叶象征着企业始终坚持绿色、可持续的健康发展道路，同时着重强调了在企业不断发展壮大的过程中，必须高度重视和谐、安全、质量、环保、能源以及生态之间的平衡与和谐共生。鲁南制药倾力打造的企业文化树则通体呈现出生机勃勃的绿色，象征着健康、活力和希望。

这棵文化树的原型是一棵银杏树，象征着健康长寿、基业长青。有说法称，目前全球现存最为古老、树龄最长的银杏树已经拥有长达5000多年的悠久历史，而位于中国山东省日照市莒县浮来山上的一棵古老的银杏树也已经傲然挺立了约4000年。更为巧合的是，鲁南制药的发源地——山东省临沂市郯城县，也有一棵历经3000多年风雨洗礼、至今依然枝繁叶茂的古老银杏树，这无疑更增添了鲁南制药与银杏树之间的特殊渊源和文化联结。

▲鲁南制药的企业文化树

张贵民借这棵文化树，表达了他对员工的期望：每一位员工犹如这棵大树上的一片树叶，汲取阳光与能量，为企业的发展贡献力量。他希望通过这棵文化树传递出一个重要信息——鲁南制药的健康愿景不是仅靠企业的力量实现的,而是依赖于每一位员工的创新与创造,稳打稳扎,共同为推动人类健康事业发展贡献力量。张贵民说:"我们要做千亿鲁南,百年企业,一代一代的鲁南人应该像银杏树一样,把根扎实,经得住时间、风雨、所有一切的考验。"

虽然张贵民领导鲁南制药从事的是药品的研发与生产,但他心中始终怀揣着更为崇高的理想:"但愿世间人无病,何妨架上药生尘。"这句话源自古代医家对理想健康世界的追求,也是鲁南制药提出"治未病"思想的源头。张贵民相信,医者的最高追求并不是不断研发治疗疾病的药物,而是使人们不生病,让药物成为人们健康的后盾而非必需品。

近年来,鲁南制药在张贵民的带领下,将大量精力投入到预防医学的探索上,积极推动"治未病"理念的普及与实践。防患于未然,胜于亡羊补牢,鲁南制药希望更多人理解并践行"治未病"的智慧,倡导一种更为健康、积极的生活方式。这一理念的推动,标志着鲁南制药从单纯的"治病"企业,逐步向"防病"的方向转变,成为一个不止步于医药生产,而致力于倡导健康生活方式的企业。

张贵民深知,"构建人类健康世界"或许是一个遥不可及的梦想,但正是这种对健康的执着追求,成为鲁南制药不断前进的强大动力。在一次行业会议上,有人问张贵民:"面对如此多的竞争和压力,鲁南制药是如何保持前进的动力的?"他淡然一笑,回答道:

>"'举而措之天下之民,谓之事业。'鲁南制药的事业就是为人民健康服务。如果我们不能把老百姓的健康问题解决好,那么我们的存在是没有意义的。"

"要实现'健康世界'的目标,首先要健康自己。"张贵民常常强调这一点,"作为一家制药企业,如果连自己的健康都无法保证,又如何去保障世界的健康呢?"这句话不仅道出了张贵民对企业健康文化的期望,也深刻体现了鲁南制药对员工自身健康的重视。

在鲁南制药,健康不仅是一种理念,还是一种生活方式。员工们在工作之余,积极参与各类体育活动,享受运动带来的快乐。在新时代药业,公司为员工配备的各类体育场馆,如羽毛球馆、乒乓球馆、网球场、桌球室、游泳池等,应有尽有,员工可随时免费使用。

行而不辍,便未来可期;路虽漫长,但行者无疆。

构建人类健康世界的愿景,如同黎明的晨光,正悄然洒向每一位鲁南人。尽管这是一项漫长而艰巨的使命,但只要步履不停,终将有实现的一天。未来的鲁南制药,将继续以行动为笔、梦想为墨,在人类健康的画卷上绘制出宏伟篇章。正因为有他们的努力,我们有理由相信,一个没有疾病、充满活力的健康世界,终将到来。

▲鲁南制药新时代药业厂区

后记

一个时代有一个时代的英雄

搁笔之际，恍若穿越了鲁南制药半个世纪的时光长河。那些沉淀在记忆深处的瞬间，如同尘封的星海，璀璨闪耀。

书中的每一个字，都似从历史深处捞起的沉银珠玉，镌刻着鲁南制药几代人同舟共济的风雨荣光。在撰写此书的过程中，我仿佛与赵志全、张贵民这两位杰出的企业家进行了一次跨越时空的对话和交流，一道经历了创业的艰辛、改革的阵痛、逆势而战的果敢以及成功的欢欣。

撰写此书的这段时光里，赵志全和张贵民这两位鲁南制药的领航者，在我的笔尖交替跃动。他们无疑都是鲁南制药的英雄，只是各自携带着不同的时代气息。

英雄的出现，总是与时代的脉动紧密相伴，皆是在与历史的共舞中铸就自我。时代是英雄的舞台，英雄是时代的注脚，相互成就，彼此定义。

赵志全无疑是鲁南制药的英雄。

其家长制管理、独断决策的风格，犹如一柄锋利无双的长剑，斩开了鲁南制药初创阶段的荆棘。在他执掌鲁南制药期间，其管理风格不仅契合企业需求，亦贴合时代的潮汐。

在赵志全时代，鲁南制药是一家企业家个人烙印很深的典型企业。赵志全虽非企业大股东，却凭借个人卓越的领导力和人格魅力，赢得了员工的信任和拥戴，成为企业不可或缺的灵魂人物。这恰如任正非之于华为，张瑞敏之于海尔。

然至2014年张贵民接过大旗时，鲁南制药已不再是那艘在市场激流中奋力求生的小舟，而成了一艘需要在医药风云中平稳远航的巨轮。

赵志全用"人治"的方式，率领鲁南制药走过27年，为企业的发展奠定了坚实的基础。然而，此时若再依循过往粗放式的管理模式，企业的发展或将踯躅不前，甚至陷入退步的泥沼。